中國學術思想 研究輯刊

初 編

林 慶 彰 主編

第 17 冊

劉逢祿《公羊》學研究

吳 龍 川 著

花木蘭文化出版社

國家圖書館出版品預行編目資料

劉逢祿《公羊》學研究／吳龍川 著 — 初版 — 台北縣永和市：
花木蘭文化出版社，2008〔民 97〕
目 2+170 面：19×26 公分
（中國學術思想研究輯刊 初編：第 17 冊）
ISBN：978-986-6657-89-4（精裝）
1. 公羊傳 2. 研究考訂
621.717   97016279

ISBN - 978-986-6657-89-4

9 789866 657894

中國學術思想研究輯刊
初 編 第十七冊   ISBN：978-986-6657-89-4

劉逢祿《公羊》學研究

作　　者	吳龍川
主　　編	林慶彰
總 編 輯	杜潔祥
出　　版	花木蘭文化出版社
發 行 所	花木蘭文化出版社
發 行 人	高小娟
聯絡地址	台北縣永和市中正路五九五號七樓之三
	電話：02-2923-1455／傳真：02-2923-1452
網　　址	http://www.huamulan.tw 信箱 sut81518@ms59.hinet.net
印　　刷	普羅文化出版廣告事業
封面設計	劉開工作室
初　　版	2008 年 9 月
定　　價	初編 28 冊（精裝）新台幣 46,000 元

劉逢祿《公羊》學研究

吳龍川　著

作者簡介

吳龍川，馬來西亞檳城人。國立台灣大學動物系畢業，中央大學中文所碩士、師範大學國文所博士。目前任教於清雲科技大學通識中心。

提　　要

　　劉逢祿是清代公羊學奠基者，經由他獨尊公羊的努力，清代公羊學復興。以是，論者提劉氏多談其影響，關注其學術內涵者較少；故本文之作，專研其公羊義理。

　　劉氏學術大方向乃獨尊公羊，其作法即是把儒家經典全面公羊化。背後隱含的概念是：公羊的學說核心（三科九旨），才是孔子嫡傳的「微言大義」。因此，如是孔子「口授」，必然有「三科九旨」，有三科九旨方是有「師法」，三者不可分割。劉氏遂運用三科九旨「破」左、穀，達到全面「立」公羊的目標。

　　劉氏的三科九旨，內涵乍看與董仲舒、何休無別，但從公羊的改制（春秋制）說切入，再與董、何對比，即發現大有差異。

　　劉氏的改制，乃以封建制為春秋制，並認為它有兩大力量，即禮與刑，為長治久安的保証。然公羊家所謂改制，並非把某一制度定於一尊。董仲舒的改制有兩種，一是形式改制，是王者受命的象徵；二是實質改制，為王者應時順勢而改制，以臻德治（本文順此釐清有關董氏改制的誤解）。劉氏與何休的對比是，他加重刑，重視誅貶絕。這來自封建制天子討伐諸侯的「九伐之法」。

　　如此一來，公羊家異內外、張三世、通三統等三科九旨，在劉氏以封建制為春秋制的觀念籠罩下，都受影響。經由董、何對比，遂見其公羊學特色。

目

次

第一章 緒 論

第一節 劉逢祿的生平、著述及定位

劉逢祿（乾隆四十一年至道光九年，1776-1829），字申受，江蘇武進人。其母莊氏為清代《公羊》學首倡者莊存與的女兒，故自幼授以家傳之學。因此，他自童子時即喜愛董仲舒、何休的著作（《公羊何氏解詁箋・序》），十二歲讀《左傳》，就懷疑其書法多失大義（《左氏春秋考証・序》）。十一歲那年，嘗見其外祖父莊存與，莊氏叩其所學，非常賞識劉氏的早慧，以為「此外孫必能傳吾學」（劉承寬〈先府君行述〉，《劉禮部集》卷十一附）。莊氏在劉氏十三歲時即逝世，劉氏的《公羊》學，應不是直接承自莊氏。然而，他曾隨其舅莊述祖學，述祖通今文，其《春秋》學即以《公羊》為宗。因此，可以肯定劉氏亦從中得聞莊存與的《公羊》大義。廿一歲作《穀梁廢疾申何》，這是劉氏申《公羊》學的開始；重要著作《春秋公羊經何氏釋例》撰成於嘉慶十年（1805），時年三十。此後陸續有《公羊》學著作，對《公羊》學的捍衛不遺餘力。

劉氏的著作其實頗多，五經除《春秋》外，《易》、《禮》、《詩》、《書》之屬皆有專門著作，此外還有四書、小學、詩文之類的作品。當然，最有影響力，也最能表現他的學問的，是《公羊》學著作。舉其著者有《春秋公羊經何氏釋例》（簡稱《釋例》）、《公羊春秋何氏解詁箋》（簡稱《解詁箋》）、《發墨守評》、《穀梁廢疾申何》（簡稱《申何》）、《箴膏肓評》、《左氏春秋考証》（簡稱《考証》）、《論語述何》（簡稱《述何》），這些著作俱編入《皇清經解》。此

外又有文集《劉禮部集》，以上著作多有收錄，且部分文辭亦小有差異。〔註1〕不過，以上著作，本文的依據以《皇清經解》爲主，原因是《皇清經解》出版於道光九年，乃劉氏生前所訂，《劉禮部集》爲劉氏卒後魏源所編，出版於道光十年。

劉氏在學術史上的定位，一般都認爲他是清代《公羊》學的奠基者。梁啓超稱劉氏爲「治今文學者不祧之祖」（《中國學術思想變遷之大勢》，頁96）。韋政通先生說：「肇始於清中葉的《公羊》學，到劉逢祿的確有了重要的發展，樹立起承先啓後一派宗師的地位。」（《中國十九世紀思想史（上）》，頁81-82）。楊向奎先生肯定劉氏的貢獻是發現《公羊》學的核心思想，即何休的三科九旨，才造成清代《公羊》學的復興（《清儒新學案》第四冊，頁39）。而張廣慶先生綜合劉氏成爲常州學派、乃至於清代經今文學不祧之祖的原因爲三點，其說更爲詳明：一是以兩漢董、何爲中心建立起今文學的統緒；二是重啓兩漢經今古文論戰及疑經辨僞之風；三是以董、何三科九旨微言大義，網羅眾經編次之義（《劉逢祿及其春秋公羊學研究》，頁120-132；頁268-270）。以下據張說而酌加己意，略作申述。

劉氏以董、何建立起其宗派統緒，因此其眾多《公羊》學著作，都以申《公羊》爲鵠的。這些著作可大別爲兩類，一是申《公羊》學者，如《釋例》、《解詁箋》，這是正面立《公羊》學。一是藉破而立《公羊》學者，如《申何》、《考証》、《箴膏肓評》，攻擊《左傳》、《穀梁》沒有師法，藉此獨尊《公羊》。不管是立或破，都達到《公羊》有師法，而獨尊《公羊》的目的。這就正面立起了《公羊》的宗派意識。而由於有藉「破」而「立」的作法，這就引出第二點，即重啓兩漢經今古文學的爭論。劉氏這方面的著作主要是《考証》兩卷，以辨僞的方式，說《左傳》出自劉歆僞作，這是對《左傳》發出攻擊，同時也等於是正面向經古文學派宣戰。此外《申何》、《箴膏肓評》亦駁斥鄭玄，以申何休之說。從這裡劉氏推衍出《周官》並出劉歆，以及古文皆無家法的主張。由是從尊《公羊》推而廣之而崇今文，反面的結果便是抑壓古文。

劉氏的強勢態度得到後繼者的支持，其著者如龔自珍「著《左氏決疣》，明劉歆竄益《左氏》顯然有跡，於〈說中古文〉、〈六經正名答問〉並疑古文《尚書》、《易》、《周官》。魏源撰《詩古微》發揮齊、魯、韓今文三家《詩》微言，

<hr>

〔註1〕 有關劉氏著作的詳細書目及考訂，可參張廣慶《劉逢祿及其春秋公羊學研究》第二章第二節。劉氏其餘著作，與本文論述無關，因而省略。

以匡《毛傳》、鄭箋；著《書古微》,『發明西漢《尚書》今古文之微言大義,而闢東漢馬、鄭古文之鑿空無師傳也。』郝懿辰作《禮經通論》,辨《儀禮》十七篇爲足本,《逸禮》三十九篇則出劉歆僞作；至康有爲作《新學僞經考》,將兩漢今古文之全案,重提覆勘,明費氏《易》、孔壁《古文尚書》、《古文論語》、《古文孝經》、《爾雅》等,皆爲劉歆所僞造。」(同上書,頁125)後起者基本上遵循劉氏辨僞的途轍,這使得振興今文學,是藉著對古文的撻伐而達致。此外,由於劉氏等人多以辨僞手段來攻擊古文,這種手段後來影響到民初古史辨運動的興起,後者不涉及今古文之爭,只以辨僞手段對經典進行眞僞的判定。從這裡可知劉氏在經典辨僞上的影響。

劉氏另外一個重要的影響,即是把其餘經典公羊化。他認爲《公羊》的三科九旨是孔子眞傳,而孔子既有刪述經書,則這些微言大義自然含蘊在這些儒家原始經典之中。因此,他以三科九旨比附《詩》、《書》、《易》等經書,乃至以三科九旨來解釋《論語》,是以有《述何》之作。「其後,宋翔鳳《四書釋地辨証》、《論語說義》,龔自珍〈五經大義終始論〉、〈五經大義終始答問〉,魏源《詩古微》、《書古微》,戴望《戴氏注論語》、王闓運《論語訓》、康有爲《論語注》、《孟子微》、《禮運注》、《中庸注》,咸以三科九旨發明諸書編次之大義微言。」(同上書,頁269)從《公羊》義理內部來看,則劉氏標舉三科九旨爲《公羊》大義,這方面的影響更大。後起公羊家如龔、魏、康等人,都集中在三科九旨上各自發揮,使清代《公羊》學的發展遂以三科九旨爲核心,這可說全是受劉氏影響之故。

劉氏這些影響的綜合結果有二,一是在學術層面,使清代今文學者交出具體的著作,和古文家抗衡。這些著作,即使它們的內容不相同,然而就其作法而言,只是沿著劉氏的途轍前進而推衍愈廣而已,並沒有超出劉氏所開創的範圍。二是在社會層面上,引起改革變法的風潮。所以,學術史對劉氏的定位,洵非虛言。

第二節 研究劉逢祿的意義與價值

前人對劉逢祿的研究,張廣慶先生曾歸納「爲學術史式之論述、專題式之研究兩類」。學術史研究重點有四:「論其學術淵源」、論其「奠定常州及清代經今文學承先啓後之基礎」、「論其《左氏春秋考証》之得失影響」、「論其

藉《公羊》學微言，發揮經世之志」。至於專題研究之範圍，亦有五端：「論述劉氏《左氏春秋考証》辨偽之成就與影響」、「考訂劉氏生平之及其遺書版本、存佚」、「論述劉氏推闡《公羊》之大義及其思想」、「就劉氏《論語述何》一書，析論其以《公羊》大義、三科九旨微言釋《論語》之現象、附會穿鑿之失、《論語》大義公羊化之流衍，及是書之意義與成就」、「論劉逢祿與常州學派之關係」（《劉逢祿及其春秋公羊學研究》，第一章第二節）。這些歸納頗合事實。

　　而如果我們撇開對劉氏的定位、影響等較外圍的研究不提，單就談到劉氏「《公羊》學說的內容特色」這一點來看，我們發現這兩類研究，多只談到劉氏的三科九旨及其《論語》學。「內容特色」一詞之意，指的是深入抉發其《公羊》學內容，此內容展示出劉氏與其他公羊家不同之處，而這往往經由對比而得。所以，如果只指出劉氏以《公羊》義理比附《論語》這種作法，而不進一步探討劉氏其中所抉發的《公羊》義理，這只是外圍研究。能夠鉤抉劉氏與其餘公羊家內容上的異同，才算闡析他的「內容特色」，否則只是把劉氏承自前人的《公羊》學說再說一遍而已，它具有時代意義，〔註2〕但從《公羊》學內部思想的發展而言，不能不說是一種缺憾。

　　在我們這種判定下，談到「內容特色」的文章，學術史多集中在三科九旨，〔註3〕專論則集中在他的《論語》學研究。而有些以談論劉氏的「內容特色」為題，但對比不出他異於其餘公羊家的文章，亦復不少。大多數只是說明劉氏有這種作法，而其後繼者又繼承了他的作法，多談劉氏在內容與作法上與別家「相同」的部分。我們不否認「相同」部分是劉氏的思想，但畢竟不是他特殊的地方。如果一個思想家與其他人完全相似，那麼這個思想家的思想應該是較貧乏、較無發明的；與眾不同，才是一個思想家成為思想家的最大原因。

　　若仍扣緊「內容特色」這一點，再進一步要求，我們發現談論劉氏的三

〔註2〕這裡的時代意義一詞，可以從兩方面說明，一是從學術史角度說，劉氏提倡《公羊》學，讓人重新注意到《公羊》學說，進而影響他人對《公羊》學的研究，開創一個時代的學術風氣；二是從時代的影響上說，由劉氏的倡導，清代《公羊》學終於被運用到社會批判、社會改革的層面，而出現改革運動的浪潮。

〔註3〕真正說來，即使只針對劉氏的三科九旨，而論述較佳者不過寥寥數家：如韋政通（《中國十九世紀思想史（上）》，第三章一、二節）、孫春在（《清末的公羊思想》，頁 32-42）、陳其泰（《清代公羊學》第三章前三節）。

科九旨，或劉氏《論語》學之外的文章，實在不多。換言之，研究劉氏《公羊》學內容的論述範圍沒有多大的拓展。眞正說來，比較不從三科九旨、《論語》學角度研究劉氏，而又能展現劉氏思想特色的文章，僅有鍾彩鈞及張廣慶二先生的著作。前者有〈劉逢祿公羊學概述〉，由劉氏與《公羊傳》、何休的對比中，總舉劉氏《公羊》學的特色；後者《劉逢祿及其春秋公羊學研究》第六章，論述劉氏在申何難鄭中所展現出來的思想。

　　綜合言之，與內容的討論對比之下，探討劉氏的定位、影響等固然是較外圍的論述（這卻是目前研究劉氏的大宗），然僅僅集中解釋劉氏三科九旨的「內容」的作法，也不是我們的目的。排除了這些，我們從兩方面確立本書的研究立場，一、只從《公羊》學內部研究劉氏的《公羊》學。學術史往往把劉氏定爲清代《公羊》學的奠基人，我們企圖探掘這位奠基者的《公羊》學說，與他所認可的漢代公羊學者董仲舒、何休之間內容上的「異同」，看看這位公羊學者，在《公羊》學沈寂千年之後所交出的成績，究竟成就如何。二、擴大對劉氏的研究，不限於三科九旨及《論語》學。前人即使論析劉氏與其他公羊家不同處，也多局限在三科九旨與《論語》學方面的研究，其實範圍仍有擴大的餘地。這兩方面，都有一個共同的目標，即企圖表現出劉氏異於前人的地方。所以，即使前人對劉氏有不少研究，我們認爲這些探討，仍具有相當意義和價值。

　　以下兩節略述《公羊》學的基本概念，作爲我們瞭解劉氏《公羊》學的基礎。

第三節　《春秋》與《公羊》學

　　六經之中，惟《春秋》一經歷來都以爲是孔子所作；〔註4〕最早提到孔子作《春秋》的孟子，有這樣的說法：

　　（一）世衰道微，邪說暴行有作；臣弒其君者有之，子弒其父者有
　　　　　之。孔子懼，作《春秋》。《春秋》，天子之事也。是故孔子曰：

〔註 4〕張以仁先生有〈孔子與《春秋》的關係〉一文，對孔子作《春秋》有詳盡的論述。文章之作，爲反駁懷疑孔子作《春秋》者而起。然對於歷來文獻中主要反對意見和支持意見，多有涉及；論說詳富，足資參考，見《春秋史論集》，頁 1-59。又阮芝生先生對孔子作《春秋》之說，部分從今古文的角度辨析，亦可參考：見《從公羊學論春秋的性質》，頁 37-55。

　　「知我者其惟《春秋》乎？罪我者其惟《春秋》乎？」……
　　昔者禹抑洪水而天下太平，周公兼夷狄、驅猛獸而百姓寧，
　　孔子成《春秋》而亂臣賊子懼。（〈滕文公下〉）

（二）王者之跡熄而《詩》亡，《詩》亡而後《春秋》作。晉之《乘》、
　　楚之《檮杌》、魯之《春秋》，一也。其事則齊桓、晉文，其
　　文則史，孔子曰：「其義則丘竊取之矣。」（〈離婁下〉）

綜合其說，重點有三：一、《春秋》爲孔子所作，其動機爲尊君父、討亂賊、
正人倫；二、《春秋》雖據魯史爲藍本，其中卻有孔子個人的歷史、政治思想
在內，此之謂「義」；三、孔子以一介平民而修國史，是以有「知我」、「罪我」
之嘆，顯示孔子爲正世道而甘冒大不韙的沈痛之情。孟子更把《春秋》之作
與禹治洪水、周公兼併夷狄、驅猛獸同等而觀，《春秋》的地位顯然隆於其餘
五經。至漢代董仲舒、司馬遷等，對孔子作《春秋》亦有論述，大體秉承孟
子之說，只是資料加詳，論說愈細。孔子作《春秋》之說，與《春秋》地位
高於諸經的評價，幾乎成爲定論。

　　漢初傳《春秋》者有五家，即左氏、公羊、穀梁、鄒氏、夾氏；然《漢
書·藝文志》說：「鄒氏無師，夾氏有錄無書」。可見到班固撰《漢書》時，
二傳皆已失傳，僅存《公羊》、《穀梁》、《左傳》三傳。其中，《公》、《穀》屬
今文，《左傳》屬古文。《左傳》和《公》、《穀》不同，《左傳》以史實疏証本
經，多史事的記載，《公》、《穀》則以答問體發揮經義，史事提得相當少。公
羊家不止篤信孔子作《春秋》，並對以上孟子的第二、三點，推衍愈廣，費盡
心機以窮究孔子作《春秋》之「義」；由於孔子有罪我之嘆，於是他們愈相信
《春秋》中有極隱晦的書法表達，必須盡力挖掘才能曲盡聖人之意，以至於
相信《春秋》一字褒貶之說，由此發揮許多微言大義。《穀梁》說解方式與《公
羊》相同，惟其微言大義不若《公羊》豐富。說解《左傳》的古文家認爲《春
秋》亦有義法，然而不如公羊家所說有那麼多微言大義，雖信其中有褒貶，
但不信「一字」之中即寓有褒貶。由於如此，先儒一般認爲《左傳》的特色
是以「史」爲主，《公》、《穀》則以「義」爲宗。如宋代葉夢得說：「《左氏》
傳事不傳義，是以詳於史而事未必實，以不知經故也。《公羊》、《穀梁》傳義
不傳事，是以詳於經而義未必當，以不知史故也。」（《石林春秋傳·序》）朱
子亦云：「《左氏》是史學，《公》、《穀》是經學。史學者，記得事卻詳，於道
理上便差；經學者，於義理上有功，然記事多誤。」（《朱子語類》卷八十三）

　　對於《公羊》學一名的界定、發展和擴大，周予同先生有以下說法：

　　　所謂《公羊》學，就是歷代學者或儒教徒研究或利用《公羊傳》而
　　　形成的一種學術或思想體系。我以爲《春秋》只是一部初期的簡略
　　　的編年史，將《春秋》擁上經典的寶座，這樣咬文嚼字似通非通地
　　　在作解釋工作的《公羊傳》，是《春秋》的第一次擴大，也是《春秋》
　　　學形成的第一步。西漢初年的「今文學家」，如董仲舒等，利用《公
　　　羊》學，以宣揚自己一派的政治思想，這是《公羊》學的第一次擴
　　　大，也是《春秋》學形成的第二步。兩漢時陸續編造的緯書，更其
　　　是《春秋緯》，將孔子變成教主，將《春秋》與《孝經》硬派爲這位
　　　教主所寫作的法典，這是《公羊》學的第二次擴大，也是《春秋》
　　　學形成的第三步。東漢末年，出了一位《公羊》學專家何休，他雜
　　　引緯書，撰著《公羊解詁》，成爲《公羊傳》的標準註釋，這是《公
　　　羊》學的第三次擴大，也是《春秋》學形成的第四步。……康氏（按：
　　　康有爲）的經學研究，可說是《公羊》學的最後一次擴大，也是《春
　　　秋》學形成的最後一步。（《經學史論著選集》，頁 500-501）

《左傳》學、《穀梁》學的界定方式與此相同，它們自有不同的發展，當然也
具備不同的特質，可以相互區別。然則，《公羊》學的特色是甚麼呢？《公羊》
學雖如上說有幾次擴大發展，在不同階段具備不同特色，然而其根本義理，
在兩漢的董仲舒、何休手中已經奠定。董氏所概括的《公羊》大義，有三統、
三世、五始、六科、十指等，何休承董氏說，綜括提出三科九旨之論，其中
便包括了董氏的三統、三世；又另有七等、六輔、二類等名目，唐人徐彥又
加七缺之旨。〔註5〕《公羊傳》解經以挖掘經「義」爲主，而以上這些根本義

〔註5〕五始見《春秋繁露・二端》：「是故《春秋》之道，以元之深，正天之端；以
　　　天之端，正王之政；以王之政，正諸侯之即位；以諸侯之即位，正竟內之治；
　　　五者俱正，而化大行」。董氏未標出「五始」之名目，何休取意而名之爲「五
　　　始」（隱公元年《解詁》）。六科與十指分見《春秋繁露・正貫》、《春秋繁露・
　　　十指》，文長不引。徐復觀先生以爲六科、十指皆爲董氏總論《春秋》大義的
　　　文字，乃董氏《春秋》學的大綱（《兩漢思想史》卷二，頁 334）。七等、六輔、
　　　二類、七缺，俱見徐彥《春秋公羊傳注疏》（卷一，頁 4-5）。引何休《文諡例》
　　　明七等、六輔、二類：「七等者：州、國、氏、人、名、字、子是也。六輔者：
　　　公輔天子、卿輔公、大夫輔卿、士輔大夫、京師輔君，諸夏輔京師是也。二
　　　類者：人事與災異是也。」引《春秋說》說明七缺：「七缺者，惠公妃匹不正，
　　　隱、桓之禍生，是爲夫之道缺也。文姜淫而害夫，爲婦之道缺也。大夫無罪
　　　致戮，爲君之道缺也。臣而害上，爲臣之道缺也。僖五年，晉侯殺其世子申

理，就是依循此方式再大加發揮而得。這其中，學者咸謂三科九旨爲《公羊》學的核心義理：

> （一）《春秋》有五始、三科九旨、七等、六輔、二類之義。三科九旨，尤爲閎大。（皮錫瑞《經學通論》，頁6）
>
> （二）孔子微言所存，當以三世義爲宏綱，餘義【謂三科九旨中，除三世義外，其餘諸義】隨世分疏之，則聖人制萬世法之密意，可得而窺矣。（熊十力《讀經示要》，卷三，頁149）

不管是直接說三科九旨爲核心，或再以三世義統攝其餘，都仍是重視三科九旨之意。職是之故，我們對《公羊》學基本義理的探討，便以三科九旨爲主。

第四節　《公羊》學基本學說：三科九旨

三科九旨是《公羊》學的核心義例。〔註6〕這個名稱首次出現，是徐彥在《春秋公羊傳注疏》（卷一，頁4）的引述，首先提到何休《文諡例》的三科九旨：

> 三科九旨者，新周、故宋、以《春秋》當新王，此一科三旨也；又云：所見異辭，所聞異辭，所傳聞異辭，二科六旨也；又內其國而外諸夏，內諸夏而外夷狄，是三科九旨也。

徐彥稍加解釋：

> 何氏之意，以爲三科九旨，正是一物。若總言之，謂之三科；科者，段也。若析而言之，謂之九旨；旨者，意也。言三個科段之內，有此九種之意。

三科指三段，每一段涵蘊三個旨趣，總共有九個意思，統稱三科九旨。與此

生：襄廿六年，宋公殺其世子痤，殘虐枉殺其子；是爲父之道缺也。文元年，楚世子商臣弒其君髡；襄三十年蔡世子般弒其君居；是爲子之道缺也。桓八年正月己卯，烝；桓十四年八月乙亥，嘗；僖三十一年夏四月四卜郊，不從，乃免牲，猶三望：郊祀不修，周公之禮缺。是爲七缺也矣。」按《春秋說》的作者，沈玉成先生以爲「據文義看，似乎是何休的著作」又云「難以確考」（《春秋左傳學史稿》，頁64），無從論定。而觀以上諸說，七缺是歸納《春秋》失禮或違人倫之事；六輔說明天子與諸侯大夫，以及京師與諸夏上下輔佐的關係；二類是認爲《春秋》有此二事，以彰顯天人相應之意；七等是公羊家以爲《春秋》用七等稱謂，來進行襃貶。

〔註6〕大陸學者蔣慶先生著有《公羊學引論》，該書第三、四、五三章，集中論述《公羊》學基本思想，對於三科九旨每有精闢之論，極具參考價值。

同時，徐彥又引到宋氏（按：其人不詳）的三科九旨：

　　三科者：一曰張三世，二曰存三統，三曰異外內，是三科也。九旨
　　者：一曰時，二曰月，三曰日，四曰王，五曰天王，六曰天子，七
　　曰譏，八曰貶，九曰絕。時與日月，詳略之旨也；王與天王、天子，
　　是錄遠近親疏之旨也；譏與貶絕，則輕重之旨也。

何、宋二人「三科九旨」一名相同，只是內容上宋氏比何休多。一般都以為
宋氏的三科，已概括了何休的三科九旨，張三世等於何休的二科六旨，存三
統（又稱通三統）是何休的一科三旨，異外內（又稱風內外、異內外）是何
休的三科九旨。不過，何休雖沒有宋氏所多出的九旨，但《解詁》對日月例
及誅貶絕諸例等書法，已多所論述。〔註7〕因此，我們討論的焦點在張三世、
通三統和異內外。以下分別敘述。

一、張三世

　　《公羊傳》對《春秋》記載史事的書法，有簡單的概括，即「所見異辭，
所聞異辭，所傳聞異辭」。所謂「異辭」，是指書寫的用辭不同。至於「所見」、
「所聞」、「所傳聞」，是指以孔子的時代為準，把《春秋》二百四十二年的歷
史，區分為孔子所親見、親聞以及所傳聞的時代。這是說孔子作《春秋》，由
於時代的遠近、史料掌握的詳略不同，因此在文字上會有所區別：

　　《春秋》何始乎隱？祖之所逮聞也。所見異辭，所聞異辭，所傳聞
　　異辭。（哀公十四年傳）

餘如隱公元年、桓二年傳意思相同，其中已隱約透露對歷史有分期之意。董
仲舒對此有進一步的敘述：

　　《春秋》分十二世以為三等：有見、有聞、有傳聞。有見三世、有
　　聞四世、有傳聞五世。故哀、定、昭，君子之所見也。襄、成、宣、
　　文，君子之所聞也。僖、閔、莊、桓、隱，君子之所傳聞也。所見
　　六十一年，所聞八十五年，所傳聞九十六年。於所見，微其辭；於

〔註7〕　何休三科九旨與宋氏三科相同，參阮芝生《從公羊學論春秋的性質》，頁67；
　　　　又張廣慶《劉逢祿及其春秋公羊學研究》頁163。宋氏之九旨，張廣慶先生說：
　　　　「何休雖不言，實則悉寓於褒貶之書法也。」然對於宋氏「王與天王、天子」
　　　　為「遠近親疏之旨」，熊十力以為「蓋本左氏家說，非《公羊》義」，《讀經示
　　　　要》，卷三，頁149。按何休沒有作這種區分，熊說可採，至於其餘諸旨固在
　　　　何休義例之內。

所聞，痛其禍；於傳聞，殺其恩；與情俱也。是故逐季氏而言又雩，
微其辭也；子赤殺，弗忍書日，痛其禍也；子般殺而書乙未，殺其
恩也。屈伸之志，詳略之文，皆應之。吾以其近近而遠遠，親親而
疏疏也；亦知其貴貴而賤賤，重重而輕輕也；有知其厚厚而薄薄，
善善而惡惡也。（《春秋繁露・楚莊王》，頁 9-11）

重點有二，一是明確指出孔子所見、所聞、所傳聞的年代，以及時段的長短。
初步把《春秋》的歷史，截然區分為三個階段。二是從孔子作《春秋》的情
感與切身層面，說明有異辭的原因。在所見世，因為和時代切近，忌諱稍多，
因此用詞隱晦。對於所聞世，孔子可以從長輩口中得知史事，因此對禍害的
感受仍舊真切。在所傳聞世，對於人、事的恩情和情感相對減弱，因此記事
簡略。通過對這三世的對比，我們可以推知，所聞世時代較所見為遠，沒有
那麼多禁忌，記載應該比較顯豁；而其時代又較所傳聞世為近，記載當比所
傳聞世詳細。而對所見、所聞世的書寫，在情感上會比所傳聞世濃厚，在記
事上會比較詳細。這些特色，公羊家相信孔子都表現在書法之中，這表示讀
者從書法變化中便可窺見歷史的變化。如果落實點說，孔子因應遠近、親疏、
貴賤、重輕、厚薄、善惡的不同而書寫不同，讀者由這些差異，往回追溯，
就可獲知孔子對遠近、親疏、貴賤等的看法。換言之，可以獲知孔子對歷史
變化的觀點。

　　何休繼承董氏之說，而在注隱公元年傳「所見異辭，所聞異辭，所傳聞
異辭」時，又有所發揮：

所見者，謂昭、定、哀，己與父時事也。所聞者，謂文、宣、成、
襄，王父時事也。所傳聞者，謂隱、桓、莊、閔、僖，高祖、曾祖
時事也。異辭者，見恩有厚薄，義有深淺。時恩衰義缺，將以理人
倫、序人類，因制治亂之法。故於所見之世，恩己與父之臣尤深；
大夫卒，有罪無罪皆日錄之，丙申，季孫隱如卒是也。於所聞之世，
王父之臣恩少殺；大夫卒，無罪者日錄，有罪者，不日，略之，叔
孫得臣卒是也。於所傳聞之世，高祖、曾祖之臣恩淺；大夫卒，有
罪無罪皆不日，略之也，公子益師、無駭卒是也。

於所傳聞之世，見治起於衰亂之中，用心尚麤觕，故內其國而外諸
夏，先詳內而後治外，錄大略小；內小惡書，外小惡不書；大國有
大夫，小國略稱人；內離會書，外離會不書是也。於所聞之世，見

治升平，內諸夏而外夷狄，書外離會，小國有大夫；宣十一年秋，
晉侯會狄於攢函；襄二十三年，邾婁鼻我來奔是也。至所見之世，
著治太平，夷狄進至於爵，天下遠近小大若一，用心尤深而詳。故
崇仁義，譏二名，晉魏曼多、仲孫何忌是也。所以三世者，禮、爲
父母三年，爲祖父母期，爲曾祖父母齊衰三月，立愛自親始，故《春
秋》據哀錄隱，上治祖禰，所以二百四十二年者，取法十二公，天
數備足，著治法式。

這段話頗長，故依重點劃分爲兩段。第一段的重點，基本上概括了董氏的兩
個重點，說明歷史的階段劃分，以及這種區劃和孔子的情感及時代的聯繫。
不同的只是何休以日月書寫的詳略，闡述這種階段區分而已。這種概括，可
說是著重孔子情感和時代的一面，並以現實的時間和史實，作爲區分的標準。
第二段卻在現實歷史的基礎上，依據理想把歷史的發展分爲三個階段。說是
理想，是因爲春秋時代的歷史，事實上是愈往後愈亂，而何休卻把所傳聞世
對應爲據亂世，所聞世爲升平世，所見世爲太平世。這是依時間的縱的劃分，
劃分的目的，是爲了說明歷史的演進（以時間爲座標），是越往後，時代越治。
而要由亂而治，則在實際作爲上，必須由內做起。內是指一個和天下對比起
來，區域較小的範圍，在《春秋》中這是指魯國（再參下文王魯的解釋）。從
治理好一國做起，到升平世時，這個治世的版圖，便擴大到諸夏（中原區域）。
到太平世時，範圍更大，即連夷狄之國都在這個治世的籠罩之下。這是以空
間爲座標，對治世的演進作出說明。同時指出治國由小而大，由內而外，是
使時代由亂而治的實際作法。在何休的論述中，時間和空間的因素融合一處，
稍作區分，論點會清楚些。

　　依據何休的主張，張三世指涉兩個層面，一是現實層面，一是理想層面。
現實層面中，孔子表現出個人對歷史上的人、事的情感，並透露出所處時代
的感受。理想層面則點出孔子對歷史演進的信念，將由亂而治。這是在現實
之中，寓含理想（歷史往後時代愈治），在理想之中寓含實際（治亂當以小、
內爲先，再擴大爲外）。而不管是那一個層面，都會對「書法」產生影響。在
現實層面，影響的因素是時代遠近、史料詳略和個人情感與處境的緣故。在
理想層面，影響的因素是內外（詳內略外，錄大略小）、治亂（亂世時對禮義
的要求稍寬，治世時因崇仁義，要求轉嚴，二名遂在譏刺之列）。

　　然而，張三世的核心，當在於何休對歷史的演進，提出據亂世、升平世、

太平世的進化觀點，而不在依據孔子時代所作出的現實歷史的劃分。因為依據理想區劃的張三世，對公羊家的影響最大，而且其所含蘊的義理也遠勝於現實的區分。它是何休在對人類歷史演進充滿極大的期許下，對歷史所作出的一種本質界定。因此，這雖不是實際的歷史，卻是公羊家確信的歷史信念。這個信念，主導了公羊家對歷史的看法，這可分三點來說：一、它使公羊家相信歷史有其應然的一面。公羊家相信人類的社會當愈變愈好，而轉出了以人為的努力，來改變社會的主張。這是《公羊》學在不同時代，往往轉化為社會改革的主因。二、使公羊家擁有變化的歷史觀。這個信念，往往使公羊家看待歷史時，不會把它當成是一成不變的，而是恆常變化，尤其現實產生弊病時，歷史更應有所改變。三、致力於一個理想社會的建立。因為相信歷史應當不斷朝好的方向（即太平世）變化，使公羊家致力追求社會大同的理想。

二、通三統

通三統的系統闡述，出自董仲舒《春秋繁露・三代改制質文》。董氏以為三代正月皆不同，夏是建寅，殷是建丑，周是建子。這三種正月的選定，和自然界的萬物生長情況對應。子月之時，陽氣剛開始施行化育萬物，萬物剛蠕動，它的顏色是赤。因此，以子月為正月的王朝，服飾、禮節等都以赤為上色，這樣一套稱「正赤統」。丑月之時，陽氣開始脫去萬物的殼，萬物抽芽，它的顏色是白。建丑的王朝，尚白，稱「正白統」。寅月之時，陽氣開始化育萬物，萬物發出萌芽，它的顏色是黑。建寅的王朝，尚黑，稱「正黑統」。除此之外，每一統在冠禮、婚禮、喪禮等進行時，在方位、祭品等地方都有所不同而自成一套。簡言之，每一統在正朔、崇尚顏色及禮制內容上有差異。不過，真正重要的是正朔和崇尚顏色上的不同。這樣的三套，統稱為「三統」或「三正」。董氏認為夏商周三代，周是赤統，商為白統，夏則黑統。若有新王受命，必須在這三統之中循環，依序選出其中一統，作為新王受命的標誌。董氏在這一套新王受命的形式基礎上，提出《春秋》當新王的主張：

> 《春秋》應天，作新王之事，時正黑統，王魯，尚黑，絀夏，新周，
> 故宋。（頁 187-188）

《春秋》取代周，它依序便要回到夏所行的一統，故是正黑統。這時《春秋》便必須處理舊有三統的帝王後代問題：

> 《春秋》上絀夏，下存周，以《春秋》當新王。《春秋》當新王者奈

何？曰：王者之法，必正號，絀王謂之帝，封其後以小國，使奉祀之。下存二王之後以大國，使服其服，行其禮樂，稱客而朝。故同時稱帝者五，稱王者三，所以昭五端，通三統也。是故周人之王，尚推神農爲九皇，而改號軒轅，謂之黃帝。因存帝顓頊、帝嚳、帝堯之號，絀虞而號舜曰帝舜，錄五帝以小國，下存禹之後於杞，存湯之後於宋，以方百里，爵號公，皆使服其服，行其禮樂，稱先王客而朝。《春秋》作新王之事，變周之制，當正黑統，而殷周爲王者之後，絀夏改號禹，謂之帝禹，錄其後以小國。故曰絀夏存周，以《春秋》當新王。（頁 198-200）

《春秋》成新王後，分別封贈殷、周的後代大國的封地，使他們保留其朝代的服飾、禮樂。他們的天命已被新王取代，只是仍保留王的稱號，所以說同時「稱王者三」。周是《春秋》之前的朝代，和《春秋》接近，故稱之爲「親周」（何休作「新周」）。殷之後封於宋，其時代離《春秋》又比周爲遠，因稱「故宋」。至於殷之前的夏，離《春秋》更遠，其後代只能得到小國的封賜，且改稱爲帝，這就叫做「絀夏」。這樣對新王之前的帝王之後的處理方式，是每一個新王受命之後必須實行的。新王受命之後，對以前的帝王，董氏提出一個處理的序列：

故聖王生則稱天子，崩遷則存爲三王，絀滅則爲五帝，下至附庸，絀爲九皇，下極其爲民。（頁 202）

三王、五帝、九皇、六十四民是帝王絀退的序列，〔註8〕這些是同時並存的，只是稱號、權位等有所不同。三王之中，其中之一是眞正擁有權勢的新王，他封賜其前二王之後爲王。至於新王之前第三個帝王要怎麼處理呢？以《春秋》當新王爲例，其前爲夏商周三代，這時夏就被絀退，進入五帝的序列，而五帝在夏加入前其成員原有五，這時其中一位時代離新王最遠的帝王，退入九皇。九皇的成員原有九，同樣的也是離新王最遠的一位，退爲民。

　　董氏的三統，是替新王受命作形式的說明。因爲每當有一新王加入，舊統必須改換成新統：

〔註8〕　六十四民之目，見蘇輿《春秋繁露義証》引《周禮·小宗伯》鄭司農注。輿案云：「《漢書儀》：『祭三王、五帝、九皇、六十四民，皆古帝王，凡八十一姓。』……是所謂民者，漢時固列祀典也。《禮坊記》『先民有言』，鄭注：『先民，上古之君也。』用此義。」，頁 202。則按此，所謂六十四民之「民」，指上古之君。又：本書凡董氏文皆據蘇輿，但標頁碼，不另註明。

王者必受命而後王，王者必改正朔，易服色，制禮樂，一統於天下，

所以明易姓，非繼人，通以己而受之於天也。（頁 185）

這就可以藉著「統」的改換，象徵新王承受天命這個事實，表示他有了實際的權勢，可以對不合時勢的禮制進行改革。這就是董氏所說的：

是故孔子立新王之道，明其貴志以反和，見其好誠以滅偽，其有繼

周之弊，故若此也。（《春秋繁露‧玉杯》，頁 28-30）

《春秋》之立，是為了革除周代之弊而起。所以，《春秋》成為新王，是宣揚藉《春秋》改制，乃必然的大勢。在漢人而言，這是指《春秋》為漢制法，或如《史記‧太史公自序》所說，是為後世或萬世制儀法，而這自然涵括漢代：

周室既衰，諸侯恣行，仲尼悼禮壞樂崩，進修經術以達王道，匡亂

世，反之於正，見其文辭為天下制儀法，垂六藝之統紀於後世。

何休對此的繼承，就是直接在《解詁》中表現《春秋》成新王的事實。如莊公二十七年，經書「杞伯來朝」，何休云：

杞，夏後，不稱公者，黜杞，新周，而故宋，以《春秋》當新王。

像這類的說法，在《解詁》中還有不少。《春秋》既為新王，這表示它所含蘊的一切道理，一如王者的諭示，當為天下所奉行不渝。不過，由於《春秋》是魯史，因此在表達新王這一點上，公羊家還有「王魯」之說，緣於董氏有「緣魯以言王義」（《春秋繁露‧奉本》，頁 279）之論。對於新王和王魯的區別，大陸學者蔣慶先生說：

《春秋》王魯說與《春秋》新王說有聯繫又有區別。所謂聯繫，二

說都涉及到「當王」的問題，都深寓孔子所制之新王法；所謂區別，

二說所當王的主體不同：一是以《春秋》這部經當王，一是以魯國

這個諸侯國當王，並且二說所要說明的對象也不同：一是要說明孔

子作經的目的是以《春秋》當新王，一是要說明孔子作經的方法是

以魯國當王……其實《春秋》王魯，並非真以魯為王，而是托王於

魯，即假借魯國的歷史來說明孔子外王之義（孔子治理天下萬世之

義）。（《公羊學引論》，頁 101-102）

董氏雖提出王魯之說，但說得不多，何休在這方面給予補充，每每指出《春秋》托魯以行使王者權輿之意，如隱公十一年，經書「滕侯、薛侯來朝。」《公羊傳》說：「諸侯來曰朝，大夫來曰聘。」何休注云：

> 《傳》言來者，解內外也。《春秋》王魯，王者無朝諸侯之義，故內
> 適外言如，外適內言朝聘，所以別外尊內也。

王者沒有朝諸侯的道理，所以魯使使外只說「如」，不言出；而外國諸侯大夫來魯國，則言朝聘。「朝」原用於朝見天子，今用於魯，就彰顯出王魯之意了。

從《公羊》學的角度來說，通三統有兩方面的重要性：一、它是新王受命的「形式」。提出這個形式的真正目的，是爲《春秋》成新的一統鋪路，以使《春秋》成新王的主張，藉著這種種形式的象徵意味獲得落實。二、藉著通三統的形式使《春秋》成爲新王，目的是使《春秋》能夠名正言順的作爲國家改革的憲法或王章的依據，對舊有的弊端進行改革，這就是改制。至於王魯，只是使新王之說，在書寫中得到落實。換言之，如《春秋》不是一本經典，而是一個現實的王者，當然沒必要有王魯之說。所以，提出王魯的說法，《春秋》就可以在書法上，對尊王或不尊王的行爲，加以相應的褒貶。

通三統的其他意義，譬如說彰顯天命可以被取代的事實，故警惕王者當以行德爲先，或說明以前朝爲借鑒之意等等，當然也是一義，但相對而言，那和《公羊》學的核心關係較遠，就不討論了。

三、異內外

成公十五年《公羊傳》云：

> 《春秋》內其國而外諸夏，內諸夏而外夷狄。王者欲一乎天下，曷
> 爲以內外之辭言之？自近者始也。

公羊家說「異內外」的根據，即由此引出。異內外之說，可分兩方面說明，一是從王者治天下的角度，一是從《春秋》辨夷夏的角度。以下分別敘述。

第一個角度指王者必先正己，以此爲根基，其治方可由近及遠；這是闡明德治的順序。在此，提到何爲內何爲外時，有兩種情況，一是由諸夏之中的魯爲內，而推及魯之外的諸夏之國；此時內指「魯」，「外」指諸夏國。二是由諸夏推及夷狄的由內而外；「內」指諸夏，「外」指夷狄。但無論那種情況，都以一國內治爲根本，沒有這個根本，兩種情況都不可能實現。

董氏《春秋繁露·王道》曾引述「內其國而外諸夏，內諸夏而外夷狄，言自近者始也。」一語，但發揮不多。何休注此段云：

> 內其國者，假魯以爲京師也。諸夏，外土諸侯也。……明當自正京
> 師，乃正諸夏。諸夏正，乃正夷狄，以漸治之。葉公問政於孔子，

孔子曰：「近者説，遠者來。」季康子問政於孔子，孔子曰：「政者，
正也。子帥以正，孰敢不正？」是也。

「內」指以魯爲京師，京師是天子所居，此即以魯爲王（王魯）之意。以魯
爲王，因此以魯爲內，強調王者治天下當從內做起的道理；施行禮義，實現
內治，再由內及外，令王化大行於天下。何休有數次說到王者當自正之意，
如隱公十年傳云：「《春秋》錄內而略外，於外大惡書，小惡不書；於內大惡
諱，小惡書。」何休注云：

於內大惡諱，於外大惡書者，明王者起，當先自正，內無大惡，而
後乃可治諸夏大惡。……內小惡書，外小惡不書者，內有小惡，適
可治諸夏大惡，未可治諸夏小惡，明當先正，然後正人。

餘如隱公二年、襄公九年意思相同，〔註9〕都強調當以自正爲先、爲根本之意。
自正之後，對諸夏之惡施與制裁，才能服人之心。《春秋》既以魯爲內，即表
示《春秋》對魯的書寫有特殊之處，可以展現「內」這個意思。首先，它在
史事上，對魯國的記載，相對他國而言特別詳細。其次，在地位上，尊崇魯
國，《春秋》在某些地方的書法，顯示出魯和王者的地位相同，這即是王魯之
意。如小國邾婁與魯盟好，就把他寫成是因爲慕王化的緣故，因而褒獎他（隱
公元年傳）。第三，《公羊傳》中有所謂「內辭」、「內諱」之說，這種書法，
是爲了隱諱魯國之大惡與極可恥之事而特別設立。不過，從其隱諱之中，的
確可見經傳對魯國失禮之行，多所著墨，與此同時，《春秋》對魯國的違禮，
有些也直接指陳。不管是以隱諱或直接的書法書寫，兩者意義其實相同，都
是詳於內的緣故使然。李新霖先生以爲詳內的意義有二，一是強調王者當「躬
自厚而薄責於人，一則省內外俱貶之煩」，前者是從王者治天下說，後者是從
作經的角度說，所重當在前者。〔註10〕簡言之，以魯爲內的種種書寫特色，
惟一的目的只是彰顯王者治國，當以自正爲先，禮義爲本的道理。

當然，異內外之意不僅於此，它要求在這個基礎上由內而推至外，使天
下大治，若依張三世的觀點來說，就是要實現太平世。何休論述張三世，就

〔註9〕 隱公二年《解詁》：「《春秋》王魯，明當先自詳正，躬自厚而薄責於人，故略
外也。」襄公九年《解詁》：「《春秋》以內爲天下法，動作當先自克責。」

〔註10〕 李新霖先生《春秋公羊傳要義》第三章〈內外議〉，對內外之義，討論頗多。
不過，對內諱、內辭具備爲治國者戒的意義，李先生並沒有特別強調。事實
上，內諱、內辭的書法表現雖爲了隱諱，但無損其爲治國者戒的意義，可以
擺在「王者正己」的情況下同看。

是結合內外之義加以發揮。依其說，所傳聞世是以魯爲內，所聞世以諸夏爲內，至太平世，天下遠近小大若一，夷狄和諸夏無別，都在王化之內，沒有內外之分。但在不同的歷史階段，內外之分還是存在。何休即依據三世不同的論點，在相應的歷史階段，點出《春秋》的書法表現出內外之義，如宣公十一年，經書「晉侯會狄於攢函」，《解詁》云：

> 所聞世治近升平，內諸夏而詳錄之，殊夷狄也。

所聞世是內諸夏而外夷狄，以諸夏爲內，在書法上就記載得比較詳細，這和以魯爲內的情況相同。對夷狄的分別對待，就是所謂的「夷夏之辨」。換言之，夷夏之辨，是由《公羊傳》的異內外所轉出。而夷、夏在《公羊傳》中的用法，實際上是「有禮義」和「無禮義」的象徵符號而已，不是對種族的區別。所以，第二個角度所說的內外，其實質的意義，是一種價值判斷。判別內外的惟一標準是華夏文化，其他因素如種族等不列入考慮。若夷狄之國有禮義的行爲，就內之，稱呼與華夏同；華夏之國有無禮的舉措，則外之，稱爲夷狄；這是申明夷夏之別，《春秋》根據它來進黜褒貶。我們若回頭看王者治天下的第一種情況，便可知一國所以內治，是因爲它以禮義治國的緣故。所以在第二種情況，當諸夏都成禮義之邦時，禮義就可成爲區分夷夏的價值判準；這是指理想狀況而言。若理想狀況出現，內外之辨就可單從地域去區分了，即地域本身就代表了有無禮義這個價值判斷。這種理想既未在春秋時代出現，《春秋》對內外或夷夏的判別，就單以禮義爲準。爲夏爲夷，就不是如第二種情況般，只看地域而定，而是諸夏（地域意義的諸夏）若無禮義，也就被貶爲夷了。〔註11〕

　　異內外的區分，意義有二：一、說明王者治天下的核心和順序，其核心是禮義，其順序是先以禮義正己。以禮義爲基礎，再推及外，才能實現天下一統，舉國大治的理想。以具體的作法，回應《公羊》學所強調的大一統、太平世的主張。二、由內外而導出夷夏之辨，再說明判定夷夏的惟一標準是禮義，從不同角度重申治天下當以禮義爲核心的意思。

〔註11〕 如夷狄有禮而進爲中國之例：宣公十二年夏六月，經書「晉荀林父帥師，及楚子戰於邲，晉師敗績。」《傳》云：「大夫不敵君，此其稱名氏以敵楚子何？不與晉而與楚子爲禮也。」中國無禮，退爲夷狄之例：昭公二十三年秋天，經書「戊辰，吳敗頓、胡、沈、蔡、許之師於雞父。」《傳》曰：「此偏戰也，曷爲以詐戰之辭言之？不與夷狄之主中國也。然則曷爲不使中國主之？中國亦新夷狄也。」

　　綜上所述，三科九旨確有一個發展過程。而在這個過程中，董氏系統的提出通三統，何休對它的內容並無增補，只是在注經中表現通三統之意而已。而何休則使張三世之義更加完備，把它提昇到更高的境地。至於異內外，則基本上按照《公羊傳》原意，雖然何休把它和張三世結合，但沒有增減它的內容。

　　三科九旨的意義如上，而公羊家相信它們都含蘊於書法之中，讀經者必須從書寫中溯其原意。站在書寫的角度來說，這個意思表示不管是張三世、通三統或異內外，它們都影響到書法的表現。由書法溯三科九旨，或三科九旨影響書法，這兩者關係密切，實際不能截然劃分，只能從不同角度略作分辨而已。

第二章　劉逢祿的今文學與《公羊》學
——從運用三科九旨爲判準談起

第一節　義　例

　　近代學者戴君仁先生以爲，首先以義例說《春秋》者，當屬公羊家，解說《左》、《穀》二傳者隨後跟進（《春秋辨例》，頁 10），遂蔚爲風潮。自漢代以降，反對義例和支持義例的壁壘逐漸矗立，爭論不已。而在各自的陣營中，反對或支持者仍有不同的分歧。反對者，有的是反對部分義例，最極端的則主張完全不用例，如漢之王充、宋之朱子。贊成者不反對用例，但不一定完全襲取舊例，譬如同樣解說《左傳》，晉人杜預的《春秋釋例》就和漢人劉、賈、許、穎不同，企圖推翻舊例，另立新例。說《公羊》者亦然，唐代公羊家啖助、趙匡，反對某些人的義例，但仍講自己認可的義例（《春秋辨例》頁 13-18）。不過，反對或支持義例的眞正原因，其實是對聖人作《春秋》的用心認定不同所致。贊成者認爲「《春秋》是聖人示褒貶之書，而經中褒貶進退，都靠書法表達。書法是有例的，例有正例、變例，於變例見義，可以看出聖人褒貶進退之意。可以說，聖人因褒貶而生凡例，後人由凡例以見褒貶。」（《春秋辨例》，頁 9）反對者主要以爲「夫平常之事，有怪異之說；徑直之文，有曲折之義，非孔子之心。」（《論衡・正說篇》）雙方觀念無法溝通，爭論自然無法停止。

　　職是之故，反對義例的言論雖不少，但以義例說經的風氣，卻未曾消減，延至清代亦然。如要對這現象提出解釋，至少有兩種簡單的說法，一是義例作爲一種解經方法，有它的優點；一是自漢以降，這已成爲一種解經傳統，

經師無法對傳統置之不理。而第二點正是公羊家在意的地方。《公羊》學的核心義例是三科九旨，從《公羊傳》到董仲舒，三科九旨之說已經萌芽，至何休才予以概括而確定。而除此之外，《公羊傳》本身亦有一些書寫上的義例，經由何休的推闡而蔚爲大宗，成了解經注傳的必須。在公羊家而言，這種以例說經的傳統，已形塑成《公羊》學的面貌，若抽掉義例，自然沒有《公羊》學可說。

劉逢祿對義例的堅持和強烈捍衛的心態，就極端突出這一點。這種心態的產生，和以上所說聖人著作的用心有關。劉氏堅信聖人傳下的微言大義，就是義例，而這義例的傳授，是透過口傳的方式，其核心是三科九旨。客觀而言，義例是經由歸納經書的書寫方式而得，而運用的目的，原是爲了解釋經典，除此之外，大約沒有其他的功能。然而，劉氏獨特之處，就是他強調義例、捍衛義例，卻不僅僅爲了解經的目的。劉氏以三科九旨作爲惟一代表師法的判準，使三科九旨與師法合爲一體，在這種情況下，「運用」它建立《公羊》學師法譜系、分判今古文、判定經解高低、乃至評定《春秋》三傳。從「立」《公羊》與「破」《左》、《穀》中建立起他的《公羊》學。這裡的「運用」一詞，不指利用義例闡抉經典蘊涵的義理，而單指在解經之外，發揮排除其餘經解，獨尊《公羊》的功用這一點。因此，本文目的雖是探討劉氏《公羊》學的基本觀點，卻採取透過劉氏對三科九旨的運用來完成。從運用過程中，抉發其《公羊》學的幾個根本觀點：一、《公羊》學的師法譜系；二、對今文學的見解；三、《左傳》、《穀梁》的判定。一、二兩點是正面「立」《公羊》，第三點「破」《左》、《穀》，角度雖不同，但藉破而立《公羊》的企圖，卻沒兩樣。而必須綜合劉氏立與破兩方面的另一原因是，可以全面瞭解劉氏《公羊》學一個範圍更大的基本觀念，這個基本觀念就是：對儒家原始經典、經解的研究，都無法脫離三科九旨來討論。換言之，劉氏《公羊》學的基本特色，就是三科九旨的籠罩性非常強，而破也正是這種籠罩性的表現，都屬其《公羊》學基本範圍。所以，不管是立是破，三科九旨都是立與破的核心，也是主要手段。談論劉氏的今文學或《公羊》學，甚至其經學觀，都無法離開三科九旨，它是劉氏的學說基礎。

不過，三科九旨雖是劉氏《公羊》學的基礎，我們卻不打算在這裡討論劉氏三科九旨的內容，原因有三，一、他的內容大致與董、何無別（又參張廣慶《劉逢祿及其春秋公羊學研究》，頁 162-173），而董、何部分已在緒論交

代。劉氏異於二人之處，是對三科九旨的運用，這種運用是劉氏的特色，然而撇開這一層，劉氏在內容上幾乎沒有新發明。二、當劉氏的三科九旨與他另一主張《春秋》制結合時，其三科九旨才會受影響而有內容上的變化，但這種變化卻不是他本人自覺的創新，而是我們客觀研究所得。展現這種變化必須先瞭解他的《春秋》制，這就必須在相關的篇章下討論，才比較有意義。因此，我們在第三章討論劉氏的《春秋》制時，會談到劉氏的異內外。第四章討論劉氏的改制理論，談到通三統、張三世，証實他的三科九旨與改制之間有距離。在這兩章之中，劉氏的三科九旨都有「加強」我們論點的作用，和該篇章的內容較配合。三、更重要的是，在這裡不提並無礙我們理解劉氏對三科九旨的運用。

第二節　三科九旨與師法

劉氏認爲，《公羊》義例的核心是三科九旨。三科九旨是師法的主要依據，因爲三科九旨是透過口傳傳授，〈春秋論下〉（《劉禮部集卷三》）〔註 1〕開宗明義就說：

> 《春秋》之有《公羊》也，豈第異於《左氏》而已，亦且異於《穀梁》。《史記》言《春秋》上記隱，下至哀，以制義法，爲有所刺譏褒諱抑損之文，不可以出見也。故七十子之徒，口受其傳悁。《漢書》言仲尼歿而微言絕，七十喪而大義乖。夫使無口受之微言大義，則人人可以屬詞比事故而得之。趙汸、崔子方何必不與游、夏同識？惟無其張三世、通三統之義以貫之，左支而右絀。是故以日月名字爲褒貶，《公》、《穀》所同，而大義迥異者，則以《穀梁》非卜商高弟，傳章句不傳微言，所謂中人以下不可語上者與。

《公羊》和《左》、《穀》最大的不同，就是《公羊》的傳授，是經由孔子七十弟子的口傳。這些微言大義之所以必須經由口授，一如《史記》所言，乃其內容涉及對君王的「刺譏褒諱抑損」，不能公諸於世。〔註 2〕口傳的內容，

〔註 1〕　〈春秋論〉上下二篇，《劉禮部集》及《魏源集》皆有載錄。據大陸學者陳鵬鳴〈劉逢祿生平及著作略考〉一文，論定乃劉氏所作，言之有據，故採用其說。

〔註 2〕　有關口傳和微言大義（三科九旨）的關聯，劉氏多次提及，如《左氏春秋考証・史記篇》：「夫子之經書於竹帛，微言大義不可以書見，則游夏之徒傳之。」

就是張三世、通三統等微言大義。劉氏沒提到異內外，然何休闡述張三世已包含異內外，因此這裡雖只說張三世、通三統，其意即指三科九旨。三科九旨充分表露《春秋》當新王的訊息，才必須避諱而口傳。這便是孟子所言「《春秋》繼王者之跡，行天子之事，知我罪我，其唯《春秋》」（《劉禮部集卷四‧春秋論下》）的道理所在。如果不講這些微言大義也算孔子眞傳，則宋代崔子方、元末趙汸並不標舉三科九旨，他們應該也和子游、子夏的地位一樣了；事實自然不是如此。簡言之，口授是師法傳承的惟一依據，沒有得到口授的內容，表示沒有師法，口授內容是三科九旨，也就是所謂的微言大義。

〈春秋論下〉的內容，主要批評同爲清代公羊家的孔廣森。而這些批評，極爲清楚的反映了劉氏《公羊》學的基本見解。他認爲孔廣森最大的詬病就是：

> 乃其三科九旨，不用漢儒舊傳，而別立時月日爲天道科，譏貶絕爲王法科，尊親賢爲人情科。如是則《公羊》與《穀梁》奚異？奚大義之與有？推其意，不過以據魯，新周，故宋之文，疑於倍上；治平、升平、太平之例，等於鑿空。

孔廣森不信通三統、張三世之義，別立天道科、王法科、人情科。劉氏斷定，如此一來沒有大義可說，而《公羊》和《穀梁》就沒有分別了。劉氏接著指出，孔廣森不信三科九旨，而把它當作是何休臆造，完全不合事實：

> 又其意以爲三科之義，不見於傳文，止出何氏《解詁》，疑非《公羊》本義。無論元年、文王、成周、宣榭、杞子、滕侯之明文；且何氏序明言「依胡毋生條例」，又有董生之《繁露》、太史公之《史記自序》、《孔子世家》，皆《公羊》先師七十子遺說，不特非何氏臆造，亦非董、胡獨創也。無三科九旨則無《公羊》，無《公羊》則無《春秋》，尚奚微言之與有？

這段話強調三科九旨實爲七十子遺說的觀點。至於最後宣稱：沒有三科九旨就沒有公羊，沒有《公羊》也就沒有《春秋》，更是劉氏非常強悍的宣言。歸根究底，三科九旨是使《公羊》成爲《公羊》，《春秋》成爲《春秋》的主要依據。依此而論，沒有三科九旨，則《公羊》及《春秋》都失去它們作爲「經」

《穀梁廢疾申何‧序》：「竊嘗以爲《春秋》微言大義，魯論諸子皆得聞之，而子游、子思、孟子著其綱，其不可顯言者，屬子夏口授《公羊》氏，五傳始著竹帛也。」等皆是。

及「經解」的特質。《春秋》「經」的性質，也是三科九旨所賦與；這在在顯示劉氏篤信三科九旨。董、胡、何等漢儒乃繼承舊傳，方有三科九旨，並非他們臆造。因此，一旦捨棄漢儒舊傳三科九旨，表示不承認漢人的師傳，也同時等於不認可孔子所傳的《春秋》了。

綜括以上劉氏的觀點，就是「義例」經由「口授」而傳下，因此「口授」一詞，代表了所傳達的內容是眞傳之意。義例的內容就是「三科九旨」，或「微言大義」；名稱雖異，實際內涵卻全同。總的來說，提到傳授的途徑（「口授」），或這些口授的內容（義例或三科九旨或微言大義），就表示有「師法」的意思。劉氏的觀念如此一路貫穿而下，以「三科九旨是師法的依據」爲立論和推論的主線。

劉氏主張漢儒三科之義，上承七十子遺說，可達到兩個目的，一是使漢代公羊學者傳承孔子《春秋》的地位，得以確立；這是屬於師法方面的問題。師法的重要意義，在於直接表明漢儒都繼承孔子。而劉氏依此說《公羊》，理所當然也是承接孔子了。二是確定漢儒師法所承的核心內容是三科九旨，它們是《春秋》的微言大義；這是屬於《公羊》義理的問題。這兩點，實際上是一個問題的兩個方面，亦即沒有師法，就不會以三科九旨說《春秋》；沒有以三科九旨說《春秋》，就是沒有師法。若出現任何一種情況，都表明該學者無法道出《春秋》的微言大義。所以當劉氏以三科九旨（或微言大義，或口授）爲出發點，批評任何一位學者或典籍時，必貫穿這種意思，說到以上兩點中任何一點，都隱含了另外一點。上引評及宋元《公羊》學者趙汸、崔子方，清代孔廣森，莫不如此。

確定了這一點，劉氏提出《公羊》傳承的師法譜系：

> 竊嘗以爲《春秋》微言大義，魯論諸子皆得聞之，而子游、子思、孟子著其綱，其不可顯言者，屬子夏口授之公羊氏，五傳始著竹帛也。然向微溫城董君、齊胡毋生及任城何邵公三君子同道相繼，則〈禮運〉、〈中庸〉、〈孟子〉所述聖人之志，王者之跡，或幾乎熄矣。（《申何・序》）

其成員上有子游、子思、孟子、子夏、公羊氏，下逮董仲舒、胡毋生、何休；另外，由於承認了子思、子夏爲公羊先師，連帶也把相傳兩人所作的〈禮運〉、〈中庸〉納入《公羊》學系統內。至於兩人爲何會被納入，劉氏並沒有進一步申述。比較可能的原因是，劉氏原認爲《春秋》微言大義，孔門高弟（中

人以上者）皆與聞的緣故（詳第五節）。

這其中，劉氏最看重董氏、何休二人。兩人最大的貢獻有二，一是傳經之功，使孔子作《春秋》之旨不致湮沒；二是兩人進一步發揚了《春秋》的微言大義。他在許多地方談到二人傳承微言大義之功，以上引文即是一例；〔註3〕另外，劉氏在著作中亦多次引用二人的說法，這是繼承董、何二人所發揚的微言大義。對於何休甚至有《釋例》、《解詁箋》等專門著作；兩人對劉氏的影響之大，不言而喻。不過，對於兩人學風上的異同，劉氏也有所評斷：

> 世之言經者……求其知類通達，微顯闡幽，則《公羊傳》在先漢有董仲舒氏，後漢有何邵公氏……先漢之學務乎大體，故董生所傳非章句訓詁之學也，後漢條理精密，要以何邵公、鄭康成二氏為宗。（《解詁箋·序》）

董氏對《春秋》的解釋，不是依照經文，逐一訓釋的注疏體例，故稱其「務乎大體」，何休則是依經傳作注。就這一點而言，劉氏對何休有更高的讚譽，主因是何休能以義例隳括董、胡（毋生）；這段話見於《釋例·主書例》：

> 《春秋》之為道屢遷，而其義必有所專主。其為文周流空貫，不言之眇，皆在深察；一言之發，眾例具舉，是以說者各任其意，離其宗。何氏之于經，其最密者也，既審決詖滛，判若白黑，而引伸觸類，離根散葉，貫穿周顧，網羅完具。又應用之者，輕重失倫，源委莫究，輒下宗義，以正指歸。竊嘗以為先漢以《公羊》斷天下之疑，而專門學者自趙董生、齊胡毋生而下，不少概見；何氏生東漢之季，獨能隳括兩家，使就繩墨，于聖人微言奧旨，推闡至密。

何休以義例隳括董、胡兩家，使聖人的微言奧旨，都能匯歸一處，對其中輕重、源委，一一指陳，使義理各得其正。而且，何休不止有收束之功，更有引伸發揮之處，這種發揮，不是使義理散漫無所依歸，反使義理更周延完備，所謂「貫穿周顧，網羅完具」。劉氏對董、何並無明確區分高低之論，只是他的著作較集中在何休方面，如以上所提《釋例》、《解詁箋》，又《考証》、《申何》等用到何休義例之處頗多。不過，《解詁箋》之作，明言補何休之不足。劉氏則幾乎沒有評到董氏的短處，而且在某些地方如《釋例·張三世例》、《解

〔註3〕劉氏讚揚董、何二人傳經之功的其他言論如：「經之有師傳者……《春秋》有《公羊》氏而已……求其知類通達，微顯闡幽，則《公羊傳》在先漢有董仲舒氏，後漢有何邵公氏。」（《解詁箋·序》）。

詁箋》中，用董氏說駁正何休。總體而言，除三科九旨以及對董氏禮、刑（見本書第六章）、災異（張廣慶《劉逢祿及其春秋公羊學研究》，頁175-177）的問題外，劉氏用董氏說部分，只是零散幾條，不如對何休的繼承多，倒是事實。然則，劉氏有評何而無批董，繼承何休多而董氏少，又無明言誰高誰低，因此綜合言之，劉氏對董、何的讚譽其實難分軒輊，兩人之作都能「知類通達，微顯闡幽」，只是在體例上何休更能突顯義例的重要，而義例攸關師法，故爲劉氏所重而已。這種看重不表示何休的公羊義理優於董氏，這必須分開而論。對於董、何，誠如劉氏明言：

> 祿束髮受經，善董生、何氏之書，若合符節，則嘗以爲學者莫不求知聖人，聖人之道備乎五經，而《春秋》者，五經之筦鑰也……撥亂反正，莫近《春秋》，董、何之言受命如嚮，然則求觀聖人之志，七十子之所傳，舍是奚適焉。（《釋例·序》）

聖人之道在五經，而《春秋》是五經的根本，求觀聖人之志，則不得不看《春秋》，而董、何二人的著作，正傳承此「聖人之志，七十子之所傳」。從這裡，劉氏標舉出兩人無可取代的地位。

劉氏在構建其師法譜系的同時，也攻擊其餘說《春秋》者不得師法，其犖犖大者如：

> 天不佑漢，晉戎亂德，儒風不振，異學爭鳴，杜預、范寧吹死灰，期復然，溉朽壤，使樹藝，時無戴宏，莫與辨惑。唐統中外，並立學官，自時厥後，陸淳、啖助之流，或以棄置師法，燕說郢書，開無知之妄，或以和合傳義，斷根取節，生歧出之途，支室錯迕，千喙一沸，而聖人之微言大義蓋晦矣。（《釋例·序》）

晉人杜預作《春秋釋例》以釋《左傳》；范寧作《春秋穀梁傳集解》釋《穀梁》。唐人陸淳著有《春秋集傳纂例》等，兼採三傳；啖助有《春秋集傳》等，也不專主一家。當然，劉氏所在意的，是這些儒者都不以三科九旨說解《春秋》，以致「微言大義盡晦」。之前批評宋代崔子方、元末趙汸二人，其意亦同此。由是觀之，劉氏所認可的師傳，是由先秦至漢的公羊先師，其中獨標董、何，唐宋元學者的《春秋》學，則其所不信。至於清代學者，劉氏批評了孔廣森，對莊存與沒有直接的評論。不過，我們可以肯定兩人的觀點在關鍵處必有所不同。那就是劉氏治學完全摒棄《左傳》，對於《左傳》他只取其史事，除此之外，對《春秋》的說解，皆不取《左傳》。莊存與則兼採三傳，而且對三科

九旨沒有特意標舉，把它們視作《公羊》學的核心理論。〔註4〕

　　而綜上所述，劉氏卻扣緊三科九旨與師法的關聯，兩者一體兩面，密切縮合。這個觀點，是劉氏《公羊》學的基礎，幾乎主宰了劉氏對經學的所有看法，由此可見它在劉氏心目中的地位。因為它是師法的同義詞，劉氏才可以用它為惟一的判準，去分判今古文、辨《左傳》之偽、《穀梁》之不傳微言大義。這種判分的功用，必須和師法結合才可能產生，否則三科九旨只不過是《公羊》學的核心義例而已，不可能成為劉氏判分其餘經解、學派是否傳承孔子的判準。

第三節　三科九旨對今古文的判分

　　《公羊》學是今文學中的一環，以上所述，只談到劉氏以三科九旨建立他的《公羊》師法譜系，沒有觸碰今文問題。我們這一節要說明的是劉氏的今文學，也是以三科九旨為基礎而建立。換言之，今文之所以為今文，是因為它有三科九旨，反之則屬古文。這樣，劉氏以這個判準，判分今古文，也界定今文學的本質。

　　分辨今古文的言論，比較集中見於〈跋杜禮部所藏漢石經後〉及《詩古微·序》兩篇文章（俱見《劉禮部集卷九》），但以後者闡論較多，我們以後者為主，說明他的論點。

　　劉氏一開始就從今文之早立於學官這一點，言今文家法遠勝古文：

> 嘗怪西京立十四博士，《易》則施孟梁丘，《書》則歐陽、大小夏侯
> 氏，《詩》則齊、魯、韓氏，《禮》則大小戴氏，《春秋》則公羊顏、
> 嚴氏，《穀梁》江氏，皆今文家學，而晚出之號古文學者，十不與一，
> 夫何家法區別之嚴若是，豈非今學之師承遠勝古學之鑿空？非若《左
> 氏》不傳《春秋》，《逸書》、《逸禮》絕無師說，《費氏易》無章句，
> 《毛詩》晚出，自言出自子夏，而〈序〉多空言，《傳》罕大義，非
> 親見古序有師法之言與。

〔註4〕莊存與的學說特色及其影響，可參大陸學者陳其泰《清代公羊學》專論莊氏
　　　部分，頁60-79。莊存與《春秋》學著作主要是《春秋正辭》、《春秋舉例》、《春
　　　秋要旨》，但另外諸如《周官記》、《周官說》、《毛詩說》等著作，仍屬古文學。
　　　莊氏的著作對劉氏必有影響，不過，在今古文的抉擇上，莊氏的《公羊》學
　　　不如劉氏純粹，而且對三科九旨的標舉，亦不如劉氏熱切與強悍。

「早立於學官」所以成爲劉氏確信師法的一個根據，因爲劉氏把劉歆當作僞造古文家法的罪魁禍首（詳第五節），故凡與他相關者，劉氏大多不予採信。這樣論証古文無家法，似乎比較外圍，因此劉氏特地針對《毛詩》，作比較全面的駁正：

> 世之説者顧曰：三家《詩》多述本事，猶之不修之《春秋》也。《毛詩》則財以聖人之義法，猶之君子修之云爾。果爾，則請以《春秋》義法覈之。
>
> 《詩》何以風先乎雅？著《詩》、《春秋》之相終始也。風者，王者之跡所存也。王者之跡息，而采風之使缺，《詩》於是終，《春秋》於是始。《春秋》宗文王，《詩》之四始，莫不本於文王。首基之以《二南》，《春秋》之大一統也。終運之以《三頌》，《春秋》之通三統也。《周南》終〈麟趾〉，《召南》終〈騶虞〉，《春秋》之始元終麟也。變《風》始於邶鄘衛，《春秋》之故宋也。王次之，《春秋》之新周也。變《雅》始於宣王之征伐，《春秋》之內諸夏而外吳楚也。《魯頌》先乎《商頌》，《春秋》之寓王也。《頌》以商爲殿者，謂救周之文敝，宜從殷之質也。託夏於魯，明繼周以夏，繼夏以商，三王之道若循環，終則又始，《易》終未濟之義也。王者因革損益之道，三王五帝不相襲，託王者於斯一質一文，當殷之忠敬文迭施，當夏之教也，是《春秋》之通義也。
>
> 孔子序《書》，特韞神恉，紀三代，正稽古，列正變，明得失，等百王，知來者，莫不本於《春秋》，即莫不本於《詩》。故曰：《詩》《書》《春秋》其歸一也。此皆刪述微言之大義。《毛序》、《毛傳》曾有一於此乎？則所謂子夏傳之者，不足據矣。……以齊、魯、韓之遺説質之，則數者往往符合，今文之師受遠勝古文之鑿空如此。

此段重心在以《公羊》義例比附《詩》經。這其中所謂《春秋》大一統、通三統、新周、故宋、王魯、文質代變，乃三科九旨中的通三統，只是從不同層面表達《春秋》當新王之意而已。至於異內外，當然更是三科九旨之一。由於《毛詩》未有一言及於這些義理，劉氏否定它是子夏所傳。《毛詩》沒有三科九旨，自然師法不明，其義法之不實，更不待言。對比之下，我們知道今文之所以爲今文是有三科九旨、有師法；古文之所以爲古文，就是無三科九旨、無師法。

　　而從這裡，我們也知道劉氏對今文傳承的見解，基本上依西漢今文十四博士而立，即《易》施、孟、梁、丘氏，《書》歐陽、大小夏侯氏，《詩》齊、魯、韓氏，《禮》大小戴氏，《春秋》《公羊》顏、嚴氏，《穀梁》江氏。不過，有兩方面的問題必須說明，一是有的今文經解已經亡佚，如以上《易》、《公羊》、《尚書》、《詩》的經解等，它們只具歷史傳承的意義，而不可能被實際運用於解經。二是對於這些經解，另有後起的今文家繼承，後起經解自然也在劉氏承認之列。何休《解詁》自不待言，至於劉氏論《易》主虞翻的《虞氏易注》，他認為「《易》虞仲翔氏，最有師法，皆今文也。」（〈跋杜禮部所藏漢石經後〉）由於這兩個原因，在此指出劉氏所認可的今文傳統，不表示劉氏實際解經時，其所用的經解全屬今文十四博士之說，而是據現存可見者，加上後起的今文經解；但可以肯定他在態度上認可的都是今文。

　　劉氏以為今文有師法、有微言大義，其實是經過一個轉變之後才如此。他之前的言論，並不認為今文經解含蘊三科九旨。我們且從劉氏判定經解的過程，探抉他在這方面的轉變。

　　嘉慶十年（1805），劉氏在《釋例‧序》中明確的說：

> 先漢師儒略皆亡闕，惟《詩》毛氏、《禮》鄭氏、《易》虞氏有義例可說。

義例與師法的關係極密，說以上經解有義例，便承認它們有師傳。除了以上三種經解有義例之外，《公羊》有義例是不待言的，因《釋例》原就是為發揮這一點而作。可是，在稍後成於嘉慶十四年（1809）《解詁箋》的自序中，他卻只說：

> 余嘗以為經之可以條例求者，惟《禮‧喪服》及《春秋》而已。經之有師傳者，惟《禮‧喪服》有子夏氏，《春秋》有公羊氏而已……世之言經者，於先漢則古《詩》毛氏，於後漢則今《易》虞氏，文辭稍為完具。然毛公詳故訓而略微言，虞君精象變而罕大義，求其知類通達，微顯闡幽，則《公羊傳》在先漢有董仲舒氏，後漢有何邵公氏，子夏傳有鄭康成氏而已。先漢之學務乎大體，故董生所傳非章句訓詁之學也。後漢條理精密，要以何邵公、鄭康成二氏為宗。

《解詁箋》之作在《釋例》之後，這說明他修正《釋例‧自序》中對《詩》毛氏、《易》虞氏的看法。而今他以為二書一「略微言」，一「罕大義」，微言大義作互文運用，實際是說二書缺乏微言大義，推翻了之前二書有義例的說

法。經有師傳僅子夏氏和公羊氏，以及其下的繼承者董仲舒、何休與鄭玄，三人對經傳的說解皆能「知類通達，微顯闡幽」而又「條理精密」。經解之中，僅此二種有義例，同樣的，這是表示惟此二書有師傳。我們知道師法之意，表示義例爲三科九旨，是以《禮‧喪服》注的義例，也是三科九旨，不是《公羊》以外的義例。對比之下，《詩》毛氏、《易》虞氏沒有師傳，以致無微言大義。在這兩篇自序中，雖然他選出的經解數量不同，目的卻相同，就是以義例的有無，來篩選他所認可的經解，標舉義例與師法二者合一的主張。經由義例的有無，劉氏判定經解中，惟《公羊》、《禮‧喪服》注有義例、有師法。由於劉氏把「條例」或「例」或「義例」的有無（意涵相同，爲求一致，以下皆稱義例），和師法結合起來說，這顯示其「義例」一詞，有「專屬《公羊》」之意。換言之，「義例」專指「《公羊》義例」，其餘經解不可任意使用。若使用，就表示其義例爲《公羊》義例，這種意思在第四節評《左》批《穀》時更形突顯。

他在這個基礎上，再說明《禮‧喪服》和《春秋》的分別：

> 〈喪服〉之於五禮，一端而已；《春秋》始元終麟，天道決，人事備，以之網羅眾經，若數一二，辨白黑也。（《解詁箋‧序》）

《春秋》涵蓋面之廣，可網羅眾經，突出它在五經的獨尊地位。順此結果，劉氏提出《春秋》爲「五經之筦鑰」的說法：

> 學者莫不求知聖人，聖人之道備乎五經，而《春秋》者，五經之筦鑰也。……撥亂反正，莫近《春秋》，董、何之言，受命如嚮。然則求觀聖人之志，七十子之所傳，捨是奚適焉？（《釋例‧序》）

聖人在世，莫不志於撥亂反正，五經都有用世之旨，但只有《春秋》是聖人專講經世致用的經典，若求觀聖人用世之志，則非《春秋》莫屬。這也是劉氏在《論語述何》中所說的：「《春秋》貫乎六藝而主乎用」（經解卷一二九七，頁11）之意。在《釋例‧通三統例》中他更指出：「故不明《春秋》者，不可與言五經。」所以，《春秋》爲「五經之筦鑰」，表示它是理解孔子一切制作之意的根本經典，惟有透過它，聖人之意才昭然若揭。然而我們知道，兩段引文中的《春秋》和《公羊》意涵實同，《公羊》所講的《春秋》才成《春秋》（見第二節），因此《公羊》即《春秋》，《春秋》即《公羊》。以上種種涉及《春秋》的言論，都可用「《公羊》」二字取代；《公羊》不止在五經經解中地位獨尊，而且它才是所有經典的「筦鑰」。「獨尊」只是就地位而言，「獨尊」

所反映的實際意義，是指《公羊》的微言大義貫穿所有經典，因爲三科九旨既然是口傳的微言大義，那麼經過孔子刪述的經書，自然含蘊三科九旨（又詳下）。這種獨尊，才是劉氏運用義例判定經解的眞正目的。

　　劉氏透過義例的分判獨尊《公羊》經解，而幾乎摒棄了其餘今文（古文自不待言）的經解。在《詩古微·序》中，他對其他今文經解態度才有所轉變，承認它有師法、義例。這種轉變，有兩個因原因。首先，應該是對今文的態度有前後期的不同。魏源《詩古微》初稿成於道光九年（1829），劉氏的序當不早於此（按：劉氏卒於是年八月）。因此，應是劉氏修正早年說法，而承認其餘今文經解亦有義例。他另有《尙書今古文集解》一書，作於道光四年（1824），亦是較後期作品，這顯示劉氏在後期才處理今文問題。其次，早期過於獨尊《公羊》經解，也應是造成他摒棄其餘今文經解的主因。對於此，我們可以引旁証作爲補充。那就是劉氏在《詩古微·序》之前，對《公羊》三科九旨的比附，只表現在儒家原始經典之中，而不曾如《詩古微·序》般，以三科九旨比附各種今文經解。譬如對於《詩經》的比附：

> 《詩》之言三正者多矣，而尤莫著於三《頌》，夫子既降王爲《風》，
> 而次之以邶鄘之後，言商周之既亡，終之以三《頌》，非新周、故宋，
> 以《魯頌》當夏而爲新王之明徵乎？夫既以《魯頌》當新王，而次
> 之周後，復以《商頌》次魯，而明繼夏者殷，非所謂三王之道若循
> 環乎？故不明《春秋》，不可與言五經，《春秋》者，五經之筦鑰也。
> （《釋例·通三統例》）

這是以通三統比附《詩經》的體例，顯示孔子按照通三統之義，編排《詩經》。這種早期的比附，和他在《詩古微·序》的比附類似。早期這種作法，就在於堅信孔子所傳微言大義也只限於三科九旨，除此之外，別無其他微言大義，而五經皆經孔子刪述，由此推論，則其中自然蘊含三科九旨。這是劉氏以此解釋其餘經典的主因，這種作法，一般稱作把其餘經典「公羊化」，目的是表現《公羊》義例可以通貫任何經典，藉此証實惟有《公羊》傳承孔子的微言大義。劉氏的作法主要是以《詩》、《書》、《易》的體例作比附，〔註5〕來表明其間有《公羊》的三科九旨。這種比附多未深入經典的義理，惟一例外的，

〔註5〕劉氏以《易》、《夏小正》比附張三世，見《釋例·張三世例》；以《易》比附異內外、大一統，見《釋例·內外例》；以《書》比附通三統，見《釋例·秦楚吳進黜表》等。

也許是《論語述何》。在此著作中，他以《公羊》義理解釋《論語》，遠比體例的比附深入。〔註6〕這個旁証要說明的是，「比附」是劉氏早期便有的作法，如果當時他認為其餘今文經解有三科九旨，他自然也會進行比附。然而他卻沒有比附，這顯示他早期過於獨尊《公羊》經解，是以只承認子夏氏、公羊氏兩家，不及其餘。

不過，話說回來，儘管有「承認」及「不承認」今文經解的前後不同，三科九旨都是左右劉氏的惟一判準。換言之，他的想法還是「有三科九旨，就是有師法」；這仍是獨尊《公羊》。當然，前後期的獨尊不同，早期的範圍較狹，只獨尊《公羊》經解，後期範圍較大，認為其餘今文亦有傳承義例。前後期的差異是範圍大小的不同，而判定《公羊》地位尊崇的判準，仍是義例，沒有改變，就這一點說仍是推尊《公羊》。

綜上所述，劉氏的今文學是以《公羊》學擴充至其餘今文經解而建立，而其核心就是三科九旨。

第四節　三科九旨對《左》、《穀》的判定

以上所論，都是劉氏運用三科九旨在《公羊》學、今文學上表現出「立」的一面。然而，不能否認有時「破」的工作，也是「立」的一種表現形態；或者確切的說，「破」可以鞏固「立」的效果。劉氏對這種破的工作，集中在《春秋》其餘二傳《左傳》與《穀梁》，畢竟它們是《公羊傳》在解經傳統上的主要競爭對手。

劉氏對《左》、《穀》的看法，集中於三本著作，針對《穀梁》是《穀梁廢疾申何》兩卷（簡稱《申何》，經解卷一二九二稱《申何》卷一，卷一二九三稱《申何》卷二），評《左傳》則有《左氏春秋考証》兩卷（簡稱《考証》，經解卷一二九四稱《考証》卷一，卷一二九五稱《考証》卷二）及《箴膏肓評》（經解卷一二九六）。〔註7〕本文不擬探討他對二傳的所有看法，只專論他

〔註6〕從不同角度討論劉氏這方面見解的論文頗多，如胡楚生〈劉逢祿《論語述何》析評〉；張廣慶《劉逢祿及其春秋公羊學研究》第七章；陳素華《清代常州學派論語學研究——以劉逢祿、宋翔鳳、戴望為例》第三、四章；劉錦源《清代常州學派論語學》第二章等皆是。

〔註7〕劉氏的《考証》和《申何》兩部著作，其秩序是按魯國十二公的順序逐一討論。為了討論方便，我們要對《考証》卷一及《申何》卷一、《申何》卷二所討論的條目數量，按魯公的秩序，逐一標出條目的號碼。我們用到《考証》

用義例批判《左》、《穀》部分。我們先談《左傳》，再論《穀梁》。

一、判定《左傳》

以下這段話，劉氏揭示對《左傳》的看法要點有三，他說：

> 夫子之經書於竹帛，微言大義不可以書見，則游夏之徒傳之。邱明
> 蓋生於魯悼之後，徒見夫子之經及史記、晉《乘》之類而未聞口受
> 微恉。當時口說多異，因具論其事實，不具者闕之。曰魯君子，則
> 非弟子也。曰《左氏春秋》，與《鐸氏》、《虞氏》、《呂氏》並列，則
> 非傳《春秋》也。故曰《左氏春秋》，舊名也。曰《春秋左氏傳》，
> 則劉歆所改也。（《考証卷二》，頁1。）

首先，當然是否定《左傳》的師法。不以左氏得聞孔子口授之義，只肯定他
見到孔子作《春秋》的史料，即各國史書；並從時代上辨左氏非孔子弟子，
加強對作者師承的否定。《左傳》既無師法，那麼《左傳》的性質是甚麼呢？
這轉到第二個重點，即斷定《左傳》的性質是史，而非經解。《左傳》是在口
說多異的情況下，記載了當時的歷史，不是記錄孔子的口說。以史為主，當
然不傳《春秋》，因《春秋》的性質是經而非史。這是從《左傳》的內容性質，
進一步否定它的師傳。《左傳》既是史，為何有人說它傳《春秋》呢？劉氏最
後的重點，在指出這是劉歆所偽作。照理說，判定《左傳》是史書，則其不
傳《春秋》已成立，為何要扯出劉歆呢？這當然是因為「《左傳》傳經」這個
歷史定見，是從劉歆開始的緣故。劉氏在企圖否定《左傳》經解的身分時，

卷二的機會不多，就不用這種作法。以下分別列出這些著作的條目數量。《考
証》卷一所考的條目數量：隱（廿九）、桓（十八）、莊（十）、閔（二）、僖
（十四）、文（八）、宣（四）、成（五）、襄（七）、昭（九）、定（四）、哀（二），
加上《左傳》續經部分七則，總共一一九則。我們如引到隱公篇的第三則，
則寫成〈隱公・三〉，若連帶書名稱呼，則寫成《考証・隱公三》其餘類推。
《申何一》的條目數量：隱（四）、桓（二）、莊（六）、僖（十二）、文（四）、
宣（二）、襄（三）、昭（二）、定（一）、哀（一），加上附錄二則，缺閔公、
成公，總數三十九則。《申何二》的條目數量：隱（廿九）、桓（十七）、莊（十
九）、僖（廿七）、文（十一）、宣（十一）、成（十六）、襄（十三）、昭（九）、
定（二）、哀（六），缺閔公，總數一百六十則。如採取標明它在《皇清經解》
中的頁數的方式，反而使我們在討論過程中，無法以簡單的方式，標示出我
們所指涉的某一則條目，因為有些條目我們不會深入探討，可是又不得不在
論証過程中指出，若不以數目標示，單引頁數，則必須寫出那一則涉及了甚
麼內容，頗為辭費，這時標示數目，是最方便的辦法。

不得不考慮到這一點，是以投注了極大的心力去辨析，《考証》之作，是針對劉歆造僞而發。

對於劉歆造僞，劉氏開宗明義，從作者本意著眼，指出左氏本無意於傳《春秋》，一切是劉歆爲遂其政治及學術上的私人目的使然：

> 左氏以良史之材，博聞多識，本未嘗求附於《春秋》之義，後人增
> 設條例，推衍事蹟，強以爲傳《春秋》，冀以奪《公羊》博士之師法，
> 名爲尊之，實則誣之，《左氏》不任咎也。(《考証卷一・序》)

後人在此主要指劉歆。劉氏認爲劉歆先証明《左傳》有師法（增設條例），然後再達到《左傳》傳《春秋》的目的。因爲《左傳》無師法、無義例，以致不得不造僞。至於如何僞造成有師法，他認爲劉歆的途徑有二，一是增飾義例，一是竄改史籍記載；以上引文中「後人增設條例，推衍事蹟」指這兩途徑。劉氏証明造僞也針對這兩點而發，一是運用義例，從有無經義的角度作出証明。一是運用史籍記載，從中勾勒三傳授受的線索、版本依據，兼及《左傳》作者的考証等，說明原無《左傳》傳《春秋》的說法，純是劉歆造出的結果。

《考証》兩卷的辨僞方式，基本上照劉氏以上的辨僞途徑安排，《考証》卷一自義例著手，《考証二》從史籍鉤稽。本文探討劉氏的義例，所以不討論劉氏指責劉歆「竄改史籍」部分，[註8] 只論述劉氏如何「運用義例」辨僞。究極而言，不管是竄改史傳或僞造義例，劉氏篤定認爲，劉歆目的只有一個，就是証明《左傳》有《公羊》的義例。

劉氏以義例辨僞的作法，在《考証》卷一中，有兩種表達方式，一、直接以言語表述；二、以《公羊》義例說明《左傳》的解說不妥，由此不妥說明《左傳》之僞。就第一種方式而言，他的用詞以「欲迷」《公羊》某某例居多。「襲《公羊》」義例的用詞頻率次之，「欲亂」或「欲破」或「欲汨」《公羊》義例的說法各一見，總共十九則。[註9] 這幾組用詞中，「欲迷」，指控劉歆企圖混淆《公羊》義例，和「欲破」、「欲亂」說法接近，突顯劉歆特地造出義例，有意破壞的用心。「襲《公羊》」的說詞，相對而言，造例的意味較

〔註8〕劉氏這方面的辨僞成果，參張廣慶《劉逢祿及其春秋公羊學研究》，頁199-205。

〔註9〕「欲迷」的條目爲：隱公・一、九、十二、十九、二十、廿二、廿九；桓公・二、四、八；僖公・一：共十一則。「襲《公羊》」的條目爲：隱公・二、七、十四；文公・五；昭公・二：共五則。其餘各一則的條目，「欲亂」：隱公・三。「欲破」：隱公・十五。「欲汨」：文公・七。

淡；但點出劉歆藉此顯示《左傳》有義例的居心，和造例是沒兩樣的。《考証一》的體例是先引《左傳》原文，其下附《考証》，以下就兩種表達方式，各舉數則爲例。

從特造義例的角度，劉氏從整體上認爲劉歆：

欲迷《公羊》義例，則多緣飾《左氏春秋》以售其僞。（〈隱公·一〉）

劉氏直接提到劉歆企圖混淆或襲取的義例，比較主要的有：

（一）左傳：三月，公及邾儀父盟於蔑。

考証：此類釋經皆增飾之游詞，不可枚舉。未王命云者，欲亂以《春秋》當新王之義也。（〈隱公·三〉）

（二）左傳：眾父卒。

考証：欲迷張三世及誅得臣之義，實則襲其義，似是而非者也。（〈隱公·九〉）

（三）左傳：君氏卒。

考証：尹與君古文多借以天子之大夫，爲隱公之母而襲《公羊》「母終不得爲夫人之說」以文之，亦証《左氏》甚矣；且作僞之意，欲迷譏世卿之義也。「不書姓，爲公故，曰『君氏』」（按：此爲《左傳》文）；遁辭知其所窮矣。（〈隱公·十二〉）

（四）左傳：無駭卒。

考証：欲迷疾始滅之義，故言卒而後有氏族，入極時本無氏也，不知經有追書之法，且《公羊》所謂氏乃公子，非展氏也。（〈隱公·廿二〉）

分別屬欲混淆《公羊》的新王、張三世、譏世卿、始滅之例。前二則屬三科九旨，後兩則亦爲《公羊》大義，其餘如欲迷「賊不討不書葬」、「責不死位」、「危不得葬」等例，屬次要的義例，劉氏也列舉不少。

至於強行以《公羊》義例說明《左傳》的不妥，劉氏把這種意圖表示得較明顯的條目，約有廿二則，﹝註10﹞這其中只有一則和第一種重疊。試舉兩則：

左傳：夏，及齊師戰於奚。

﹝註10﹞ 這些條目是：隱公·一、四、五、十；桓公·一、三、十七；僖公·五、九；宣公·四；成公·一、二、三；襄公·二、五；昭公·一、三、八；定公·一；續經·一、三、六。《考証》卷一的條目總數一一九則，而劉氏明確以義例辨僞的條目，去數重複的一則〈隱公·一〉，總數爲四十則，佔了三分之一強，這還不包括以《公羊》觀點駁正部分。

考証：戰者，內敗文，如升陘可徵也，歆欲顛倒其義而於經文妄增
「夏」字尤謬。（〈桓公·十七〉）

按《公羊傳》桓公十七年，經文原文爲「五月丙午，及齊師戰于奚」，無「夏」
字。劉氏以爲《公羊傳》有「內不言戰，言戰乃敗矣」（桓公十年、十二年傳）
之例，這是因爲公羊有《春秋》王魯說，任何一國與魯交戰都不會用「戰」
一詞，以示兩國身分不相等，魯是尊於敵對國的。因此經文若言戰，即是魯
師敗績，根本無須加一「夏」字，徒增困擾。

左傳：凡在喪，王曰小童，公侯曰子。

考証：君存稱世子，薨稱子某，既葬稱子，踰年稱爵；自天子達於
子男，一也。（〈僖公·五〉）

這是一則稱呼世子的義例，出自《公羊傳》莊公三十二年，不過「踰年稱爵」，
原文作「踰年稱公」，其意實同。綜上所述，如引劉氏的話作一個總結，那就
是左傳的「凡例皆附益之辭」（〈隱公·廿七〉）。

　　在劉氏以義例爲主軸的觀點底下，劉歆的造僞工作，事實上都不得不涉
及義例。劉氏是在義例和師法關聯的前提下，去達成這項指控與抉發。對劉
歆的攻擊，顯然不是出於策略的考慮，而是堅信二者的必然關聯下必然的駁
斥。沒有這項前提，不會從義例角度作出攻擊。換言之，他可以只單從史籍
或其他方面指控劉歆造僞，而不必然牽連到義例。因爲堅信和師法的關聯，
義例方成爲他辨僞的理據，以及指控別人造僞的依據；這是一體的兩面。此
外，我們也看到不管劉氏說劉歆是造例或襲取義例，所指的義例都是《公羊》
義例。從對象只有一《公羊》義例，他傳達了這樣一個訊息，即「凡義例必
屬《公羊》」。相反的，依其判定，凡不屬《公羊》的義例，皆僞。第三節提
到「義例」一詞有專屬「《公羊》義例」之意，從這裡亦可進一步証實。然而，
這裡可能產生的疑問是，在批評《左傳》時，劉氏還引用三科九旨以外的義
例，似乎不符合本文以三科九旨爲判準的原意，由於答案和判定《穀梁傳》
有關，在下文再作說明。

二、《穀梁傳》的判定

　　劉氏對另一本今文著作《穀梁傳》，所提出的判定饒富趣味。在《穀梁廢
疾申何·自序》中，劉氏對《穀梁》的傳授，開頭便說「穀梁氏之世系微矣」，
不無慨嘆的意味。鄭玄《六藝論》，應劭《風俗通》皆以穀梁氏爲子夏門人，

他卻認為：

> 穀梁子之受業子夏，不可考。名俶名赤，蓋如《公羊》氏家世相傳，
> 非一人也。其著竹帛，當在孫卿、申公之時。糜信以為與孝公同時，
> 見所引有《尸子》說也。……東漢之世，傳者絕少。（《申何·序》）

說穀梁為子夏門人，不可考。入漢以後，傳之者不多，其傳授記載也缺乏，
以致無法確定其世系；這是劉氏在序中的看法。然則，史籍無徵，他又如何
斷定《穀梁》的師承呢？他說：

> 穀梁子不傳建五始、通三統、張三世、異內外諸大旨，蓋其始即夫
> 子所云「中人以下不可語上者」。而其日月之例、災變之說、進退予
> 奪之法，多有出入，固無足怪。玩經文，存典禮，足為《公羊》氏
> 拾遺補闕，十不得二三焉。其辭同而不推其類焉，又何足算也？兼
> 之經本錯迕，俗師附益，起應失指，條例乖舛；信如何氏所名《癈
> 疾》，有不可強起者。余擇其美善，作《春秋通義》、《解詁箋釋》。（《申
> 何·序》）

《穀梁》是孔子傳給中人以下者，是以不傳三科九旨，即使有書法條例，如
日月、災變等，也不能推其類，無法通貫全經。所以，從傳經的角度而言，《穀
梁》只可作《公羊》的輔翼，不具備單獨傳經的條件。這看似以中人以下者
為前提，所引出的判斷，但既知其世系無考，又何以知其為中人以下所傳？
劉氏的評定，其實還是以三科九旨為準而導出。下面這段話，更可以顯示這
一點，他說《穀梁》：

> 惟無其張三世、通三統之義以貫之，故其例此通而彼礙，左支而右
> 絀。是故以日月、名字為褒貶，《公》、《穀》所同而大義迥異者，則
> 以《穀梁》非卜商高弟，傳章句而不傳微言，所謂中人以下不可語
> 上者。（《劉禮部集卷三·春秋論下》）

中人以下的論斷，表示他還是承認《穀梁》為孔子弟子所傳，只是非高弟而
已。劉氏認為《穀梁》有例（按此「例」，不等於《公羊》義例，詳下一段），
而非如《左傳》般全無義例。不過《穀梁》之例和《公羊》的差別是缺乏張
三世、通三統、異內外等三科九旨。因此，在《穀梁》已有的例當中，其例
不能完全通貫，「不推其類」或「條例乖舛」。

　　從這兩則引文中，可以看出大義例（三科九旨）涵攝小義例的觀點。由
於《穀梁》缺乏三科九旨，導致其「日月之例、災變之說、進退予奪之法，

多有出入」，是以「以日月、名字爲褒貶，《公》、《穀》所同而大義迥異」。這是因爲沒有以三科九旨爲準，即使有日月、名字等義例，亦無法使《公羊》大義呈顯；有三科九旨貫串其中，才使日月、名字等例成爲義例，才成微言大義。《公羊》的義例即是如此，因此劉氏在批評《左傳》時，引用較次要的義例，也是微言大義，只因三科九旨仍是這些次要義例的核心。此外，劉氏這種說法，反映了可以加入《公羊》的三科九旨，貫穿《穀梁》之例，使它變爲《公羊》義例的觀點。所以，基本上劉氏稱《穀梁》「日月之例」的「例」字，應是順應世俗對其例的稱呼，不是主觀上認爲它不經改造就是「《公羊》義例」。這種稱呼，在《申何》中也有出現，但對劉氏而言，都不必然是義例（《公羊》義例）。

劉氏稱《穀梁》無三科九旨，卻謂其傳文與典禮，可補《公羊》之闕，雖十不得二三，畢竟仍持肯定之意。這並不表示劉氏對判準的用法不一致，三科九旨代表的是孔子眞傳（嫡傳）；就此而論，《穀梁》確非嫡傳，但仍可以是孔子所傳。在孔子所傳的認定下，它具備補《公羊》不足的資格，劉氏才有運用三科九旨去貫穿《穀梁》，使其例爲《公羊》義例之意，對於《左傳》則完全沒有這種說法。也是在這種認定之下，劉氏有「擇其美善」，作《解詁箋》以補何休不足之舉（見第五章），至於所補部分，的確以禮制爲多，符合劉氏對《穀梁》「存典禮」的判定。

劉氏在《申何》卷一和《申何》卷二中，除了一再說《穀梁》不傳三科九旨之外，多引《公羊》義例，論說《穀梁》的解釋不妥，這和評論《左傳》情形類似。而有些則是引《公羊》對某一事的觀點，和義例的關係比較不明顯。當然，在引用《公羊》義例的條目中，有些也會涉及《公羊》對某事的說法，不是可截然二分，只是我們把焦點放在有引用「義例」這一點之上而已。引義例的作法，在和何休對比時更形明顯，何休在《申何》卷一中，多數是引《穀梁》其他相似的義例或說法，說明《穀梁》的義例或說法不一致或不通，只有少數是引《公羊》說直接駁正《穀梁》。《申何》卷一的體例，是首引《穀梁》原文，其次是何休的《穀梁廢疾》，然後是鄭玄《起廢疾》對何休的辯難，最後是劉氏對《穀梁》、鄭玄的駁難，總共有四家說法。因只是爲了以何、劉之說對比，故不引鄭玄說。同樣的，我們只引出原文，略爲解釋，以展示劉氏對義例的「運用」。

莊公四年夏，經書「紀侯大去其國。」：

穀梁：不言滅而曰「大去其國」者，不使小人加乎君子。

何曰：《春秋》楚世子商臣弒其君，其後滅六、江，不言大去。又大去者，於齊滅之不明，但知不使小人加乎君子而不言滅，縱失襄公之惡，反爲大失也。

難曰：《論語》曰：「興滅國」。《公羊傳》曰：「滅者，亡國之善辭也」「上下之同力者也。」故晉人執虞公，經不與滅；梁亡沈潰，皆不得言滅，誠以滅人者當坐專取王封之罪，而爲所滅者，以死社稷爲正，以出爲罪，而書滅則皆志其當興也。變滅言去者，爲復仇張義，明但當逐之，不得殺之滅之云爾。（〈莊公‧一〉）

莊公四年夏，齊襄公滅了紀國，《公羊傳》說這是善齊襄公復九世之仇，使齊襄免於「滅」的罪名，而書「大去」。然而齊襄公除此復仇一事外，其人實有大惡，他和嫁爲魯桓公夫人的妹妹通姦，最後還殺死了魯桓公。《穀梁》的解釋，就把齊襄當作小人，而紀侯是君子。經不書滅，是爲了表示不予齊襄得滅紀國，改言「大去」（《穀梁》莊公四年傳）。何休引出楚世子商臣事。商臣於文公元年弒其君，於文公四年秋天，經書「楚人滅江」，文公五年秋天，經又書「楚人滅六」。江、六皆國名，「楚人」即商臣。然則，商臣和齊襄一樣有大惡，但經直書商臣「滅」江、六，如按《穀梁》說當言「大去」；這是引同例以難《穀梁》。劉氏則直接標出《公羊傳》書「滅」的義例，書「滅」表示舉國上下同力抗敵，是對亡國的讚賞之辭（《公羊傳》僖公五年）。《春秋》凡書「滅」，意謂這個被滅的國家，應當在有王者主持正義時，給予復國。劉氏以《公羊》義例，反駁了《穀梁》以爲「滅」非善辭，是以才要改書「大去」的說法，和何休作法不同。這種不同，不是僅表現在一則兩則，而是大部分皆如此。可以說，《申何》卷一幾乎沒有引同例來解釋的條目，而是大量引用《公羊》義例或《公羊》的解釋。〔註11〕《申何》卷二的體例是只引《穀

〔註11〕《申何》卷一共三十九則；我們標出何休比較明顯引用同例以難《穀梁》的條目：隱公‧一、三；莊公‧一、三、五、六；僖公‧一、三、四、五、七、九；文公‧三、四；襄公‧三；昭公‧二；哀公‧一。總共十七則。何休明顯引用《公羊》義例或說法者：隱公‧二；僖公‧二、四、八、十二；宣公‧一、二。總共七則。其餘則屬其他駁難方式，就不詳說了。反之，劉氏引用《公羊》義例較明顯者如：隱公‧三；桓公‧一；莊公‧一、二、三、五、六；僖公‧四、十二；文公‧三；宣公‧一；襄公‧三；昭公‧一；哀公‧

梁》原文，再加上劉氏申何休之意的「申曰」，只有兩家說法。劉氏作法類似，都大量引用公羊義例或說法。〔註12〕

綜觀《申何》兩卷，劉氏雖對《穀梁》不傳三科九旨陸續有所批評，然而，除此之外，劉氏對《穀梁》其他義例，批評亦多。我們就從《申何》卷二見其犖犖大者，如婚娶例：〈隱公・十〉、〈隱公・十一〉；稱謂例：〈隱公・三〉、〈莊公・七〉；日月例：〈隱公・十三〉、〈隱公・廿七〉；致公例：〈僖公・六〉等。劉氏評及較次要義例的原因，正爲証明《穀梁》不傳三科九旨，故其日月、名氏諸例，乖舛窒礙，無法通貫。最後，劉氏甚至從三科九旨諸大義的有無，斷定《公》、《穀》著錄的先後。他認爲「《穀梁》不傳托王諸例，非微言口授，故可先著錄」，所以「孫卿書多《穀梁》說」（《申何・序》）。《公羊》因有大義，則須口授，至漢代方著竹帛，以避時害。

綜上所述，劉氏評《左》、《穀》，都以義例爲主要依據。這反映出義例與師法，對劉氏而言正是二而一的觀點。

第五節　劉逢祿三科九旨的定位、功用與限制

在以上的討論中，引用到劉氏的著作有：《申何》（嘉慶元年，1796）、《釋例》（嘉慶十年，1805）、《解詁箋》（嘉慶十四年，1809），《考証》（嘉慶十七年，1812），《詩古微・序》（道光九年，1829）等，長達三十幾年的過程中，劉氏以三科九旨作爲師法判準的觀點一直不變。

在劉氏《公羊》學中，三科九旨的定位等於師法的表徵。從確認三科九旨與師法一體，劉氏才有獨尊《公羊》之舉。由此斷定有三科九旨貫串才得有「義例」之名，「義例」成爲師法的代名詞。而三科九旨的功用，就是作爲

一。總共十四則。這只是引用《公羊》義例，沒有包括引用《公羊》的觀點，若加入則三分之二都和《公羊》有關。

〔註12〕《申何》卷二共一百六十則；明顯引用《公羊》義例者如：隱公・三、四、七、九、十、十一、十三、十四、十七、十九、二十、廿一、廿二、廿三、廿六、廿七；桓公・五、八、九、十二、十五；莊公・二、四、五、六、七、八、九、十六、十七；僖公・五、六、九、十、十二、十三、廿四；文公・二、三、四、七、九；宣公・二、六、七、九、十一；成公・十、十三；襄公・一、七、十一；昭公・一、二、六、七、八、九；哀公・五。總共爲五十九則，佔總數的三分之一強。若包括引用《公羊》觀點部分，則約三分之二以上皆和《公羊》義理相關。

判準，以達到尊《公羊》、立今文，斥《左》、《穀》、黜古文的目的，以上諸多著作，基本上以這個觀點爲核心。此外，由三科九旨對經書的比附，劉氏還透露三科九旨賦予經之所以爲經的特質之意。劉氏這種種見解，可說是企圖替義例找到一個合理的基礎。在這種情況下，公羊義例的籠罩無遠弗屆，義例和師法兩位一體，所造成的結果就是：對儒家經典、經解的討論，無法抽離義例。這是對反對義例者的強烈回應。因此，三科九旨確是劉氏《公羊》學的基礎與核心，而對義例的運用方式，也是劉氏《公羊》學的特色，開啓後世《公羊》家新的靈感。〔註13〕

　　不過，劉氏對三科九旨的內容發明極少，沒有加入新的內容，使三科九旨呈現新面貌，直接探討它的內容，只不過和董、何類似而已。這不能不說是劉氏三科九旨上的限制。然而，劉氏的另一個主張，卻「影響」到他的三科九旨的內容。這是劉氏在不自覺的情況下發生。這樣一來，探討這個主張，以瞭解他的三科九旨在受影響下會呈現何種面目，便具有特殊意義了。這個主張就是《春秋》制的提出。《春秋》制指孔子藉《春秋》實際所改之制，它是在董仲舒「《春秋》當新王」「受命改制」的理論下產生的，《公羊》家大都相信此說。而劉氏的意見以爲《春秋》制便是封建制。從劉氏兩制等同的觀點切入，不止可以把劉氏的三科九旨與它牽連起來，更重要的是，可以進行劉氏與董仲舒、何休之間的對比。由劉氏對董氏和何休的標舉與尊崇來看，如果劉氏與董、何之間有一些關鍵性的差異，應該可以肯定那是劉氏《公羊》學的特殊之處。董、劉之間仍會涉及三科九旨，與何休的對比則因劉氏談到封建之後而起，和三科九旨關係較遠，但仍和義例有關，兩人對義例的看法不同。

　　《公羊》學中張三世、通三統都涉及變化，前者是歷史往好的方向演進，後者以《春秋》當新王爲主，期待新王通過禮制的改革（改制）以變化時勢，《春秋》制是《春秋》新王改制的結果，與新王的關係尤爲密切。通三統的系統闡述由董氏完成，董氏的改制目的是爲了實現禮義，但這個禮義並沒有和某一固定不變的制度結合。劉氏認爲封建制是惟一與禮義結合的制度，這種「封建制便等於禮義」的看法不可動搖，造成他與董氏的分歧，而從《公羊》學的內部理論來說，恰好和劉氏繼承董、何講張三世、通三統等變化之意有所抵觸，這自然影響到劉氏三科九旨的實際意義。

〔註13〕這方面的影響主要指把其餘經典《公羊》化，參見註6。

　　劉氏與何休則是對「刑法」的強調有別而產生差異。所謂「刑法」的不同，這裡是歸屬到義例的層面來談。《春秋》之中有褒貶之法，「貶」指對違禮的諸侯大夫乃至天子的誅貶絕，劉氏把它等同爲刑。劉、何對《春秋》之中誅絕例的運用以及誅絕的程度，看法有別，劉氏運用誅絕例的情況比何休多，程度上也比何休嚴厲。總言之，就是遠比何休嚴酷。當我們去探討劉氏背後的原因時，發現這和劉氏對封建制的看法有關。劉氏認爲維持封建的力量不止是禮義，還有刑的力量。因此《春秋》面對亂世，應當用重刑，這造成了他重刑的傾向。

　　從三人的對比當中，劉氏與董、何不同的地方，正好展現出他對《春秋》性質的看法。這個看法，和他對封建制的見解相應，即封建制有兩大力量來維持社會國家的安定，則連帶的《春秋》也當以禮義、刑法爲二柄，以達到治世的鵠的。然而，因爲春秋是亂世，這促使劉氏雖在本質上肯定《春秋》乃「禮義之大宗」，卻對《春秋》的解釋，作出重刑的表現。因此，從客觀的角度看，劉氏對《春秋》性質的界定偏向刑。

　　這樣，我們從劉氏在三科九旨上的限制爲起始，由另一個途徑探抉到劉氏《春秋》制的主張對三科九旨的影響，再由此推衍，逐步獲知他對《春秋》的總體看法，對劉氏《公羊》學作一個比較全面的交代。

第三章　劉逢祿的《春秋》制

第一節　《春秋》制的問題

　　公羊家大都相信《春秋》有孔子改制之旨，從漢代董仲舒《春秋繁露》
和何休《春秋公羊解詁》，迄於清代公羊學者，都有這方面的論述。一般熟悉
的是，董仲舒在《繁露‧三代改制質文》中提出了《春秋》改制成一新統的
說法。《春秋》依三統的原則，經過「徙居處、改正朔、易服色」之類的改制，
以彰顯「受命而王」的道理。不過，這種「受命」，只是屬於象徵意味的改制
而已，後世公羊家認爲改制之意不限於此，他們還認爲改制是指孔子藉《春
秋》實際所改作的制度。「公羊家在表述孔子所改之制時常用『《春秋》制』、
『太平制』名之……『《春秋》制』既非古制又非時制，乃孔子所立之制」（蔣
慶《公羊學引論》，頁 146）。董仲舒只說改制，沒有《春秋》制這個名稱，但
何休《解詁》繼承董氏的改制說，已開始提出《春秋》制一詞，這是順董氏
之說很自然的推衍。

　　這樣，改制和《春秋》制的關聯，就是：孔子藉《春秋》改制的結果，
稱爲《春秋》制；改制是因，《春秋》制爲果。所以，董氏雖未提《春秋》制
一詞，但這術語卻因其改制說而起。何休提到《春秋》制有五次，即隱公元
年、桓公四年、文公五年、成公十七年及定公六年。如桓公四年云：「不以夏
田者，《春秋》制也。」等是。《春秋》制的產生既是改制的結果，所以從《春
秋》制的探討，便可窺見公羊家對改制的意見。它之所以是《公羊》學中重
要的一環，是因爲對改制的見解，往往牽扯到其他的《公羊》義理，如《春

秋》新王、王魯、張三世（參第四章），乃至於影響到對《春秋》性質的界定。職是之故，藉著改制或《春秋》制的探究，往往就是直探公羊家的學說核心，這是因為可由此抉發他對其他相關的、也極重要的《公羊》義理的看法之故。我們研究劉氏的《春秋》制，道理也在此。

《春秋》制具體內容如何，每個公羊家也許不一樣。劉逢祿在這方面有兩點值得注意，一是凡他說某禮制是「《春秋》之禮」時，幾乎都可在公羊家著作中找到出處。二是他明言《春秋》制的地方，往往連帶著封建制一起論述。這樣的特點似乎說明了，劉氏的《春秋》制分別由封建制和今文家禮制構成。但劉氏對封建制的見解，其實也是源自今文家禮制。這樣造成的結果是，劉氏以今文家禮制為基礎，來擬建他心目中的封建制。所以，封建制、《春秋》制和今文家禮制，都是異名同實；這是劉氏《春秋》制的真正意涵。

辨明劉氏《春秋》制即封建制之後，我們從三個不同的方面，探掘他以兩制等同的原因及影響。首先，我們必須瞭解劉氏對封建制有何總體的看法，以此為基礎，才方便開展其下兩個方面。從這裡發現，他對封建制有非常大的肯定，以為它是惟一易以建置禮義，以及維持禮義的制度。其次，劉氏支持封建制的結果，影響到《公羊》學異內外的說法，使異內外和張三世之間有了距離。最後，也因為劉氏擁護封建制，使他對《春秋》繼承聖人之道，也從這個角度來理解。他認為聖人所代代相繼的是封建制，《春秋》自然不例外，這就使《春秋》以封建制治百世的主張，成為萬世不移的觀點。不過，透過封建制等同於禮義的主張，劉氏也達到界定《春秋》性質乃以禮義為宗的目的。另外，因今文家討論禮制的論著不多，為了建構封建制即《春秋》制的事實，劉氏不得不引用禮制記載豐富的《周官》，這種作法和他在口頭上批駁《周官》，並順此攻擊古文學派的態度，很不一致。這種不一致，都是因為過度支持三代乃至《春秋》皆封建的結果。

劉氏以《春秋》制等同封建制的影響，不止以上幾點，因為依劉氏這種說法，也產生兩個問題：一、《春秋》制的定義，指孔子實際所改作的制度，如果《春秋》制即等於封建制，這似和孔子有改制之說不符。二、如果任何君主只要實行封建制，就實現了王道，那麼《春秋》或聖人，有何值得重視的地方呢？在探討了董仲舒的改制理論後，將會更清楚看到劉氏在這方面的限制，也看到劉氏對其餘《公羊》義理的解釋，將會受此影響。由於這必須以董仲舒作為對比，才會使脈絡更清楚，因此留待第四章。

第二節　《春秋》制的構成之一：今文家禮制

　　談到今文家禮制，在可能的情況下還是先引用劉氏所認可的公羊家。依劉氏所建立的師法統緒（第二章第二節），以下所引的禮制，若見諸《孟子》、《公羊傳》或董、何著作，優先採用。此外，像《王制》、《白虎通》這類一般認爲屬於今文家說的典籍，〔註1〕也在某些前提限制下採用，作爲輔助材料。至於唐、宋公羊家說，劉氏不信，就不取了。值得一提的是，劉氏不止提及《春秋》制，也有說到「《春秋》之禮」，所謂「制」偏向制度，「禮」偏向禮儀部分。這些禮制大略分類，有繼承制、妃匹制、選舉制、爵制等。必須聲明的是，本文對制度的討論，是從劉氏的角度，說明這些制度和劉氏《春秋》禮制的「關聯」，不一一討論各制度的內容。因爲這個緣故，即使在今文家內部對禮制的見解有歧異，也不會再加探究，而是一切以劉氏的看待爲準。以下試舉數則論列。

一、繼承制

　　劉氏說：

> 隱，左媵之子。《春秋》之禮，位在桓後，其爲尊卑也微，故成隱之讓而責其不讓以立法。（《劉禮部集卷五·正內治》）

隱公元年《公羊傳》云：「立嫡以長不以賢，立子以貴不以長。」何休《解詁》：

> 禮，嫡夫人無子，立右媵；右媵無子，立左媵；左媵無子，立嫡姪娣；嫡姪娣無子，立右媵姪娣；右媵姪娣無子，立左媵姪娣。

隱爲左媵之子，而桓爲右媵之子。劉氏之說，顯係從何休而來，惟冠以《春秋》之禮的名目。

二、稱　號

　　劉氏說：

> 古天子於同姓公侯稱伯父、叔父，於異姓諸侯稱伯舅、叔舅，南面而治，不純臣也；故諸侯見於天子曰賓。《春秋》之禮，天子上大夫

〔註1〕參皮錫瑞《經學通論·論〈王制〉爲今文大宗即春秋素王之制》，廖平《今古學考》〈今古專門書目表〉列〈王制〉爲今文，斷《白虎通》今多於古；見《廖平學術論著選集》（一），頁五十、五十三。

不名，侯國命大夫不名，貴貴所以尊賢也。老臣不名，先臣不名，貴老也。盛德之士不名，公卿之選也。諸父兄不名，敬長也。母弟不名，親親也。凡朝廷之爵，皆天子師事、友事之人，非虛加之也。士卑無爵，以名氏通諸侯之臣。仕而未有祿者，饋焉，曰獻使焉。曰寡君，以敵者之禮行焉。爵與德皆達，尊也。故三公者，聖人之選也；上大夫者，君子之選也；下大夫者，善人之選也；士者，常吉之選也；四選立而萬化成，猶四時行而萬物興也。（《劉禮部集卷五・正內治》）

引文第二行標示出這些稱號乃「《春秋》之禮」。我們也可找出它的出處，何休桓四年《解詁》有「五不名」之目：

禮、君於臣而不名者有五：諸父兄不名；經曰「王札子」是也，《詩》曰「王謂叔父」是也。上大夫不名；祭伯是也。盛德之士不名；叔肸是也。老臣不名；宰渠伯糾是也。

《白虎通》的記載與此同，惟稍為詳細。首言「先王老臣不名」，是「尊而不名」；次言「上大夫不名」，是「貴賢者」；再其次言「盛德之士不名」，是「尊賢」；最後「諸父諸兄不名」是因為「諸父諸兄者親，與己父兄有敵體之義也」。諸父和諸兄分開而論，為不名之第四和第五（陳立《白虎通疏証》卷七，頁325-326）。

三、妃匹制

劉氏在《劉禮部集卷五・正妃匹》中說：

《春秋》制王太子、侯國世子既即位，乃逆女以為后夫人。必取敵者，以尊宗廟。

王者無敵，故廣封百里。不臣，所以尊后與共事宗廟；紀子進侯是也。諸侯不專封，又坊漁色，故不得內娶。周制世子親迎，文王親迎於渭，武王不載逆后【《周官》無逆后之禮】，即位立之為后夫人。《春秋》從殷制【微子母，世子妃也，故為紂庶兄】，即位逆女，五禮不親，故譏親納幣。唯逆乃親，故譏履綸於侯國，譏祭公於京師。……天子取十二女，其制王后一位，三夫人一位【中左右】，王后娣姪一位【質家先娣後姪】，三夫人娣姪一位；凡四等。諸侯娶九女，適夫人一位，媵、左媵一位，適娣姪一位，右媵、左媵娣姪一

位；凡四等。御進有序，待年有時，所以節人情、防愛爭也。

以上禮制，依序有廣封百里（《解詁》桓公二年）、禮不臣妻之父母（《解詁》僖公廿五年）、諸侯不內娶（《公羊傳》僖公廿五年，《解詁》同）、親迎制以及天子、諸侯妃匹制。這些禮制，有的劉氏逕稱之為《春秋》制，有的雖則由周制（親迎）、殷制（五禮不親）而來，但那只是對該禮制來源的補充說明，它們本身仍屬劉氏心目中的《春秋》制。由於我們目的只為証明劉氏所言「《春秋》制」，幾乎都可從公羊家著作中找到來源，並不是對禮制作具體的探究；因此，我們只擬就比較主要者作比對，那就是親迎制和天子、諸侯妃匹制。

親迎之禮見於隱公二年，經書「九月，紀屨繻來逆女」，傳云：

外逆女不書，此何以書？譏。何譏爾？譏始不親迎也。

又許慎《五經異義》云：「《公羊》說：『自天子至於庶人皆親迎。』」。天子妃匹制，見《解詁》成公十年：「唯天子娶十二女。」何休沒有提到嫡媵間的地位和名稱問題，董仲舒《春秋繁露‧爵國篇》則有提到：「天子立一后，一世夫人，中左右夫人，四姬，三良人」總數十二人。劉氏十二女的名稱和此不同，然其總數則和公羊家一般所認同的一樣。至於諸侯妃匹制，成公九年《公羊傳》云：「諸侯一聘九女」。其名稱和地位，《春秋繁露‧爵國篇》亦言及：「一夫人，一世婦，左右婦，三姬，二良人」，劉氏和董子在這地方有差異，但總數同為九，乃公羊家通說。〔註2〕

根據以上論述，結論如下：「凡劉氏不以《春秋》之禮名之的禮制，只要內容和今文家禮制相同，並且他沒有提出異議者，應該也是《春秋》制。」而這可以從兩方面加以說明：一、由討論得知，凡他繼承公羊家說法，沒有異議且名之為《春秋》制者，可以確定其實際內容就是今文家禮制。二、可以他的師法觀點作為一個有力的旁証。在第二章中，我們曾提到劉氏對師法的重視程度。劉氏重視師法的背後，透露出凡他承認為嫡傳者，就傳承了他所瞭解的孔子的一切。而正好所謂《春秋》制，就是指孔子藉《春秋》所改之制，這是劉氏所瞭解到的孔子的作為之一。所以，劉氏才把公羊家所說的禮制，稱為《春秋》禮制。當然，後續的討論，也會更加鞏固這個論點。

〔註2〕　天子、諸侯妃匹制較詳細的資料，可參陳立《白虎通疏証》相關篇章，以及凌曙《公羊禮說》、《公羊禮疏》。

第三節 《春秋》制的構成之二：封建制

　　事實上，除了以上幾則外，劉氏明言《春秋》制的部分並不多。然而，值得重視的是，在這些為數不多的言論當中，說到《春秋》制，他也常連帶著封建制來談，讓人無法忽視。他嘗總舉而言：

> 《春秋》之制，略同文王。（《釋例‧名例》）

這只說《春秋》之制和文王之制大略相同，畢竟不是完全相同。不過，在《釋例‧侵伐戰圍入滅取邑例》一文中，他說得較肯定。此篇開頭便明言聖人將維封建於不蔽，抨擊那些怪罪封建導致周末之失的說法：

> 孟子有言：「春秋無義戰，彼善於此，則有之矣。征者，上伐下也；敵國不相征也。」然則詳於言兵；聖人將以禁暴誅亂而維封建於不蔽也。夫周之末失，強侵弱，眾暴寡，士民塗炭，靡有定止。不思其所由失，而曰封建使然，於是悉廢而郡縣之，而天下卒以大壞。夫郡縣之法，勢不能重其權，久其任，如古諸侯也。一旦奸民流竄，盜賊蜂起，其殃民而禍及於國；秦漢之忽亡，晉季之紛擾，視三代之衰則愈矣。夫王靈不振，九伐之法不修，則去封建而亂亡益迫。王靈振，九伐之法修，則建親賢而治道乃久。三季之失，非強侯失之，失馭侯之法也。肉袒請刑之意，變為下堂矣；采薇治外之制，依於晉鄭矣。不此之譽而譽封建，是因幽厲而廢文武也，可乎？

以為他們不思周末所由失之故，而把責任推給封建制，故以郡縣制取代，反使天下大壞。他點出周末之失，乃是「王靈不振，九伐之法不修」使然，不是制度本身的缺失，而是人為因素造成；不去糾正這些人為錯失，反責封建，猶如「因幽厲而廢文武」。緊接著說：

> 然則《春秋》救周之敝將奈何？曰：制國如周初。公侯之國，不過方百里，伯子男之國，不過方七十里，如五十里。其軍賦之法：大國千乘，寓農者十萬人，次五百乘，次二百五十乘，則五萬人及二萬五千人。正羨之卒：大國不過二軍，小國不過一軍。其徵發調遣之兵：方伯不過二師，諸侯不過一師，小國惟卒旅而已，故皆稱人以聽於方伯。其諸侯世子既教於學而誓於天子，天子復與之賢師良傅。而理軍國者又皆天子之命卿，得其人如齊二守、晉隨會、漢之賈董亦足以佐治。而名山大川，亳阪要害之所，又皆王官領之，犬牙相制，繡壤交錯。平治則修朝覲、聘享、巡守、會同之禮。一方

有警，則「元戎十乘，以先啓行」，而飛隼爰集，其車三千，不勞饋

餉而可立致，覲文王之耿光，揚武王之大烈，雖萬世不敝可也。

這一大段明言《春秋》之制、國如周初的詳細情形。而所謂周初之制，順《釋例・侵伐戰圍入滅取邑例》的前半，就是指封建制。劉氏所言乃制國「如」周初，「如」可能是比擬的用法。但前此劉氏已經強烈抨擊了郡縣制，並表態支持封建制，而且從「《春秋》救周之弊將奈何」看來，這種可能性是很低的。在《釋例・十四諸侯終始表》中，主要談封建的建侯（小國）的好處，其中一段就非常肯定的以爲《春秋》以封建爲制了：

余讀《春秋》彊侵弱，眾陵寡，離爲十二，合爲六七，晉歸三卿，

齊移田氏，秦政乃以利觜長距，終得擅場；皿蟲爲蠱，其勢然也。

諸侯侈則大夫偪，中國微則戎狄橫。《春秋》本殷周方三千里以爲諸

夏，捷殷武以奮伐，錫厥福於封建，不僭不濫，赫聲濯靈，廓如也。

這是總提《春秋》以封建爲制的言論。劉氏以爲《春秋》把殷周內之爲諸夏，以封建爲基礎，則可使國無僭濫之行，聲威播遠，氣象宏闊。在此封建主要指建侯言，即小國，以和春秋時代國家合併成爲大國對照，說明春秋時代的諸國交征，弱肉強食，便是建侯之制崩壞，國家擴張之後的自然結果。所以當劉氏在文後強調：

封建之於治，如宮室之有楹，舟之有維楫，柞枝之有葉也，豈可一

日去哉！

封建之於治既是不可廢，而《春秋》既「錫厥福於封建」，《春秋》和封建的關係密切結合如此，它當以此爲制的意思，也就不難理解了。不過，這一節大體上只是呈顯劉氏對封建制的態度而已，至於他對封建制更深一層的看法，則留待第五節。

第四節　今文家禮制和封建制的關聯

透過以上兩節，似可確定《春秋》制由今文家禮制和封建制組成。不過，這裡還隱藏了一個問題，即據我們對劉氏的瞭解，他的封建制的內容，也是出自今文家。這樣一來，他便是以今文家禮制爲《春秋》制，又以之爲周代的封建制，三者相等。從先後來說，劉氏應該是先以今文家禮制的認識爲基礎，來擬建他所謂的《春秋》制或封建制。因此，這一節要集中辨析封建制

和今文禮制的關係，原因有二，一、可以較具體、較多的例子，對第二、三節所論作一個綜合的處理，使三者的關聯因而確定，是以不厭其詳。二、藉著具體的例子，鞏固第二節的推論：凡劉氏不反對的今文家禮制，即使不以《春秋》制名之，其實都是《春秋》制。這裡只是多了一個轉折，即劉氏取今文家對封建制的瞭解，目為封建制，又轉而名之曰《春秋》制，而追根究底，還是取今文家禮制。

我們的論証，分兩方面進行。第一方面是從劉氏對經典的觀點，証明劉氏的封建制，乃至其他禮制，大都出自今文；這是比較外圍的作法。第二方面是以公羊家說法，對比劉氏所談到的封建制內容，而得到印証；這較屬於內部的論証。

在第一方面而言，劉氏不信古文《周官》、《左傳》的立場是極之明確的，連帶的也不取它們對禮制的記載。而這兩本書，尤其是《周禮》，一般認為是古文家論禮的重要依據。〔註3〕他以為：

> 何邵公以《周官》戰國之書，其識固已卓矣。至其擄文本質，引權
> 取經，使《春秋》貫於百王之道，粲然明白，豈左丘明氏雜采伯國
> 之制，所可同日語哉！（《春秋公羊議禮・序》）

這段話在讚揚何休的同時，批評了《周官》和《左傳》的制度不可信。所謂《周官》乃「戰國之書」或是「六國之書」（《申何・桓公篇》），點明它的時代，主要是為了辨明它不是出自春秋時代的孔子，藉此推翻《周官》和《左傳》是孔子嫡傳的說法：

> 《左氏》所載事實，本非從聖門出，猶《周官》未經夫子論定，則
> 游夏之徒不傳也。（《考証・漢書篇》）

它們所記載的禮制，也就自然不可能是孔子的《春秋》制了；這事實上仍是從師法角度做出的判斷。這樣一來，劉氏所相信的禮制，只能有兩個來源。一是儒家的原始經典，即六經：《詩》、《書》、《禮》、《樂》、《易》、《春秋》；其中《樂》經不傳，只餘五經。二是比這些原典更重要的、他所崇信的公羊家或今文家，對這些原典的闡釋和發揮。第一個來源，道理顯豁，較無可說；至於第二個來源，第二章第三節談論他對今古文判分時，已有說到劉氏對今

〔註 3〕 近代以廖平最堅持古文家論禮以《周禮》為主要依據的觀點，亦因這一點而和今文家區分開來，引用《周禮》遂成分判今、古的主要標誌。見《廖平學術論著選集・今古學考》（一）。

文經解的擇取，不贅。當然，瞭解劉氏對今文經解的看法，不表示他必須完全墨守這些經解，作爲一個思想家，他自有個人的抉擇。但綜上所述，五經原典和今文家的經解，無疑才是劉氏擬建禮制所參考的典籍。是以劉氏所談的封建制，以及對它的認識和見解，幾乎出自於此是無可懷疑的。這是從經典的來源上，說明劉氏封建制的出處；不過這卻是比較外部的探討。進一步的研究，是以今文家的說法來對比劉氏所談的封建制。我們的說明，以第三節《釋例・侵伐戰圍入滅取邑例例》「制、國如周初」的引文爲例，因爲劉氏這一段表達了對具體封建禮制的基本看法。依劉氏所論，分三方面來談，即一、諸侯封國的面積大小；二、軍賦之法；三、軍隊編制。

一、諸侯封國的面積大小

諸侯的封國，劉氏云「公侯之國，不過方百里；伯子男之國，不過方七十里；如五十里。」按在《劉禮部集卷丕・制爵》中，公爵之國是方百里，侯七十里，伯子男五十里。這裡雖略有出入，不過基本上仍是今文家的說法。《孟子・萬章下》就有「公、侯皆方百里，伯七十里，子、男五十里」之說。董仲舒《春秋繁露・爵國》、《禮記・王制》及隱公五年《解詁》所記和《孟子》合。

對諸侯的封地大小，古文家主要取《周禮・地官・大司徒》之說：「諸公之地，封疆方五百里……。諸侯之地，封疆方四百里……。諸伯之地，封疆方三百里……。諸男之地，封疆方百里。」又《禮記・明堂位》記成王「封周公於曲阜，地方七百里」。劉氏曾取《孟子・告子下》之說，評及這種說法，明確表示他不相信的態度：

> 孟子曰：「周公之封於魯，爲方百里（按：較原文少一「也」字）。地非不足，而儉於百里。」〈明堂位〉所記，蓋荀卿之徒據其後侈陳之，非經誼也。（《解詁箋・文公篇》）

二、軍賦之法

劉氏云「軍賦之法：大國千乘，寓農者十萬人；次五百乘，次二百五十乘，則五萬人及二萬五千人。」昭公元年《解詁》：「公侯封方百里，凡千乘。伯四百九十乘，子男二百五十乘。」其中伯的乘數，劉氏以整數五百言之。所謂軍賦，包括服兵役、供車馬甲兵、軍旅粟米之征等項，這裡所講的是供

車馬甲兵的部分。我們再引劉氏的說法，以便說明：

> 提封萬井，車賦千乘，其大數也。三分去一，定受田六萬夫，則六
> 千井也。十井八十家，賦長轂一乘【何氏、苞氏說】，則實賦六百乘，
> 以《魯頌》、《司馬法》言之，每乘三十人，則徒萬八千人，不足二
> 軍。（《劉禮部集卷五・制軍賦》）

何休說見《解詁》宣公十五年、哀公十二年，苞氏說見《論語・學而》；按苞
氏說法和今文同。井是供應車馬甲兵的土地單位。必須分清依據的單位不同，
如步、畝、屋、通等，不會造成問題，因這些單位都可互相轉換。真正造成
今古文家意見紛歧的，是在某一特定的單位內，車馬甲兵的供應數量不同的
問題。劉氏的說法主要據今文家說，即每萬井的單位，照理應出車千乘，不
過這是大數，因為人口和土地的比率不一定一致，有些地區雖地大卻人稀，
所以萬井之地有十萬人，乃虛擬之數，實際計算時都會扣除三分之一，以符
合所預設的不一致的情況。扣除之後，每十井（等於八家，相當於一百人，
則一井為十人）方出一乘，每萬井實出六百乘。而依每乘三十人來計算，則
每十井徵召三十人，六百乘就有甲兵一萬八千人。由於一井為十人，則上「寓
農十萬人」云云，指的是沒扣除前的每萬井中的人數，應為十萬，以此類推，
五萬和二萬五千是中、小國未扣除前應有的人口。至於中、小國供車馬甲兵
的比率，亦循此計算；這是劉氏對軍賦的見解。

古文家對此依據《司馬法》，與此不同，其說有二。《周禮・地官・小司
徒》鄭玄注引《司馬法》：

> 六尺為步，步百為畝，畝百為夫，夫三為屋，屋三為井，井十為通，
> 通為匹馬，三十家，士一家，徒二人。通十為成，成百井，三百家，
> 革車一乘，士十人，徒二十人。十成為終，終千井，三千家，革車
> 十乘，士百人，徒二百人。十終為同，同方百里，萬井，三萬家，
> 革車百乘，士千人，徒二千人。

又一見諸於鄭玄注《論語》「道千乘之國」（見《小司徒》及《禮記・坊記》
疏），服虔注《左氏》成公元年「作丘甲」（見《詩・小雅・信南山》孔穎達
疏引）：

> 九夫為井，四井為邑，四邑為丘，有戎馬一匹，牛三頭，是曰匹馬
> 丘牛。四丘為甸，甸六十四井，出長轂一乘，馬四匹，牛十二頭。
> 甲士三人，步卒七十二人，戈楯具備，謂之乘。

在第一則中，每十井出士一人，徒二人。士爲甲士，徒爲步兵；每三百井方出革車一乘，士兵三十人，這和劉氏每十井出三十人，革車一乘不同。因此萬井只出革車百乘，士兵總數三千人。第二則中，甸六十四井，革車一乘，士兵共七十五人。若仍以十井爲一單位，則每十井大約出士兵十一、二人。

對於今、古文在軍賦制度上的差別，劉氏的分判是古文家說乃《周官》家言，何休等今文家說方是本於孔孟家法：

> 何氏依《穀梁》解之。《左氏》服虔注云：《司馬法》云：四邑爲邱。有戎馬一匹，牛三頭，是曰「匹馬邱牛」。四邱爲甸，甸六十四井，出長轂一乘，馬四匹，牛十二頭。甲士三人，步卒七十二人，戈楯具備，謂之乘馬。杜預曰：此甸所賦，今魯使邱出之，譏重斂故書；似與經意合。然何氏本孔孟家法，以大國地方百里，出車千乘，故云十井而賦一乘，若《司馬法》井十爲通，通爲匹馬三十家，士一人，徒二人，同方百里萬井，三萬家，革車百乘，士千人，徒二千人。又云甸六十四井，出長轂一乘，與諸侯百里千乘之制不合，此據天子畿方千里，出車萬乘言之，馬融以十同之地，開方爲三百一十六里有奇，皆《周官》家言，故何氏不取也。（《解詁箋·成公篇》）

按何休解成公元年經書「作丘甲」，與制度有關的只有「四井爲邑，四邑爲邱。甲，鎧也；譏使邱民作鎧也。」劉氏以上見解，是綜合何休其他相關方面的禮制而說的（已見前文）。

三、軍隊編制

在上節引文中，劉氏曾提到甲兵一萬八千人，其數目超過一軍不足二軍，他順此談到「諸侯一師」，《釋例·侵伐戰圍入滅取邑例》亦說「方伯不過二師，諸侯不過一師」，與隱公五年《解詁》同：「二千五百人稱師。……禮、天子六師，方伯二師，諸侯一師」。不過，劉氏和何休不同的是，他對軍隊的編制，從兩個方面作出區分，首先是分開正羨之卒和徵發調遣之兵，其次，順著這個不同講到「軍」和「師」兩者的差異，軍是正羨之卒，指常備軍；師指徵發調遣之兵，乃臨時徵召者。以下分別申述。

第三節與此相關的引文是「正羨之卒：大國不過二軍，小國不過一軍。其徵發調遣之兵：方伯不過二師，諸侯不過一師，小國惟卒旅而已，故皆稱人以聽於方伯。」正卒是指出戰時的正式兵卒，羨卒指後備兵卒。正卒和羨

卒的人數比率，劉氏並未言及，但其實這其中也有爭議（錢玄《三禮通論》，頁 383-384）。說「正羨之卒」時，大國爲二軍，小國爲一軍。一軍的人數，劉氏認爲是一萬二千五百人，他論及王畿的軍賦時提到（按其車馬甲兵的計算方式同上）：

> 畿內千里，賦車十萬乘，其大數也。三分去一，爲六萬乘，乘各三十人，爲徒一百八十萬人，六軍七萬五千人。（《劉禮部集卷五·制軍賦》）

六軍七萬五千人，一軍就是一萬二千五百人，所以他在上文會說「則徒萬八千人，不足二軍」，其故在此。如此，大國二軍的說法，就是大國有二萬五千甲兵；這類兵卒，就是所謂的常備軍。至於「徵發調遣」之卒，指視需要（如戰爭）臨時徵調的兵卒，其性質和人數，都和常備軍有別：

> 王六軍，從周制，大國二軍【魯侯國僭作三軍】，小國一軍。隱五年注云：天子六師，方伯二師，諸侯一師。二千五百人稱師，蓋謂調遣之卒【疏非也】。《詩·六月》「元戎十乘，以先啓行」，十乘則三百人。又〈采芑〉云：「鴥彼飛隼，其飛戾天，亦集爰止，方叔蒞止，其車三千」，蓋調旁近諸侯之卒也。

劉氏明確提出兩點，一是天子、大國、小國常備軍的軍隊編制，爲六軍、二軍、一軍。二是六師、二師及一師，劉氏以爲它們指涉臨時徵調的兵卒，和常備軍不同，是以徐彥疏以師爲常備軍，劉氏非之。但其實何休的師即指常備軍，只是依劉氏的解讀，不以爲何休把這當作常備軍看待，而是認爲何休把師當成臨時徵調的兵卒；他是在這個角度上認同何休。

　　總的來說，與軍隊編制相關的問題，有軍與師的區別、一軍人數和天子諸侯的軍隊編制三方面。它們不止與何休，其實與《白虎通》，乃至間接與《周禮》都有關係，而劉氏與彼等的說法，可以用「同中有異」來概括。這三方面的問題，其實都是先有了軍與師的區分才出現的。由於劉氏對何休的解讀不同，以致他區分了軍與師，連帶的使得他對一軍的人數，不取何休二千五百人之說，因若按照何休的說法，師與軍只是名詞上有異，其實質都是指常備軍，人數都是二千五百人。區分的結果，在名目（軍與師）和兵卒人數（軍是一萬二千五百，師爲二千五百）上，劉、何有了差異。然則，劉氏一軍的人數，應該是取自《白虎通》了，《白虎通》的一軍的人數就是一萬二千五百人。然而，此一軍人數實和《周禮·夏官·序官》合，因此陳立以爲《白虎

通》是取古文家《周禮》的說法（《白虎通疏証卷五‧三軍》）。至於天子、諸侯的軍隊編制，《白虎通》引《穀梁傳》佚文作「天子六軍，諸侯上國三軍，次國二軍，下國一軍」（《白虎通卷五‧三軍》）。《周禮‧夏官‧序官》的記載是「王六軍，大國三軍，次國二軍，小國一軍」，和佚文一樣。劉氏則折中《白虎通》和《公羊傳》的說法，因爲《公羊傳》有譏魯「作三軍」（襄公十一年）之文（見上引文），因此劉氏不以爲大國應有三軍。由於何休提到的是「天子六師，方伯二師，諸侯一師」，其編制並不分大、小國，只分方伯和諸侯，和劉氏的對象不類；而且這個「師」，劉氏已理解爲徵調之兵，因此劉氏對軍隊編制的論點，比較可能出自《白虎通》，再參以《公羊傳》文，而自成一說。〔註4〕

　　綜上所述，從經典的抉擇及具體制度的對照這兩方面，可証劉氏的封建制都是以今文家說爲基礎，當然間中也可看到他個人的取捨。〔註5〕而由第二節至此，我們提到了三種不同名稱的制度，以下作一個總結，辨析這三種制度的關聯和差別。

　　首先，是辨析《春秋》制和封建制。雖然劉氏提出了《春秋》制和封建制，兩個名稱不同的制度，但這兩個制度，透過本文第二和第三節所達到的結論，使我們對劉氏如何看待它們，有了確定的看法。第二節指出凡劉氏無異議的今文家禮制，都可以是《春秋》制。而在第三節中，劉氏強烈表達了封建不可廢，《春秋》須循此以治的主張，其所以有必要實行，是因爲劉氏認爲封建制即是《春秋》制之故。順此，比對第二、三節，自然發現兩節之間有某種關係，因此再透過第四節的討論，把三制聯繫起來。我們的結論是，《春秋》制和封建制是異名同實。兩制的差別只在對應不同的角度時，名稱上的

〔註4〕《周禮‧夏官‧敘官》亦有提到「二千五百人爲師」。不過，其性質和劉、何不同，它是軍底下的軍隊編制，即軍在其下又分師、旅、卒。

〔註5〕劉氏的封建制基本上以今文家爲據。可是，我們也見到他引了《司馬法》的部分說法，如軍賦的「一乘三十人」。這種引古文家部分說法的例子，我們還可舉出一些，而且大都出自《周禮》，這似乎是對經今古文的分判，出現了搖擺不定的態度；即使它僅限於禮制。但他既嚴格分判周官爲古文家說，而又引用它，顯然大有可議。不過，必須聲明，我們對他取《周禮》的態度，是從他作爲一個今文家的立場去探討的，而不管他在禮制上取經今文或古文，都把那些制度視爲封建制，也就是《春秋》制；他這個觀點是不變的，一點都不會影響我們以下的論証。引用《周禮》的問題，我們在第八節有比較集中的處理。

差異而已。《春秋》制之名，僅在《公羊》學內部具有意義；封建制是跳出《公羊》學領域時，對周代曾實行過的制度的稱呼。

其次，是分清今文家禮制和其餘兩制的關係。《春秋》制既是封建制，對這兩制的來源，即今文家禮制要如何看待呢？其實，它只是站在客觀研究者的角度，去看劉氏的禮制時才出現的制度名稱，用以指涉劉氏所認識或擬建兩制時的背後依據而已；它的存在，對研究者較有意義。站在劉氏的立場，今文家禮制的「名稱」和「實質」，意義不大。因為它在劉氏眼中，只以《春秋》制或封建制的名稱和實質存在。在這一點的籠罩下，所謂今文家禮制，都變成劉氏眼中周代的封建禮制。如今確知劉氏《春秋》制的實際內容是封建制，因此當我們著眼於這一實際內涵時，用封建制一詞；若站在《公羊》學內部的立場，則用《春秋》制一詞。這也是第四節對劉氏禮制溯源的真正用意，藉著對制度名稱的廓清，進而使我們對三制之間的關聯和差別，掌握得更清晰，而達到展現劉氏異於其餘公羊家的目的。

第五節　劉逢祿對封建制的總體看法

在第三節已經說明劉氏的《春秋》制即是封建制，可是嚴格而言，第三節的目的只是為了展示劉氏的「表態」而已，單從言語上的直接表述，無法全面展現劉氏支持封建制的動機。這一節的目的，就在鉤勒劉氏對封建制的整體觀點，點明劉氏支持封建制的原因。掌握了這些，對劉氏《春秋》制的實際意涵，將有更深入的瞭解。當然，我們對劉氏封建制的探討，要遵守一個限制，那就是必須把他有關封建制的言論，當作他自己對封建制的瞭解，而不必然是我們所知道的封建制，我們和劉氏之間若有理解上的差異，當然也不會再作討論。

劉氏在《釋例・侵伐戰圍入滅取邑例》一文中，一開頭就提到聖人是致力於維護封建制的：

> 孟子有言：「《春秋》無義戰。彼善於此，則有之矣。征者，上伐下也，敵國不相征也。」然則詳於言兵；聖人將以禁暴誅亂而維封建於不蔽也。

孟子這段話見於《孟子・盡心章句下》。「《春秋》無義戰」，那是因為征伐之間合於王義的禮義，沒有人遵守。征原本是上伐下，以正彼之罪。諸侯敵，

故彼此之間不可相互征討，討伐之權只有繫於天子。而春秋之世，諸侯之間不止頻頻相互交戰，且其原因大多不是爲正義討罪，往往爲一己私利，不惜破壞維繫國家安定的禮義。

　　劉氏以爲孟子對於征討的這種看法，是詳於言兵的言論。因聖人以這種方式爲用兵之道，就其效果而言，可以禁暴誅亂，維持一國的安定；就用兵的原因及方式而言，都是一種合於禮義的表現。在一次討伐過程中，禁暴誅亂的結果和禮義的規範同時達成。暴亂是對禮義的破壞，禁暴誅亂是維護禮義，事成後就回復安定，所以禮義是安定的根本。我們認爲單從用兵這一點，劉氏對封建制表達了一個總體看法：「禮義」既是封建制本身外顯的現象，而同時又是封建制的目的；聖人才因此致力於維持封建制。這其中，遵守禮義是安定所以可能的主因和根本，而封建制提供了一個使人較易遵守禮義的條件，使安定得到維持。他透過和郡縣制的比較，加以申述封建制這項優點。對於郡縣制，他認爲：

> 夫郡縣之法，勢不能久其權，重其任，如古諸侯也。一旦奸民流竄，盜賊蜂起，其殃民而禍及於國，秦漢之忽亡，晉季之紛擾，視三代之衰則怖矣。（《釋例·侵伐戰圍入滅取邑例》）

這段話的重點有二，第一是郡縣制的制度本身，無法提供一個執政者權能久，任可重的安定基礎。此處所謂「勢」，指的是制度的客觀特點。第二是若有戰亂，則易於漫延全國，最後會導致一國的覆亡。第二點事實上可看作是第一點的結果，因依劉氏看法，郡縣制權力的變動較大，缺乏可以長治久安的基礎。這個缺點，當劉氏談到與郡縣制相對的封建制時，對比極明顯。封建制可以權久任重，劉氏以爲諸侯的分封是最重要的原因，他說：

> 嘗聞賈生之論建侯矣，欲天下之久安長治，莫若眾建而少其力，力少則易使以義，國小則無邪心，斯古今之通論也。（《釋例·十四諸侯終始表》）

按此文出自賈誼《治安策一》。〔註 6〕劉氏此下列舉春秋各國篡弑的次數，和各國的國土大小作對比：

〔註 6〕原文作「欲天下之治安，莫若眾建諸侯而少其力。力少則易使以義，國小則亡邪心」，見《漢書·賈誼傳》。然而，我們不能忽略的是賈誼所論是漢初的情況，其封建制和周初不類，可參《兩漢思想史卷一》頁 168-174。劉氏在此只是引用賈誼論封建的依據，但不是要實行漢初，而是周代的封建。

故嘗論之：中國，齊晉最強也，晉弒君五【夷齊、卓子、懷公、靈
公、厲公】，篡國四【惠公、文公、成公、悼公】。齊弒君六【諸兒、
子糾、舍、商人、光、舍】，篡國五【小白、商人、元、處白、陽生】。
魯慕齊晉則弒君五【隱公、桓公、子般、閔公、子赤】，篡國三【桓
公、宣公、定公】。宋、衛、陳、蔡、鄭匹也，皆弒君二【宋與夷、
處臼；衛完、剽；陳平國、世子偃師；蔡固、申；鄭夷髡、原】。若
其篡逐出入，遽數不能終也。夷狄，吳楚最彊也，皆弒君二【楚髡、
虔；吳餘祭、僚】。秦於《春秋》乃在小國治耳【見哀三年注】。曹、
許、邾婁、滕、杞無兼并之事，無弒立之文，非其性異人也，亦形
勢然也。(《釋例‧十四諸侯終始表》)

不管中國或夷狄，凡大國，如齊晉吳楚，其篡弒次數皆比小國多；小國如曹
許邾婁，《春秋》並無篡弒之文，而且沒有兼并之事。劉氏以為這不是小國
「其性異於人也，亦形勢然也」。從制度的角度看，這是封建制的客觀特點
使然。它一開始便限制國土，導致惟一的結果是勢力小，權力變動不大，人
性的貪婪醜惡無法借助權勢發揮，此時若趁勢教之以仁義，此消彼長，其事
則易成。劉氏論周初國之大小的部分時，最大的公侯之國不過方百里，最小
的如五十里（見第三節）。和春秋之世的國，或後世郡縣制的大郡相比，的
確都是小國。

如是，就制度的客觀特點而言，劉氏認為封建制相對於郡縣制，有一個
極大的優點，那就是國小，所以力少，以致易使以義，這是建制禮儀的有利
條件，因此暴亂較難發生。即使一旦有戰亂，由於國小力少，其勢也無法擴
及全國，當然更無法很快使一國覆滅。不可忽視的是，這其中最關鍵的部分
應該是小國，國小是其他條件得以發揮作用的根本。如果我們回到劉氏論兵
的部分，會發現「征」的意義若諸侯可以遵守，兼併之事無有，則國小將可
一直維持，而這是治道可久的一個充分條件，聖人維封建於不蔽的原因和目
的也在這裡；劉氏的論點非常一致。

然而，屆至目前為止，我們發現劉氏的比較，所側重的是制度客觀的良
窳這個關鍵因素。郡縣制之「勢」如何、封建制的分封建侯等，都可說是制
度客觀特點的表現，其間似無涉及人的運作或努力等因素的考慮。但我們知
道，一個好制度若無人才去發揮它的功能，即使再好，也比不上一個不那麼
好的制度，卻有好的人才去運作。當然，一般而言，可以被判為好制度的其

中一個先決條件，便是應該有舉賢之制，以保障其制度的運作會產生好的結果。在這點上，劉氏以為封建制便有建賢之美。好制度加上好人才，無怪乎劉氏曾以封建為不可廢了。不過談到舉賢，劉氏常與建親並稱，他說：

> 夫王靈不振，九伐之法不修，則去封建而亂亡益迫。王靈振，九伐
> 之法修，則建親賢而治道乃久。（《釋例·侵伐戰圍入滅取邑例》）

諸侯和天子有血統或姻親上的關係，分封在這個基礎上進行，其所建立的政權，彼此之間可以憑藉血緣上的親親之道得以「久其權，重其任」，所以建侯就是建親。這中間的差別是，建侯（分封）較針對土地的被割裂而言，建親是就受封者的身分而論。至於建賢和建親間的關聯是，建賢在建親的基礎上達到；這是劉氏建親和建賢並稱的原因。然而這中間的細節究竟如何呢？這就必須釐清小國、建親和建賢三者之間何者為先，何者為重，才能掌握它們彼此的關係。我們且從以下引文帶出相關問題：

> 太公率青，周公率兗，召公率冀，康叔率殷，其自治皆儉於百里，
> 而紂之餘風殄矣。二公分陝，尚父治內，而德廣之所及遠矣。賢聖
> 之才不世出，則莫若修《春秋》之制，得如齊桓晉文者以為方伯連
> 帥，則滅亡之禍可弭，而侵奪之罪可正。君國子民求賢審官，以輔
> 王室，以救中國，持世之要務，太平之正經，《詩》終〈殷武〉之意
> 也。（《釋例·侵伐戰圍入滅取邑例》）

周初四位賢聖受封後，其治地皆少於百里，是以易治。最後使紂在殷地所遺留的暴虐餘習，完全滅絕。國小而有德治，不表示德風僅限於國內，而是一樣可在這個基礎上，遠播出去；國土小對德風之播遠，並無影響。這就能吸引不世出的賢聖之才來輔王室，救中國；這是引文的大概意思，其時間順序是由建親而分封而建賢。

然而事實上，建親和分封之間，雖然有時間的先後差別，但何者優先（不是時間上的，而是以重要性為準的優先），何者為重呢？我們認為，小國這一條件比建親優先、重要。劉氏在春秋時代篡弒次數和國土大小的對比中，不可能不知道大小國的內朝，原就有血緣上的關係，內朝的血緣關係猶不足遏止篡弒，那麼封建諸侯，指的是國與國之間，一般而言其血緣較內朝為疏，怎能期望外朝之間不會有干戈？而在大國的內朝，篡弒既一樣發生，只有國越小時，其篡弒次數越少，以致於無。由此可見國小，在內可以限制人慾，在外則圍限權力的擴張，維持一個較穩定的權力結構，並使禮義的建置易於

達成，充分發揮了封建制的客觀特點，這是它優於郡縣制的地方，也是德治可成的主因。因此，一般而言，我們知道一國可否招睞賢才，和其是否有德治等相關外，和其國土大小是沒有關係的。可是若從劉氏對兩制的比較貫通來看，沒有國小為始基，德治難成也難久，也就談不上甚麼德風及遠，更遑論以此招睞不世出的賢才。如此，建親、建賢的優勢，其實是在這個基礎上得到發揮的，它們只是進一步擴大封建制的優點而已。缺乏這個根本，即使實施建親、建賢，其德治也難成難久；一切在小國的基礎上建立，這是劉氏封建制的核心思想。

至於建親和建賢的聯繫，劉氏有個分別的說法，那就是在《釋例·侵伐戰圍入滅取邑例》中，說到「《春秋》救周之弊」將「制、國如周初」之後，他列舉了許多禮儀制度，接著引《易》總結說：

> 在《易》〈比〉之二曰：「比之自內，貞吉。」言建親也；其四曰：「外比之，貞吉。」言建賢也。

劉氏以內外來分判建親和建賢，用意其實和上文相同。上文對周初德治的論述，也從建親談到舉賢，這樣的作法，是要強調建親、建賢之間有時間上的先後順序。然而，建親時，不能說沒有考慮到其間賢愚的問題，只是它不會是絕對的考慮。舉賢時，不會說不舉有賢能的親屬，只是它不會用親親之道來作舉賢的標準。當然，這樣說不是以為劉氏所說的賢才，指一般庶人，賢人仍指貴族階層（見第三章第六節）。無可否認的，劉氏把建賢置於外，建親置於內，這樣的區分有點機械。因為建親而有德治，顯然是因為其間有賢才，不僅僅是建親之故；內外的區分不足於涵蓋這一點。因此劉氏的內外，應該是以血統所作的區別。如此一來，當他用內外或依順序的先後區分親、賢時，其賢才之意便是指因德治而被感召前來者，不是直接在建親的制度上出現的賢才。而這樣在血統上劃分，其實只為突顯建賢當以建親為先而已。至於何者為重，不易看出，也就不深論了。此外，不可否認的，從劉氏的觀點看來，建親和建賢，也可看作是封建客觀的特點使然，因為封建制有建親和建賢的效果，才能治理好國家

綜上所述，可知劉氏對封建制的整體看法是：小國、建親、建賢三者之間的緊密結合小國的限制，是使親、賢的作用得以充分聯繫和發揮的根本，達到的惟一結果，就是禮義得以維持，內治、安定隨之而來，國家因此長治久安。

第六節　封建和異內外

　　以上詳述了劉氏對封建制的整體看法，以下六、七兩節，我們闡述他對封建制的支持，如何影響到他對《公羊》學的異內外，以及《春秋》繼承道統的理解。這些解釋的背後，都和劉氏所理解的封建制主要特質：小國、禮義等相關。

　　異內外之說，已見第一章第二節。在《公羊傳》中「內」的範圍，在任何一種情況下，沒有特指小國而言。換言之，是否為「內」，和國土大小沒有絲毫關係。實際說來，一國內治原就和國土大小無關；但劉氏把這兩者結合，成其一家之見。

　　劉氏談到異內外時，有一段話比較偏重由諸夏推及到夷狄的內外：

> 余覽《春秋》所治冠帶之倫，東窮齊并海，南極吳楚，西通秦隴，北絕燕晉，卓哉！煌煌聲名之屬何其侈也。深探其本，皆詳內以略外，究王化之盛一統，中外未嘗不殊會夷狄；頓、胡、沈、越之邦，未嘗通吉凶聘問之禮。其於諸夏，挺大小侯各七，以張治法而已。
>
> 形勢雖強，要以仁義為本，允哉！允哉！（《釋例・十四諸侯終始表》）

這裡強調了諸夏和夷狄的分別，而且較從地域角度作區分。他先以諸夏為內，再說到諸夏當行仁義，以填充此「內」的真正意涵。他說《春秋》所治的範圍雖廣，但深探其本，事實上都是詳內而略外；即使盛言王化的大一統，對於夷狄仍多以殊會書之。當然，《春秋》只是藉諸夏十四諸侯來強調內治的重要，藉以明仁義是內治的根本，並不是說諸夏皆已內治。因為對仁義的重視，是以雖書寫各國間的種種情勢，最後還是以仁義為依歸。「歸於仁義」，可說是劉氏異內外的基本觀點。然而，《春秋》如何達到歸於仁義的目標呢？

　　劉氏緊接著話鋒一轉，由仁義而談到「賈生之論建侯」，以及國土大小和篡弒成正比的事例。國土大者，其篡弒多，小者則無篡弒、兼併之行（詳第五節）。由仁義引出建侯一事的原因，是他認為國小可以「易使以義」。我們由此知道，這和他異內外最終歸結到仁義之旨相合；「仁義」乃是建侯和異內外相通的關鍵。順此則小國這個因素，在談到異內外時不得不成為必要了。這是說從王者治天下的角度去看，小國易於建置禮義，易以內治。這不止是劉氏從建侯看出的結果，也是劉氏統計《春秋》實況而得出的意見。他以為這種有利的條件，是夷夏皆同的，若夷狄有心於禮義，在這種優勢之下，會更容易轉化他們。他以實際例子表示這種意思的，見於《釋例・秦楚吳進黜

表》。這是劉氏單純從一國內治與否的角度，來談異內外的問題，通過對秦、楚、吳三國的比較而得出具體的結論。

他說秦國在開始時，只是一個僻遠的小國：

> 諸夏擯之，比於戎狄。然其地爲周之舊，有文武貞信之教，無傲僻驕侈之志，亦無淫泆昏惰之風，故於《詩》爲夏聲。其在《春秋》，無僭王滑夏之行，亦無君臣簒弒之禍，故《春秋》以小國治之，內之也。……秦強於內治，敗殽之後，不勤遠略，故興也勃焉。

至於吳國：

> 通上國最後，而其強也最驟，故亡也忽焉。

楚國則：

> 長馭遠駕強於秦，而其內治亦強於吳，故秦滅六國而終覆秦者楚也。

此兩國中，吳通中國最後，表示其知禮義較晚，它的強盛沒有禮義爲基礎，很快就滅亡了。楚國介於秦、吳之間，其遠略強於秦，內治強於吳，因此在秦統一中國後滅秦的是楚。我們對三國的分析有以下三點：第一、楚、吳和秦其中一點不同，是前二者爲大國。依劉氏建侯的觀點，這是先天條件上楚、吳不如秦，秦無僭滑簒弒之事，小國是其主因。至於秦地爲周舊等因素，按劉氏小國的看法，這也要在小國的基礎上，方可發展得更快更好更長久。不是有舊文化便可佔絕對優勢，若國大則此優勢亦會被削弱。第二、楚秦相同的地方，是兩國皆強於內治。觀劉氏之意，秦的內治應強於楚，因秦爲小國外，又不圖遠略，可以把精力集中於國內，此消彼長，內治強於楚很明顯。第三、秦、楚之內治皆強於吳。這是因爲吳在國土上（非小國）和內治兩方面，都沒有秦、楚之優點。這兩方面，楚有一，而秦兼備，吳則無一焉。而我們知道這兩方面的優勢，指向同一個核心，那就是有利於禮義的建置和維持。

這其中要注意的是，劉氏特別從《春秋》以小國治秦，故內之的角度，重申秦的特殊地位。他說《春秋》對秦國是「以小國治之，內之也」，從上下文中可見劉氏的小國用法，和「內」是同層次的並列。以小國和內並列，即指秦以小國故得「內」。前面說過，《公羊傳》中的「內」和國土大小並無關係，稱爲小國者，不等於內之的意思。若以爲秦有禮義，即內之，不會提及它是小國，或以小國與內之並列於同一層次。劉氏這種重申，是爲其小國「易使以義」的觀點張本。在這種觀點籠罩下，當他提到聖人以禮義治國時，便自然包括小國這個條件，他的小國觀點變成是聖人所贊同的了。他在《釋例‧

十四諸侯終始表》中，一開頭便說：

> 余覽《春秋》進黜吳楚之末，未嘗不歎聖人馭外之意至深且密也。昔聖人序東周之書，唯存〈文侯之命〉及〈秦誓〉，著其盛衰大旨。其於刪《詩》，則列秦於《風》。序〈兼葭〉曰「未能用周禮」，序〈終南〉曰「能取周地」。然則代周而改周法者，斷自秦始，何其辭之博深切明也。

劉氏要表達的意思，是聖人知小國當興之理，所以在《詩》、《書》中早有暗示。他接下來的論述，和前面對秦楚吳三國的分析一樣，都是企圖闡明「小國」這種有利的條件。他是如此總結聖人對夷狄的進黜之義的：

> 聖人以中外狃主，承天之運而反之於禮義，所以財成輔相天地之道而不過乎物。故於楚莊、秦穆之賢而予之卒，以爲中國無桓文則久歸之矣，何待定哀之末而後京師楚哉？於吳光之敗陳許，幾於中國，聽之慨然深思其故，曰：「中國亦新夷狄也」。黃池之會，《春秋》說曰：「齊晉前驅，魯衛驂乘，滕薛夾轂而趨。」則豈吳公先軟晉侯亞之之以禮義哉？故觀於《詩》《書》，知代周者秦，而周法之壞，雖聖人不可復也。觀於《春秋》，知天之以吳楚狃主中國而進黜之義，雖百世不可易也。張三國以治百世，聖人憂患之心，亦有樂乎此也。

聖人進黜的道理，藉吳楚狃主中國而突顯。這個道理就是：聖人以禮義爲進黜的標準，雖百世不易。夷狄有禮義之行，則賢之，如楚莊、秦穆。中國而無禮義則夷狄之，如黃池會上的中國諸侯。然而，結合劉氏前面的說法，可知以禮義治百世而不易之意，不得不包括小國，方有百世可期。小國易使以義，是長治久安之本；這是秦當興的主因，聖人因而要在《詩》、《書》中預先指出。劉氏在此對《公羊》的異內外，加了「小國」的條件，而且借聖人之口，作出巧妙的結合。

　　不過，把小國和「內」並列的意思應用到夷狄時，我們會發現那似乎悖離《公羊》張三世之義。若夷狄爲小國，它就是內；但事實上其國小時未必有禮義，夷狄進至於爵，在《公羊》是指太平世階段的情形。〔註7〕而且再進一步說，若是種族上屬夷狄，爲夷爲夏，胥視所做之事合不合禮義而定；它是惟一的判準。劉氏基本上承認這點，而當以「小國」冠於夷狄之上時，又

〔註7〕　見隱公元年《解詁》經文「公子益師卒」下何休云：「至所見之世，夷狄進至於爵，天下遠近小大若一。」

把小國和禮義對等。他在《釋例‧十四諸侯終始表》中，說夷狄小國和諸夏小國一樣，無篡弒之禍。在《釋例‧秦楚吳進黜表》，認爲秦當興而代周。這些都從相同的前提（小國）出發，以此認爲夷狄有禮義。當然，這樣的小國之意，還是要依相關的上下文才會出現。換言之，我們不是說凡劉氏提到小國，就是指這種意思的小國，如「紀爲小國」句，就和以上所說不同。不過，當小國被運用到夷狄身上時，它並不特別和張三世配合。劉氏從建侯（小國）觀點界定「內」的意涵，而在不自覺中偏離了《公羊》張三世與異內外結合的意思，這是支持封建制所造成的結果。

第七節　封建與《春秋》性質

劉氏不止認爲《春秋》制即封建制，而且三代乃至聖人的制度，莫不是封建。聖人都維護封建，而《春秋》是繼聖人而作，則《春秋》制理所當然是封建制。但這個看法，當我們從劉氏的道統的角度去解讀時，自然使《春秋》制即封建制，是《春秋》所以能夠繼承聖人道統的主因。劉氏在《釋例‧王魯例》說：

> 聖人在位，如日之麗乎天，萬國幽隱，莫不畢照，庶物蠢蠢，咸得繫命；堯、舜、禹、湯、文、武是也。聖人不得位，如火之麗乎地，非假薪蒸之屬，不能舒其光、究其用；天不生仲尼，萬古如長夜，《春秋》是也。故日歸於西，而以火繼之，堯、舜、禹、文、武之沒，而以《春秋》治之，雖百世可知也。

隱隱然指出一個聖人譜系。若聖人在位相繼，則《春秋》或許不需作，今惟孔子既不得位而爲聖人，始作《春秋》。劉氏上文之意可概括爲兩點，第一、劉氏以爲惟聖人方可傳前聖治法，孔子具備聖人特質，才有這種資格。換言之，聖人的治法，不是人人都可繼承的，惟聖者以其聖性繼之。第二、由於第一點的緣故，孔子能傳前聖治法。既然「能傳」，則當他記載其治法爲《春秋》時，它便蘊含前聖，乃至孔子的共同治法在其中。讀《春秋》者透過文字，才能窺見前聖治法。如果《春秋》中只有孔子的治法，那麼劉氏聖人相繼的「繼」的意思，就落空了。照劉氏的說法，「雖百世可知」的意思，不僅因爲《春秋》記載爲文字，使百世之後的後人，可從中窺見孔子的治法；百世之意，也指前聖的治法，可爲後世所知。其原因便是孔子以其聖性相繼，

把它也記載爲文字的緣故。至於這個治法，按一般解釋，當指治國原則，不是具體的制度。

劉氏所理解的聖人相繼的治法，如果回頭看第六節末尾部分，可知主要指禮義。聖人都以禮義治國，劉氏認爲這是他們一樣的地方。不過，禮義雖是聖人治國的目標和結果，可是達到禮義的方式，如制度、法令等等卻盡可不同。如果《春秋》有可傳百世的治法，指的也應是聖人治國的綱領是禮義而已。這樣指出綱領，並不等同「聖人達到禮義的方式都相同」，這是任何人都清楚的。

劉氏在此卻有了偏差，那就是由於他非常強烈地以爲，惟有建侯方可「易使以義」，只有它最容易達到禮義，也惟有它可使禮義得到長久維持。這造成的偏差，就是禮義只和一種制度，即封建制結合。因此當他把這一點，和聖人皆以禮義治國結合時，便產生了三代都以封建治國的說法。這樣一來，就使以上聖人相繼的意思，具體化爲對禮制（封建制）的繼承，而不止是傳承禮義的綱領了。這個意思他說得不多，但終究可以讓人一眼看出。他說：

> 三代之制，諸侯世子誓於天子，教於國學。君薨，命卿赴告，致國天子；天子命其宜立者爲之。後踰年乃即吉行事，事畢，反喪服。所謂先君以正終，後君以正始也。世衰道微，既無誓教之禮，競立私愛，更相篡弒，司馬弗討，亂賊之禍亟，封建之意微矣。（《釋例·公終始例》）

第三節中劉氏嘗言《春秋》「制、國如周初」，其中便提到「其諸侯世子既教於學而誓於天子，天子復與之賢師良傅」。而以上這段話，也以爲誓教之禮亡乃「封建之意微」。依劉氏對封建制的認識，可見這原是該制的一部分，如今卻被冠以三代之制。又劉氏在《論語述何》解「道千乘之國」中說：

> 《春秋》述三代之制，大國地方百里，有萬井、十井而賦一乘，故以千乘。

「大國地方百里」，也在「制、國如周初」部分出現，屬封建制。「有萬井、十井而賦一乘」，是他所贊成的今文家禮制。應該注意的是，「《春秋》述三代之制」這樣總括的說法。如以爲這是一句泛論，指《春秋》繼承三代道統似無不可。不過如從「制」著眼，就比較不是泛言了。從他看待封建制的角度，這明顯是透過三代皆封建的論斷，表現出對封建制的支持；或是由於對封建制的支持，而反過來以爲三代皆封建。但不管怎麼說，綜上種種，劉

氏之意是以爲三代之制與封建制是對等的。他不說「三代之教」、「三代之治」等較空泛的字眼，卻說「制」，所舉的例子也很確定，決不憑空虛說，可見他很自覺的提到。在《釋例‧侵伐戰圍入滅取邑例》中，他說「賢聖之才不世出，則莫若修《春秋》之制」（見第五節），其時明爲封建制，他卻明確的把周初的制度，稱爲《春秋》之制。這裡的情形也一樣，都是指具體的封建制度。因此，他舉三代作爲一個理想代名詞的可能性極低。不管三代實指夏商周，或堯舜禹，若只以三代爲理想代名詞，則侈談封建制部分，便無法獲得一致的解釋。因封建對他而言，是《春秋》應該重現的制度，不是一個空想。

由第五節至此，我們可以有兩點結論：一、聖人的道統，是以封建制建立起來的。聖人以禮義相繼，而此禮義只和封建結合，也即等於以封建制相繼。《春秋》既然繼承聖人，自然不能例外。劉氏在這一節之前雖主張《春秋》制等同於封建制，但惟有當我們從聖人相繼的角度去說明時，《春秋》以封建制治百世的主張，也才成爲萬世不移的觀點。二、劉氏透過封建制等同於禮義，界定《春秋》的性質乃以禮義爲宗。不過，這也產生兩個問題：一、《春秋》制的定義，指孔子實際所改作的制度，如果《春秋》制即等於封建制，這似和孔子有改制之說不符。二、如果任何君主只要實行封建制，就實現了王道，那麼《春秋》或聖人，有何值得重視的地方呢？在探討了董仲舒的改制理論後，將會更清楚看到劉氏這方面的限制，我們留待第四章，不在此多談了。

不過，由於以上幾節的討論，都直接從劉氏主張封建制的言論說起；以下透過另一種方式分析，加強這種判斷成立的依據，也順此作個總結。

我們先從第二節的結論談起，那就是：「凡劉氏贊成的今文家禮制，都可以看作是《春秋》制」，如今《春秋》制既和封建制等同，這個結論，同時可成爲「凡劉氏所贊成的今文家禮制，都可看成是他所認爲的封建制」，現在把這層關聯說得更清楚些。

我們認爲，《春秋》制等於封建制，自然造成所有今文家禮制都統攝其下的結果。這是因爲封建是一個涵蓋面極廣的制度，不止是土地的分封而已。它是以宗法爲主而建立起來的政治層級結構，宗法制度確定了貴族階層中，各人的權力、權益和職責的分配。從上下的關係說，天子對諸侯有其控制權，而諸侯臣服於天子，有其職責和義務。所以天子有巡狩之禮，諸侯對天子有朝覲之責，以及述職之禮。從諸侯國內部而言，也有由宗法而來的相對關係。

在這個基礎上，天子和諸侯各自建立起內外的制度。內朝制如繼承法、官制、廟制、妃匹制等，外朝制如軍制、賦役制等，這些制度的實行，概括而言，都受到由宗法而來的限制和規定。對這些限制和規定的遵守，就是合乎禮，否則即是違禮。劉氏在這些方面討論，他的認知基本上也是如此。

而當劉氏提及今文家禮制時，不管是說明《春秋》之禮，或作為褒貶而提出，它們都是《春秋》所要維護或實行的禮制。而今當我們把維護的動機，和他的封建制同看時，可知今文家禮制的目的，是為了維護封建於不蔽。在這種情況下，今文家禮制該是屬於封建制的一部分，才有可能使《春秋》回歸封建。換言之，要具有使《春秋》回到封建制的功能，那它們應該是屬於封建制的一部分才行。不管劉氏自覺或否，就他對制度的討論而言，都可以順理推出這種結果。

而且，凡說到封建制，指的就是一個整體的制度，亦即包含以上所說的各種層級關係等等，不能割裂。換言之，即使簡單的提到封建兩字，它就包含了以上豐富的意涵；這是我們對封建制一詞所採取的基本觀點。所以，零散的以為應實現周代封建制的某一制度，我們不以為是要求回到封建。採取封建的某些制度，可能是它切合當代實際情況，不能說那些制度就代表了整個封建。重要的是，看他有沒有一個籠罩性的觀點或表述，足以証明他以封建為目的。若沒有這方面的明確論述，而要判斷他對封建的態度，便只有看那些封建制度，被擺在主要或從屬的位置。如以分封結合郡縣制，便和封建制的分封不同，即使分封出自封建。因為這還要判斷那一個是制度的基本框架（主），那一個屬個別制度（從）。所以，在不同的基本制度下，周、漢一是封建，一是郡縣，但實行某一同樣的制度，如漢代實行分封，但這種分封是在郡縣制下的作法，不能說漢代實行封建制，封建制的界定不能單靠分封就確定，它還靠其他相關的禮制和關係填充它的內涵（如上）；劉氏對封建制的理解也不僅限於分封。這種不同，是因為彼此基本制度有別，所呈顯的意義因而有異。

不過，若提及這些零散制度的同時，連帶明確表述要回到封建，那麼，彼時封建就是主要制度。所謂主要，是指封建是統攝其餘制度的，其餘制度是為達到封建而建置。那些零散制度，順此構成了要求回到封建的重要依據。這是因為目的的明確表述，代表了一個制度的基本框架的出現。劉氏要《春秋》重現的是周代封建制，它是一個整體，而且他反對郡縣制，更見他不是

摘取部分與另一制度結合。若撇開封建去看劉氏的今文家禮制，和別家的說法沒有太大的差異。可是，一旦以封建為依歸，他所提及的今文家禮制的整體意義和性質，就和其餘公羊家不同了。所以，凡劉氏從禮義的角度談論《春秋》，他的禮義指的是封建的禮義，是實指，不是泛稱。

最後，由於在討論劉氏的封建制過程中，不時觸及劉氏運用到古文家說的問題（見注五），就順帶略微討論，作為本篇餘論。

第八節　餘論：對《周官》看法的搖擺

第四節中已見到劉氏批評《周官》非孔門嫡傳，但沒有提到他甚至認為《左氏》、《周官》皆出自劉歆：

> 《周官》、《左氏》同出劉歆（《箴膏肓評・文公篇》）

> 《周官》亦出劉歆，何氏所不信。（《箴膏肓評・昭公篇》）

第一則，是劉氏反駁鄭玄而引出，鄭玄以為《左氏》以三年喪未畢而行朝聘之禮，於《周禮》有據；第二則是說到立子法，反駁鄭玄所作的《周禮注》的說法。這兩則都是在禮制方面，不以鄭玄引《周官》為然，由此帶出《周官》為劉歆所作；這是對古文學派極為嚴厲的攻擊。對於鄭玄，劉氏以為「鄭（玄）、許（慎）皆古學」（《詩古微・序》），而在劉氏的認定，今文方有師傳，屬古學即不是孔子嫡傳（同上）。如按照劉氏的判定，他應該不會引用《周官》和鄭玄之說，尤其對《周官》，他幾乎沒有在口頭上承認過它的價值。

可是，仔細閱讀劉氏的著作，我們不能否認，他確實引用了《周官》、鄭玄有關禮制上的見解。這類引用，有兩種方式，第一種是和劉氏所贊成的禮制作一對比，並不是取古文家的禮制。第二種是直接引用《周官》禮制，這種引用表示了贊成該禮制。由於鄭玄的部分極少，而且也不是劉氏分判今古文主要的攻擊對象，我們就省略了。以下先引第一種作法，如云：

> 子曰：「十室之邑，必有忠信。」忠信，治十室者也；在《周官》為
> 二比。千室之邑，可使為宰；在《周官》為二黨，才兼黨正，州長
> 之亞也。（《劉禮部集卷五・制國邑》）

這類作法，看似不是直接引用《周官》，但以之作為類比，至少顯示《周官》這方面的禮制，和他所贊成的禮制是相類的。從這就表示，劉氏認為《周官》這方面的禮制是可取的，否則大可不必作類似的比較。這樣，就鬆動了劉氏

前此對《周官》的抨擊了。而且，劉氏不止有這種方式的引用，他還有第二種方式，我們且舉比較關鍵的實例：

> 公九命，地方百里；侯七命，地方七十里；伯子男五命，地方五十里。侯國之卿三命，其士不命，故不通於《春秋》。公之孤不見《春秋》，蓋下同侯國之上卿，以齊桓當九命伯則高子是也；蓋四命，視伯子男。其在內：三公一位，上大夫卿一位，下大夫一位，上士一位，中士一位，下士一位；凡六等。其命，以《周官》合之，三公八命，殺於王者之後，近天子，從陰爵也；采百里。上大夫殺於侯，六命，采七十里；下大夫四命，殺於伯子男，采五十里。《春秋》封建之法，皆以爵定地。其上士三命，中士再命，以名通，下士一命稱人，皆視附庸三等。大國之卿，當天子上士，以名通天子，其下卿當中士，其上士當下士，爲介通天子。其下士不命【據及宋人盟於宿不名】，通諸侯可也。小國之卿，當天子中士，通天子，曹公子手是也。其大夫一命，其士不命，唯爲介乃通天子。（《劉禮部集卷五・制爵第四上》）

前小半提到諸侯命數與封國大小的關係，後大半則是天子的官制中三公、上大夫卿、下大夫、上、中、下三士的命數，以及此士和諸侯國的官爵對比的情況。其中引用《周官・春官・典命》中的命爵制度：

> 王之三公八命，其卿六命，其大夫四命。（《周禮注疏》卷廿一，頁2）

至於「陰爵」一語，見以上引文下賈公彥的疏：

> 然公卿大夫以八命、六命、四命爲陰爵者，一則擬出封加爲陽爵，二則在王下爲臣是陰官，不可爲陽爵故也。（《周禮注疏》卷廿一，頁3）

「公之孤……四命」一語，亦出〈典命〉。在此，劉氏把今古文家的禮制，合於一處；諸侯封地大小等爲今文家說，天子職官命數爲《周官》說等，而這卻都是以爵定地的「《春秋》封建之法」。封建在此爲《春秋》之法，顯示封建屬於《春秋》制，這也替我們之前的論証，增加了一個強有力的論據。在禮制方面，他還贊成《周官》的「九伐之法」，我們在第六章會提到，雖然不是從他贊成《周官》的角度去談論，不過，劉氏提到九伐之法，是因爲贊成它的緣故，卻是事實。爲了避免重複，劉氏這則例子就不引了。

劉氏既從師法角度判定今古，又多次提及《周官》非孔門嫡傳，爲何還會引用呢？以同被劉氏判爲古文典籍的《左傳》來說，劉氏排斥《左傳》的態度，就明顯比《周官》徹底。而若我們從劉氏贊成封建制，來思考其中關聯，大約對劉氏擷取《周官》的作法，可以作出一些解釋。

劉氏惟一集中討論禮制的著作是《劉禮部集》卷五，其餘著作未見如此。它主要談到了妃匹制、爵制、國邑制、田祿制、田賦制、軍賦制、貢士制、刑制、郊褅祫制、廟制、樂舞制、城制。這其中引到《周官》原文（兩種方式），總共十次。〔註 8〕至於他談論禮制的目的，他雖未親口說明原因，但從劉氏以爲《春秋》制即是封建來看，這是他貫徹這個論點的成果。所以，這些禮制本身，不管劉氏參考或引用的典籍爲何，一旦融入他的禮制內，這些全成爲他所認爲的封建制，是無庸置疑的。卷五的禮制，其實就是在重現他心目中的封建制。然而，今文家對於禮制的依據，主要只有一篇〈王制〉，就其所涉及的禮制範圍，以及對禮制細節描述的深入而言，在在比不上《周禮》。今文家而要談禮制，則不得不以《周禮》濟其窮（楊向奎《清儒學案新編》第四冊，頁 45）。劉氏可以堅決排斥《左傳》，一談到禮制，卻無法堅拒《周官》，這是由《周官》集中論禮的性質所決定的，它可以彌補他在禮制上的欠缺。這就造成劉氏在口頭上表態，批駁《周官》非孔子嫡傳，而實際上又不得不引用的矛盾情況。然而歸根究底，他對於《周官》態度的搖擺，事實上，也眞的只是爲了撐起「《春秋》制即封建制」這個論點而已。沒有這個主要原因，他不必要談論太多禮制，對《周官》自也無須引述比況，而犧牲了今文家的堅持。而從劉氏口頭上對《周官》攻駁（由此及於對古文的攻擊），卻事實上不得不引用這種極大的落差中，可以進一步強化我們對劉氏支持封建制的論証。因爲這是劉氏在今古文的堅持上，非常引人注目的一個搖擺，而這的確和封建制關聯密切。當然，我們必須澄清，劉氏談論禮制的言談中，引用古文禮制的比率，相對於今文禮制還是不高的，但引用古文禮制之所以成爲問題，乃是因爲和他的強烈排斥不一致，因這不一致而使我們探索到它背後的原因，但不必產生引用古文高於今文的誤解。

〔註 8〕 劉氏的引用不是每次都列出原文，故這裡原文之意，只是指不是引到注疏部分者，即使有刪節或簡略一提，都算一次，也都算原文。這其中制爵上、制田賦、制軍賦各一次，制城制兩次，制國邑五次。

第四章　董、劉異同：董仲舒、劉逢祿的改制說比較

第一節　改制的誤解

改制和第三章談到的《春秋》制的關聯是：孔子藉《春秋》改制的結果，稱爲《春秋》制；改制是因，《春秋》制爲果。這樣，我們常常可由某公羊家的改制觀點，推出他的《春秋》制型態；或由其《春秋》制型態，得出他對改制的看法。至於要由「因」或「果」開始探究，往往繫於討論的方便。研究劉氏，我們從其《春秋》制著手，純是因爲由《春秋》制再談到他的改制，較方便掌握而已。

在第三章中，我們知道劉氏的《春秋》制以回到周代封建爲目的，其內容基本上和周代禮制無異。他對封建的看法雖來自今文家，但以它爲《春秋》制，不是公羊家的通說，而是劉氏個人的看法。把這樣的《春秋》制視爲《春秋》經所要維護的制度，應該無可非議，也不能說沒有價值。不過，從《公羊》內部義理來看，卻無法避免的和公羊家的改制說，產生一些不一致的地方。因爲《春秋》制可否成立，其基本前提就是孔子藉《春秋》改制；若理論上無法說明這個前提，這詞語在《公羊》學中便沒有相應的意義了，這問題是《公羊》學的核心部分，不能避開。所以，對劉氏的《春秋》制，自然要擺在《公羊》學的脈絡中去評論。

不過，要確切說明劉氏改制的特色，以及由此引生的他對《公羊》義理的解釋問題，其實需要和漢人的改制對比，才能明白其間關鍵。西漢的《公

羊》學大師董仲舒，首先有系統的提出《春秋》改制之說，劉氏亦篤信董氏乃孔門七十子嫡傳，因此我們的比較，就以董氏為主。

首先，一般人談到董氏的改制，都只談他的受命改制，易使人誤會董氏的改制，只限彰顯受命，而對一般禮制並沒有持損益改革的觀點。我們從董氏看待堯舜禹三聖和夏商周三代的不同，說明董氏認為三代及以下的朝代，必須改革禮制才能達到德治，並証明董氏的改制，不是只有受命改制的形式改制，對一般禮制，也同樣持著應損益改革的看法。其次，從董氏常被人引用來談受命改制的一篇文章：《春秋繁露‧三代改制質文》，可以說明董氏不止談受命改制，並把文中談到的「三統」，定為受命改制的循環；把文中的另一個循環「四法」，定為實際改革一般禮制的循環。由此証明，董氏以為王者的使命，必須包括兩方面的改制，一是受命改制（以「三統」來表示），二是對一般禮制的改革（以「四法」來展示）。對於一般禮制的改革，董氏的改制，其實是一個禮制改革的普遍原則，這個原則可以因應時勢的需要，而調整改制的範圍大小和程度的深淺。最後，把董氏對改制的觀點，和他的《公羊》學聯合起來，可以見出董氏對《春秋》性質的看法，由此界定他的《春秋》當新王、王魯等說法，應當如何理解。把董氏的改制理論，和劉氏的改制比較，可以發現兩人多方面的差異。而這個差異的根源，就在於兩人對改制的理解不同所致。

所謂的差異，是以董氏的改制理論為標準。劉氏的改制說表面看和董氏無別，其實不盡然，我們將對這些差異作一個評價。透過對這些環結的闡析，可以確定若公羊家的改制理論不同，都會影響到他們對三統（新王、王魯等），乃至張三世產生不一樣的看法。由這個影響，說明改制理論在《公羊》學上具有關鍵地位；這是本文所希望達到的總結。

此外，要鄭重聲明的是，我們只探討改制的理論問題，對於改制的外圍影響，不予論述。藉「改制」而倡導政治改革者，即使其理論有衝突或不一致，亦無損其影響力；有無影響力不一定取決於其理論的完美與否。所以一致的理論未必有影響力，不一致的理論可能有極大的影響力，這些改制理論所發揮的影響力，相對於其理論的探討而言，比較外圍，不是我們研究的目標。我們只是著眼於內部，探索其理論是否一致；這是我們研究董、劉改制理論的態度。對於董、劉改制理論的評價，也是秉持這樣的標準。

由於對劉氏《春秋》制的討論，實際上已經透露出他對改制的大部分看

法，這一章便主要闡發董氏的改制理論，雖然不是節節對比，但以劉氏《春秋》制的理解爲對照，即可以看出董氏不同於劉氏的改制特色。

第二節　董仲舒改制說的重新思考

董氏是《公羊》學史上，比較系統提出《春秋》改制的第一人；他的言論俱見《春秋繁露》（以下簡稱《繁露》）。對於董氏的改制，徐復觀先生認爲：

> 改制一詞，可能即由董仲舒所創造。但若以「改制」即是改革禮制，則在歷史事實與孔子思想中，是可以導出來的觀念。孔子對歷史發展的看法是「殷因於夏禮，所損益，可知也。周因於殷禮，所損益，可知也」（《論語・爲政》）……既在繼承之中，有所損益，其所損所益，即可稱爲改制。但這不同於仲舒所說的改制。（《兩漢思想史》卷二，頁 347-348）

徐先生不認爲董氏的改制，是指對舊有制度的損益。他此下便以〈三代改制質文〉爲主，論述它和孔子改制的不同。徐先生認爲此文的要點有三：

> 一、以建子（以十一月爲正月）、建丑（以十二月爲正月）、建寅（以十三月爲正月）爲三正。夏商周三種曆法的正月，有建子、建丑、建寅之不同，故謂之三正，即是三種時間不同的正月。二、以子、丑、寅，爲天地人，故謂建子爲天統，建丑爲地統，建寅爲人統。於是三正亦稱「三統」。又將赤白黑配上子丑寅的三正、三統，故建子的天統亦稱赤統，建丑的地統亦稱白統，建寅的人統亦稱黑統。「易服色」的服色，是各隨赤白黑三統之色。夏建寅，爲人統黑統。殷建丑，爲地統白統。周建子，爲天統赤統。三、再將質文配到三統的更迭中去，而認爲「一商一夏，一質一文。商質者主天，夏文者主地，《春秋》者主人，故三等也。」……總結的說，由《公羊》以瞭解《春秋》，可斷言仲舒的改制思想，爲《春秋》所無。三正有歷史之依據，而未爲《春秋》所明言，亦爲《春秋》所不必言。至由三正所孳生出之天地人及黑白赤的三統，斷爲《春秋》所不許。（同上，頁 348-349）

董氏此文，常是學者論及董氏改制說的主要、甚至惟一依據。學者的引用，多數只爲說明董氏爲了彰顯王者受命，是以在正朔、服色、居處等方面有所

改易，以示和前朝不同；這是王者受命的改制。徐先生也認為董氏提出改制，目的是為了彰顯王者受命，「依仲舒的說法，孔子既經受命，即以《春秋》當新王……則《春秋》便應當改制，因為『王者必改制』以『應天』。」（同上，頁 346）徐先生對董氏改制說的闡述，基本上代表了大多數人對董氏改制的理解。至於他認為受命改制，不同於孔子，這是我們可以接受的。但他對董氏此文的分解，只著重在受命改制上，董氏有無一般禮制的改制，沒有著墨，這就容易使讀者以為：董氏此文只談受命改制，而與一般禮制改易無涉，由此以為董氏除了受命改制之外，對一般禮制沒有改革損益的觀念。

然而，我們認為對董氏的改制，必須作兩點區分：一、不能以董氏的「王者受命的改制」（某一特定範圍內的改制），概括為這是董氏對「所有制度改革」的普遍看法；後者的改革範圍，遠大於前者。二、不能把〈三代改制質文〉看作是一篇全講王者受命改制的文章，與一般禮制的改革完全沒有關係。講到改制若只提董氏王者受命的改制，便都會模糊了以上兩點區別，而易使人對董氏的改制產生誤解。徐先生的文章有意無意之間，也出現這種情況。

這一節先証明董氏的改制，不止單指〈三代改制質文〉中「王者受命」的改制而已。王者受命改制，只是取得對一般禮制改革的合法權力的第一步。至於論証〈三代改制質文〉不是專講王者受命改制的文章，它和一般禮制改革也有密切的關係，則見下一節。我們先從〈楚莊王〉中的一段，開展董氏對受命改制，和對一般制度的看法：

> 今所謂新王必改制者，非改其道，非變其理，受命於天，易姓更王，非繼前王而王也。若一因前制，修故業，而無有所改，是與繼前王而王者無以別。受命之君，天之所大顯也……今天大顯已，物襲所代，而率與同，則不顯不明，非天志。故必徙居處，更稱號，改正朔，易服色者，無他焉，不敢不順天志，而明自顯也。若夫大綱，人倫道理，政治教化，習俗文義盡如故，亦何改哉！故王者有改制之名，無易道之實。（頁 17-19）

〈三代改制質文〉中對王者受命改制，有更具體和詳細的描述。不過，所以必須改制的道理，和這裡所說沒有不同，都是為了彰顯承受天命這個事實。結合兩篇，可以看出受命改制所需要改的，主要有正朔、稱號、服色等。至於人倫政道是不可改的，必須盡如故。按照董氏只有道不可易的說法，那麼可以推知，人倫政道是屬於道的範圍。可是不能忽略的是，人倫政道的表現

需要禮制的配合，沒有禮制，無法表現人倫政道。董氏「有改制」「無易道」的觀點，其實顯示出表現人倫政道的一般禮制，應該也在可改的範圍內。只要人倫政道的意涵不變，則禮制的改易，不表示人倫政道的道改變了。可是若把「有改制」「無易道」的意思，限制在王者受命，董氏的改制就不能用到一般禮制上，而只能解為王者受命的改制了。可見對董氏改制的理解不同，會使可改的範圍產生差別。不過，至少確定受命改制部分的「道」和「制」這兩個名詞，董氏顯然有分別。「今所謂新王必改制者，非改其道，非變其理」句，粗略言之，即說明制度可改，而制度所代表或蘊涵的禮意（道、理），絕對不可隨改制而更易。從這看出，禮制的改易，不必然涉及道的改變。至於這個區分是否適用於一般禮制，是我們要探討的焦點之一。它涉及到我們對董氏改制的理解，而要說明這些，必須先集中闡明董氏「道」的意涵。透過對「道」的理解，才可以進一步全面掌握董氏的改制觀念，也才能確定「道」、「制」之別的範圍和意義。事實上，從治天下的角度去看，董氏的「道」，不是泛言的禮意，它是改制的根本。

　　我們從董氏論述聖人制作的觀點談起，〈考功名〉云：

> 聖人致太平，非一善之功也。明所從生，不可為源；善所從出，不可為端。量勢立權，因事制義。故聖人之為天下興利也，其猶春氣之生草也；各因其生小大，而量其多少。其為天下除害也，若川瀆之寫於海也；各順其勢傾側，而制於南北。故異孔而同歸，殊施而鈞德；其趣於興利除害，一也。是於興利之要，在於致之，不在於多少；除害之要，在於去之，不在於南北。（頁 177-178）

這段話，是董氏對聖人制訂權法及禮義原則的說明；目標是為了「致太平」。他認為聖人會因應所面對的實際狀況，作出各種不同的應對。衡量不同的情勢，訂立不同的權法；隨應不同的事件，制作相應的禮義。具體的措施或制度，只要它能夠達到興利或除害的目的，禮制的種種差別可以不論。可見聖人所面對的事態雖各有不同，但運用因應原則卻是相同的。而運用這原則的惟一目的，是為人民謀福利，使天下太平。這就是「異孔而同歸，殊施而鈞德」所指，也就是「天下無二道，故聖人異治同理」（〈楚莊王〉，頁 14）的意思。所以致力於同一目的，必然隨之建立不同的禮制。這些禮制，都能相應於聖人所面臨的時代處境，而達到興利除害的目的。董氏把聖人能夠因應實況，使太平的目的實現者，稱之為「道」，而具體使道實現的是仁義禮樂，它們是「道」的資具：

道者，所繇適於治之路也，仁義禮樂皆其具也。(〈賢良對策一〉)

〔註1〕

道不等同於禮制，禮制是道的資具，不是「道」本身。由「道」和禮制的相
對關係看，道毋寧是仁義禮樂等資具的指導方向或原則。如上所說道是「禮
意」，意思可能較籠統，也無法指出一個整體方向。道，當從治天下的角度說，
它是「達到德治的原則」，統攝所有禮制，使它們朝此方向。這是道，最抽象、
最高層次的意思。在其餘地方，「道」有時指具體的禮制。這是因爲這些禮制
惟一的功能，就是負載「道」，寬泛言之，便以其功能概括其所載的道，也稱
爲「道」(詳下)。這二者依據上下文，可以得到明確的判別。爲了區別，我
們稱呼前者爲德治原則，和這原則結合的禮制，統稱爲資具。必須聲明的是，
資具意義的道，嚴格而言是指符合德治原則的禮制，而不是凡禮制就可稱爲
道。當我們不得不分別看待，以便討論時，道的這兩種意思，簡稱爲道的雙
重意涵，即道（原則）和道（資具）。這兩種意涵，在本論文中都是被嚴格限
定的用法。所以，資具意義的道和普通禮制，即未和德治原則結合者，也要
分開。這三者的關係，簡略言之，是以道（原則）統攝禮制的方向，使道（資
具）實現，達到德治。德治原則是目的，制度從屬於它，是它決定制度是否
可稱爲道。當制度不符合德治原則時，可以批評它不是道，或違背道。以上
只是對道（原則）和禮制之間的初步闡述，兩者之間其實還有比較動態的關
聯。以下的論述，在確定這種關係的同時，也進一步使「道」的雙重意涵得
以確立。

從董氏引歷史的實例，對道可做更詳細的說明：

樂而不亂，復而不厭者，謂之道。道者，萬世亡弊；弊者，道之失
也。先王之道，必有偏而不起之處，故政有眊而不行；舉其偏者以
補其弊而已矣。三王之道，所祖不同，非其相反，將以捄溢扶衰，
所遭之變使然也。(〈賢良對策三〉)

可以萬世無弊的道，自然是「達到德治」這個原則。由於只是一原則，必須
靠禮制去表（實）現，否則只是一個空理、空道，不會產生現實上的弊端。
只有具體的禮制爲實現它而存在時，才會出現問題。弊端出於因應的制度不
能配合「達到德治」這個原則。換言之，禮制必須配合道（原則），才可達到

〔註 1〕 賢良對策又稱「天人三策」，是董仲舒對漢武帝三個有問天、人關係疑問的答
覆；載《漢書·董仲舒傳》，鼎文版頁碼爲 2495-2523，不另標明。

－76－

德治。因此，一個前代的好制度，在當代若無法適應新時勢，它就不是一個好制度。一個當代的好制度，在下一代無法因應新時勢，也是如此。制度的好壞，須看它能否在當代發揮功效而定。不管是繼承，或在當代制作一禮制，如果它無法因應時勢，以致不能配合德治原則，就是「道之失」，即道（原則）的喪失，或違背了道。

以上引文引出兩個問題，有助於証明道的雙重意涵。一是道既是萬世無弊的，但先王和三王的道，一個有偏而不起之處，一個又可以捄溢扶衰。這是否先王違背了道（道之失）；而三王的道是否各自有弊（道之失），以致不得不相互捄溢扶衰。若道已失，為何又可稱之為先（三）王之「道」？二是「三王之道，所祖不同」，然而這不同，又非易道；因為王者無易道之實，是以應該是同一個道。然而，為何所祖的不同的道，又可以是同一個道？

這兩個問題，若把先（三）王之「道」解為「德治原則」，不免扞格難通。就第一點而言，可以偏而不起、捄溢扶衰的道，必屬經驗事實，而不是抽象原則。至於第二點，三王能夠應變化而制作相應的禮制，各自可以達到德治，顯然不能說他們違背道（原則），道之失也就套不到他們頭上。而他們所祖的「道」不同，卻可捄溢扶衰，它自然不是德治原則，而是資具意義的「道」。這個意思是說，三王之道（資具）所祖雖不同，卻是運用相同的道（原則），去面對各自不同的變化而制作出來的，實現了德治的目的。由於時勢不一，禮制性質也就顯示出忠質文之別了。如果在先（三）王之時，其禮制當然都能配合德治原則，都可稱為道，沒有「道之失」的問題。可是這裡卻有先（三）王之道偏而不起，或捄溢扶衰的說法。董氏之意是說，後世時勢既然不同，前代符合德治原則的好制度，如今自然不合了。如果完全因襲前代制度，就有所謂「道之失」的情況出現。這就需要在禮制上舉偏補弊，捄溢扶衰，也即是有所損益，才能使禮制符合德治原則，實現德治。損益是使禮制在德治原則的統攝下，符合每一時代的時勢。「所謂損者，前代之禮制積久弊生，將其不合時代需要之處損去；所謂益者，根據時代之需要創造新禮制，使其能夠滋養安頓群生」（蔣慶《公羊學引論》，頁150）它是針對禮制，不是針對德治原則，所以說道（原則）不變。這不變不是指禮制不變，反而是一般禮制都該順應不同時勢而改易，才可維持道（原則）的不易。

是以由道的說明，可連接到董氏對損益的看法。他說：

> 故孔子曰：「亡為而治者，其舜虖！」改正朔，易服色，以順天命而

已，其餘盡循堯道，何更爲哉！故王者有改制之名，亡變道之實。然夏上忠，殷上敬，周上文者，所繼之捄，當用此也。孔子曰：「殷因於夏禮，所損益可知也；周因於殷禮，所損益可知也；其或繼周者，雖百世可知也。」此言百王之用，以此三者矣。夏因於虞，而獨不言所損益者，其道如一，而所上同也。道之大原出於天，天不變，道亦不變。是以禹繼舜，舜繼堯，三聖相受而守一道，亡救弊之政也，故不言其所損益也。繇是觀之，繼治世者其道同，繼亂世者其道變。今漢繼大亂之後，若宜少損周之文致，用夏之忠者。(〈賢良對策三〉)

這段話重點有三，一是認爲孔子有關三代禮制損益的觀點，可作爲百王損益的借鑒。二是堯舜禹三聖之「道」，不管是德治原則或資具意義都相同，其所改制只明受天命而已。三是提出「繼治世者其道同，繼亂世者其道變」的結論，以支持他的改制觀點。

從第二點，可以對之前「王者有改制之名，亡變道之實」的說法，得到更確切的理解。董氏這句話是提到堯舜三聖的繼承之後說的，最後以爲此三聖的繼承，作爲原則和資具意義的道都一樣，因爲他們的時勢相同（治世），彼此之間才沒有禮制上的救弊損益。從上下文間，這句話適用的對象，只是三聖而已。換言之，改制只是爲了彰顯受命，在董氏言，歷史上只有三聖間如此；三聖以下的改制，不可能只是彰顯受命，而是涉及了禮制的改革。第一、三點的提出，可以繼續說明這個論點。

在第一點，董氏以爲夏商周三代損益之道，才是現實中的百王（按百王當指後世君主）要取資的大法。不得不採用損益方式的原因，和第三點，即他對古今之治、繼承之理的看法，緊密相關。第三點應是董氏對比歷史和現況中的政治得出的結論。董氏認爲治世的繼承只限三聖，自此而後時變勢異，禮制的損益成爲王者必然的使命。漢承大亂之後，更應如此。惟有依循時勢來制作或損益禮制，才有可能和德治原則結合，達到治世。

從三聖之後的王者看道的繼承，這個道只能是德治原則。這並不是表示，後世無法實現禮制和德治原則結合的道，只要禮制可以配合，一樣能夠實現。從這可知受命的改制，只是改制的第一步，它隱含了要在此基礎上，再實際改革舊制的意思。除非兩代之間的時勢，和三聖一樣，沒有太大變化，以致可以稱爲繼治世的才可能。但從董氏的言論得知，這種治世繼承，大概不可

得了。連帶欲達到治世的目的來理解，禮制損益便含蘊了後世對治世不懈的追求；這才是董氏對政治改革比較重要而全面的看法。這樣，凡董氏提到損益，便自然包含了要達到德治目的在內，反之亦然，兩者是一時並起的。時勢、禮制損益、德治原則三者，其關係是如此的：時勢是損益不得不然的原因，損益是為了實現德治原則，而不得不如此的結果。我們以下凡說到損益，便包含了對時勢的考量在內，也含蘊了達到德治的追求。

討論到這裡，對董氏的道可以總括為「一以禮制損益為主要方法，達到德治為目的的原則」。這其間道（原則）、制的關係，是動態的，隨時勢不斷調整的。這種動態關聯才使道（原則）和禮制一直得以結合，也就是使資具意義的道，不斷實現（等於德治的實現）。從這區分中，我們亦可較輕易的，分辨董氏在其他地方所提到的道的意思。例如對「道之大原出於天，天不變，道亦不變」，以及「繼治世者其道同，繼亂世者其道變」的道的理解，我們認為第一句的道，若是單指禹承舜堯而言，此道是雙重意涵。若抽離上下文，依董氏對「道」的限定，只可說它指達到德治的原則，不指道（資具）。第二句的道，前者是雙重意涵，「道變」只能是指資具的道，由於包含了禮制在內，所以它是可以損益的道。否則和「無易道之實」及「道亦不變」原則性的道不符。

這一節的論點，証明了董氏的改制，不限於形式的受命改制。受命改制只是董氏改制理論中一特定用法，用以彰示受命，取得改革禮制的權力而已。也從論証董氏區分了道（雙重意涵）、制，而確定他對一切禮制，基本上持損益的觀點，而以「三代」代表了損益的必然。

第三節 三統和四法

〈三代改制質文〉（見蘇輿《春秋繁露義證》，頁 183-213）是董氏集中談論改制的文章，它不但論及一般禮制改革，而且是運用一個精細的結構來展現。為了論述方便，我們把單純彰顯受命的改制，稱為「形式改制」，不在此限內的一般禮制改革，稱為「實質改制」。

從這篇文章前大半，若按照一般觀點，似乎只看到比較屬於形式的改制，即禮制的更易，只為彰顯受命，不是前代的制度有不合時勢的地方而要進行改制。文中提到受命後所改之制，舉其重者言之，就是「改正朔，易服色」，

值得注意的是，這種改制是套在三統的循環中被強調出來的；每一受命的王者，都得在三統的框架內進行改制。今試舉一統（黑統），以見梗概：

> 三正以黑統初，正日月朔於營室，斗建寅。天統氣始通化物，物見萌達，其色黑。故朝正服黑，首服藻黑，正路輿質黑，馬黑，大節綏幘尚黑，旗黑，大寶玉黑，郊牲黑，犧牲角卵。冠于阼，昏禮逆于庭，喪禮殯于東階之上。祭牲黑牡，薦尚肝。樂器黑質。法不刑有懷任新產，是月不殺。聽朔廢刑發德，具存二王之後也。親赤統，故日分平明，平明朝正。

其餘白、赤二統，其文章結構，如點明正朔的改易，以及禮制的排列秩序等都相同。三統的主要區別是正朔、崇尚顏色（白統崇尚顏色為白，赤統為赤）及禮制內容的不同；而其重點尤在指出正朔的改易，以及顏色的不同，這完全符合「改正朔，易服色」的綱領。其中還提到一些禮制，有冠禮、婚禮、喪禮，以及刑法上某一點的規定。不同的統，在禮制的內容上有分別外，在禮制進行時，方位、犧牲以及祭祀所薦的祭品（即薦）亦有差異。但談到的禮制其實不多，涵括範圍並不大。總括而言，正朔、顏色、禮制等種種不同，目的在彰顯承受天命，透過這表示具備了改變上一代禮儀的權力，而禮儀的改換是使承受天命的事實具體化。我們稱這類型改制為形式改制。

文章後半，比較明顯看到不限於彰顯受命的主張，他說：

> 周爵五等，《春秋》三等。《春秋》何三等？曰：王者以〔蘇輿：以，疑作之〕制，一商一夏，一質一文。商質者主天，夏文者主地，《春秋》者主人，故三等也。

董氏接著提出了以商夏質文四者組成的循環模式，循環中的內容，主要是文質的嬗變。這種文質循環，以天、商、質為一組（即天只和商、質配），以地、夏、文為一組（即地只和夏、文配），各自配成四套王者禮制的循環模式，即「主天法商而王」、「主地法夏而王」、「主天法質而王」、「主地法文而王」，稱為四法：

> 主天法商而王，其道佚陽，親親而多仁樸。故立嗣予子，篤母弟，妾以子貴。昏冠之禮，字子以父，別眇夫婦，對坐而食。喪禮別葬，祭禮先臊，夫妻別昭穆位。制爵三等，祿士二品。制郊宮，明堂員，其屋高嚴侈員。惟祭器員，玉厚九分，白藻五絲。衣制大上，首服嚴員。鸞輿尊，蓋法天列象，垂四鸞。樂載鼓，用錫舞，舞溢員；

先毛血而後用聲。正刑多隱，親戚多諱。封禪於尚位。

主地法夏而王，其道進陰，尊尊而多義節，故立嗣與孫，篤世子，妾不以子稱貴號。昏冠之禮，字子以母，別眇夫婦，同坐而食。喪禮合葬，祭禮先享，婦從夫爲昭穆。制爵五等，祿士三品。制郊宮，明堂方，其屋卑污方，祭器方，玉厚八分，白藻四絲。衣制天下，首服卑退。鸞輿卑，法地周象載，垂二鸞。樂設鼓，用纖施舞，舞溢方；先享而後用聲。正刑天法，封壇於下位。

主天法質而王，其道佚陽，親親而多質愛。故立嗣予子，篤母弟，妾以子貴。昏冠之禮，字子以父，別眇夫婦，對坐而食。喪禮別葬，祭禮先嘉疏，夫妻昭穆別位。制爵三等，祿士二品。制郊宮，明堂內員外橢，其屋如倚靡員橢。祭器橢，玉厚七分，白藻三絲。衣前長衽，首服員轉。鸞輿尊，蓋備天列象，垂四鸞。樂程鼓，用羽籥舞，舞溢橢；先用玉聲而後烹。正刑多隱，親戚多赦。封禪於尚位。

主地法文而王，其道進陰，尊尊而多禮文，故立嗣與孫，篤世子，妾不以子稱貴號。昏冠之禮，字子以母，別眇夫婦，同坐而食。喪禮合葬，祭禮先秬鬯，婦從夫爲昭穆。制爵五等，祿士三品。制郊宮，明堂內方外衡，其屋習而衡，祭器衡同，作秩機，玉厚六分，白藻三絲。衣長後衽，首服習而垂流。鸞輿卑，備地周象載，垂二鸞。樂縣鼓，用萬舞，舞溢衡；先烹而後用樂。正刑天法，封壇於左位。

從以上可看出這樣一套，主要涉及了繼承法、昏冠禮、喪祭禮、昭穆、爵祿、郊宮明堂形制、祭器、服制、鸞輿形制、樂舞、刑法、封禪等規範或規定。四套在這種結構排列上都相同，只是在禮制的具體內容上有異。在四套之中，有兩套主天，兩套主地；兩套主天的，其禮制的具體內容比較接近，甚至有相同的；兩套主地的，也是如此。差別較大的，是在主天和主地之間。譬如繼承法，兩套主天者都是「立嗣予子，篤母弟」，兩套主地都是「立嗣予孫，篤世子」，就可明顯看出，主天或主地的兩套相同，而主天和主地之間有別。至於每一套的具體禮制都不同的，譬如祭禮，每一套的祭祀內容都不同，主天法商者是「祭禮先臊」、主地法夏者是「祭禮先烹」、主天法質者是「祭禮先嘉疏」、主地法文者是「祭禮先秬鬯」。這是說在祭禮上，它們分別最先奉獻的是生肉、熟肉、稻米以及黑黍香草釀成的酒。

　　整體來看，四法的內容涉及之廣，不是改制受命的象徵禮制所能概括，它包含了一國所有重要的禮制。而對於這眾多禮制的性質，董氏主要從文質兩方面來加以描述。對四法的探討，就是論証四法的核心為文質，而其目的在呈顯文質嬗變的循環。以下首先解釋四法中所談到的其他名詞，即商、夏、天、地、陰、陽、親親、尊尊等，只是附加於文質的額外概念；突顯文質為核心的意思。其次，說明依第二節對董氏三代皆損益（實質改制）的理解，四法的結構，只是董氏以模式化的方式，表達實質改制的道理而已。藉著對四法結構分解，說明它（結構的安排）就是專為傳達文質嬗變的意思而設；並順此檢討人們對四法結構的誤解。由此，結合第二和第三節所論，應可澄清董氏的改制只有形式改制，以及〈三代改制質文〉只談形式改制的誤會。

　　文、質與夏、商的關係，似乎夏商乃文質在歷史上的代表，但夏商其實可以有兩方面的意義，第一是由於它們已進入歷史，因此具備供後世「取鑒而損益」的意義，文質的內容，比較限定在被後世所理解的、歷史上的商夏禮制的性質。第二是把它們看成是符號，單純代表文質。這是因為董氏的文質的概念，雖然從起源上來說，它們或許是對歷史上的夏商禮制性質的概括，但歷史的追溯，不等於後世只能在指涉夏商禮制性質時，才可使用文質這對概念。換言之，文質可以抽離對具體的夏商禮制的指涉，而在普遍的相對情況下，用來指稱夏商禮制以外的、兩種性質上有文質對立的禮制，這時文質便有了類似符號的特質。因此，任何朝代如果和前代對比，其禮制性質偏於文飾，就可稱文。對於質，也可作如是觀。

　　至於天地、陰陽、親親、尊尊，與文質的關係是：四法中凡「主天者」都是「其道佚陽」，以及「親親而多仁樸」或「親親而多質愛」，「主地者」都是「其道進陰」，以及「尊尊而多義節」或「尊尊而多禮文」。可見主天的，就是陽、親親；主地的就是陰、尊尊。我們權且舉天陽、親親，和商、質的關係為例，另一組可類推，不贅。主天者為陽、親親，陽乃由天引伸而出，是從天道的角度說明人事（即文質的禮制）的差異。親親由商（或質）引出，是商（或質）在政治上的各種制度的落實。因商（或質）的意義，實際上是有待人加以界定的，因此把它的內涵化為具體政治制度時，才使人明其所指（和文質對比而言，傳統上文質一詞是描述禮制性質的代表性詞語，夏商應是依附它們而附加的概念，詳下一段）。這種表現在政治倫理上是親親，再由此影響到相關的政統、政制的性質；這種種董氏統稱為「質」。同樣的，文的

情況也是如此。總的來說，天地陰陽等詞語和夏商一樣，只是從不同的角度詮釋文質的內涵，文質還是核心概念。

四法的關鍵概念爲文質，然而四法和文質的聯繫爲何呢？從四法的結構來看，四法的基本循環只有兩套，即主天和主地。可是董氏爲何要細分成四套，且結構雷同呢？閻步克先生認爲，這是董氏爲了「做更精巧的搭配，以神其說」（《士大夫政治演生史稿》，頁 303）。可是他也同意徐復觀先生對董氏的批評，那就是董氏企圖以文質和三統搭配，然而「三統有三，質文只有二」（按徐先生引四法爲例，說明文質的遞嬗），最後不止配不上，也造成了混亂。徐先生由此得出董氏的作法牽強，主張文質機械遞嬗的結論（《兩漢思想史》卷二，頁 350-351）；這是徐先生對四法和文質關係的見解。

可是如果延續第二節對董氏改制的論析，可知董氏認爲形式改制只存在於三聖之間，而「三代」這個名詞，在〈賢良三策〉是作爲損益的代表而被提出的。董氏以它和堯舜禹三聖治世的繼承對比，強調它是後世百王所應運用的原則；這是從歷史中得出的、一個指導後世改革原則的結論。這導致他對三代乃至其下的朝代，主張以損益爲方法，以達到德治爲目的的意思，極爲強烈。而從篇名和內文來看，都提到了「三代」，既在三代內講改制，又提到質文二詞，多少隱示出它不會單講形式改制。同樣的，四法是在〈三代改制質文〉的標題下被提出，便可以肯定它和三聖無關，而與三代相關；這是第一點。其次，從這篇文章看，在四法前董氏已提到三統，三統是比較單純談形式改制的，爲何還要再提出四法，重複講形式改制呢？更何況對損益（改制）的總體方向的判定，即朝那裡損益，是以文質爲判準的。如認定前朝過於文飾，則新朝當返於質；反之亦然。這兩點，比較外在的說明了四法的可能性質。以下直接進入第二點，分析四法的結構。

四法的核心是文質，而具體代表文質的是各種禮制，所以要表示「文質嬗變」，必須借助禮制內容的變化才能看出。然而，禮制內容的變化，卻不能單單一套就可以表現，單看一套，禮制只是靜態的排列而已。它必須藉著四套的對比，使其中的禮制差異（變化）呈顯，這樣才顯示了文質的嬗變；有了四套，才能看出「變」的意思。四法看似主要只有兩套，董氏卻要發展成四套，其故在於：兩套的變化不足，難以充分展現這種「變」，遂不得已擴充而爲四；藉著結構雷同，而禮制內容細緻變化的方式，文質嬗變的意思，當然極爲突顯。所以，「四套」的功用，即在展示禮制內容的改變。如果結合「四

法中的禮制代表所有禮制」的意思去看文質嬗變，那麼，這文質中的禮制內容上的「變化」，就代表了禮制可以有無窮變化的可能，這表示它們可以因應時勢無窮的「變」。禮制有實質的損益，才可以不斷和德治原則配合，而達臻德治。

此外，四法和「循環」的建立也有密切的關聯。四法有四，才能確切展現「循環」的意思。否則，只有兩套，不止不足以顯示禮制變化的「多方可能」，也難讓人有「循環」的感覺。「循環」被確立以後，董氏才可把王者納入這個循環內。所以，文章的最後，董氏各自從歷史中列舉出代表的王者，使每一王者和每一套配合。「主天法商而王」的代表是舜，其餘按歷史先後，禹是「主地法夏而王」，湯是「主天法質而王」，文王是「主地法文而王」。〔註2〕這樣的作法，目的只為強調歷史上的王者，也是依循這個循環進行禮制損益的。換言之，四法的套數有四，才能建立比較明確的循環，而循環之所以重要，是可以對王者必須以禮制變化（損益）應時勢為使命的目的作出強有力的規範。

由於董氏極強調三代乃至其下的朝代，須以實質改制達到德治，在這種情況下，再把四法看成受命改制實不合理，對四法的所謂不一致（徐先生以為三統必須和四法中的文質配，仍不脫把四法看成形式改制的觀點，其實不是如此，四法和三統當為兩套，對應不同的改制），便可以換一個立場，從董氏「所以要模式化的企圖」，以及組成此一模式的關鍵概念，乃至這些概念的分佈和彼此間的連繫，去對四法作一個詮釋，會產生不一樣的結果。人們往

〔註2〕〈賢良對策三〉中董氏以為堯舜禹三聖是治世相繼，是以只有形式改制，一般禮制不需改革；而我們原為証明，四法是董氏專為講明一般禮制改革的，現在卻舉出舜禹的文質也有不同，這是否說舜、禹之間的繼承，也有一般禮制的改革？如果是，那就和第二節的論証不符；如果不是，而舜、禹卻出現在我們論証一般禮制改革的四法中，那麼，証明四法是董氏講一般禮制改革的論點，便會動搖。事實上，這個問題可以分開來看，當然關鍵還是對文質這兩個詞語的使用問題。文質是描述禮制整體性質的，它同時可以描述實質或形式改制中的禮制。董氏說舜、禹有文質遞變，這是指形式改制中的文質性質；這種嬗變，只是藉象徵性的禮制，表示帝王之道各不相襲而已。換言之，「三聖之間只有形式改制」是強勢概念。而且，對於董氏在四法中，舉出舜、禹為代表，還有兩個原因，一、董氏設計出這四法，若要找出歷史上切合的聖王的實例，由周往上推其餘三王（秦不被承認是聖王的典範），自然不能不提到舜、禹。這是聖王之數目過少，而不得不然，以致出現看似不一致的情形。第二個原因是，董氏強調三聖以下不得不進行一般禮制改革的意思，遠強於只是形式改制，之前的論証已足以支持這一點。是以若非三聖，那文質的意蘊，便不能限於描述形式改制的禮制，而是擴及到一般禮制的改革。

往因爲只瞭解董氏的形式改制，結果導致對這套模式無法理解，而單著眼於其窒礙難通處了。

如果結合前面董氏道（原則）、制的動態看法，去解釋這模式，或許比較可以接受，模式化只是董氏的表現方式，而不是説他的改制就是如此僵化。換言之，董氏對禮制的一般觀點，原就以爲它隨著王者的不同、時代的差異、情勢的異同而有分別。他以爲王者所相繼而不變之「道」，只是一以損益爲主要方法，達到德治爲目的的原則，不是制度不變就是道。對道具備這樣強烈的界定，才可能不斷強調制度改革的重要。如果固定的照著循環來進行改制，則制度已被限定，就和他的損益觀念不符了。孤立地去看四法，沒有參照他對損益改革的看法，就易以機械化解之了。從董氏此文刻意要求結構的嚴整，我們寧願説，這是表現爲模式化後的僵固，而非主張質文嬗變一定那麼固定。這是過度希望以結構表現文質的循環損益，而無法兼顧內容不得不受結構的影響，顯得機械。這樣的解釋，或可鬆動「模式的固定化」，就等於「改制非如此僵化不可」的説法。當然，我們在此作了抉擇，從〈三代改制質文〉的過度結構化傾向，而不主張單純以它來解讀董氏的改制思想。我們認爲他的道（原則）、制的動態觀點，是籠罩性比較強的觀念，代表了他對改制的主要看法。從這回頭看這篇文篇，而不以機械作結，則它的確集中説明實質改制的所有觀念。這也是爲何董氏對四法的循環，會下這樣的結論：

> 四法修於所故，祖於先帝，故四法如四時然，終而復始，窮則反本。

四法由古代帝王所傳，前代帝王亦沿續這個傳統，這顯示四法是治國經驗的傳承。至於「終」而復「始」，「窮」則反「本」，兩句明顯和受命改制的情況不同。三統的受命改制，雖然也是一個循環，但此循環之所以轉動，是因爲天命更換，和循環本身終、窮的情況不同。四法的終、窮，是就禮制變化而言。禮制變化和循環有密切關聯：禮制變化不斷，轉動才不停；同樣的，循環轉動不停，表示禮制變化不斷。終、窮是指禮制的項目或內容變得僵固了，沒有法子對應時勢之變。「始」和「本」指對應時勢、損益禮制而重新使循環「開始」，或回到禮制能繼續變化（損益）的「根本」，都是以禮制損益爲軸心。簡言之，董氏這個結論是説，若禮制出現弊端（終、窮），就從四法中依文質的原則互補，使它重新開始（這是偏重在指循環的啓動），回到根本（這是偏重在指內容上接近德治）。

這樣的四法，它充分展現董氏道（原則）、制動態結合的觀念。一方面顯

示損益爲方法（制度的內容或項目可變易），一方面顯示達到德治的原則（也是損益的目的）不可變（道不變）。這其中其實含蘊了，正因爲制度的變易，而維持了德治原則不變的細微意思。換個說法，即德治原則的維持或實現，須靠禮制不斷變化來達到；這是改制不得不然的原因和動力。若它不能變易以應時勢，則德治的目的就達不到了。反過來也可說，一直高懸的德治原則，使制度的改革成爲可能，它使禮制爲了實現它，不得不因勢而變。

三統和四法雖然同有模式化的結構，但對比之下，也有明顯不同的地方。其中最關鍵的有三，一是董氏在三統之前已明言，這是爲了彰顯受命而設；二是三統沒有文質的籠罩；三是它所對應的禮制範圍，極爲狹小。因此，我們看三統所談的禮制項目，不止比不上四法，而且更重要的是它較具濃厚的象徵意義，意即禮制變化只爲對應政權的轉移，而不是對應時勢而變化；這都是由於不同的設計而造成的結果。

四法既指實質改制，則在〈三代改制質文〉起始部分，董氏已提到形式和實質改制，同爲王者使命：

> 《春秋》曰：「王正月。」……何以謂之王正月？王者必受命而後王，王者必改正朔，易服色，制禮作樂，一統天下。所以明易姓，非繼人，通以己受之於天也。王者受命而王，制此月以應變，故作科以奉天地，故謂之王正月也。王者改制作科奈何？曰：當十二色，歷各法而正色，逆數三而復，紬三之前，曰五帝，帝迭首一色。順數五而復，禮樂各以其法象其宜。順數四而相復，咸作國號，遷宮邑，易官名，制禮作樂。

「逆數三而復」是指正朔的改易規則，這是指形式改制部分，至於五而復，指順著五行次序的運轉而選擇所崇尚顏色；「順數四而相復」，指四法的循環。〔註3〕可見在形式改制之後，王者的使命並未就此結束，連帶的四法（實質改制）也包括在內。董氏緊接提出具體例子說明，這個說明順著三而復、五而復、四而復的秩序：

〔註3〕〈三代改制質文〉中另有：「故王者有不易者，有再而復者，有三而復者，有四而復者，有五復而者，有九而復者。明此通天地、陰陽、四時、日月、星辰、山川、人倫，德侔天地者，稱皇帝，天佑而子之，號稱天子。」不易者是指無易「道」的「道」；再而復者，指文質；三而復者爲正朔，四而復指四法，五而復指五帝，九而復指九皇。可見王者的天職，原本就含有這些，王者改制更不會只停留在受命這一點上。

> 湯受命而王，應天變夏，作殷號，時正白統，親夏、故虞、絀唐，
> 謂之帝堯，以神農爲赤帝。作宮邑於下洛之陽，名相官曰尹。作濩
> 樂，制質禮以奉天。文王受命而王，應天變殷，作周號，時正赤統，
> 親殷、故夏、絀虞，謂之帝虞，以軒轅爲黃帝，推神農以爲九皇。
> 作宮邑於豐，名相官曰宰。作武樂，制文禮以奉天。

商周最後一作質禮，一作文禮，都是在形式改制之後提出，不在三統之內。
文質的意義，應和四法中的文質相同。這樣一來，可以確定在這篇文章一開
始，董氏所説的改制，便包含了形式和實質兩部分。若把它看成專談形式改
制，那應該是個莫大的誤解。這兩部分雖然所改的範圍不同，卻同樣是王者
必然的使命。而相對於形式改制，實質改制有更實際的意義。且依第二節所
述，堯舜禹之後，便是以損益改制爲則。如今這篇文章開頭所舉的王者，都
是禹及其下的王者，改制當然不可能只是彰顯受命，形式改制被定位爲實質
改制的基礎；這是我們對董氏改制説的結論。

綜合這一節所論，我們的結論有四，一、三統是表現形式改制的模式；
形式改制，指彰顯王者受命的制度變易。這些制度，相對於一般禮制而言，
較屬於象徵性質。二、四法是表現實質改制的模式，指依時勢而對一般禮制
作損益或改革；時勢是考慮進行損益的惟一依據。實質改制以德治爲目的，
因此説到四法，其實也包括德治目的在內。三、至於形式改制和實質改制的
關係，是前者乃後者之所以可以成立的條件。沒有這個條件，實質改制不止
名不正言不順（在理論上不能），而且等於實際上無法進行損益（在實際上不
可施行）。由於依董氏，三聖之後的時勢都不同了，因此形式改制在這可説是
實質改制的充分條件。這是説有了形式改制，必然有實質改制，無它便肯定
沒有實質改制。但就實際產生的作用和影響而言，實質改制的重要性，遠大
於形式改制。畢竟彰顯王者受命的改制，其目標還是爲了有一個合法的依據，
以便推行實質改制。四、「改制」一詞，可有兩種意思，一是兼指形式及實質
改制；二是專指實質或形式改制。

第四節　《春秋》與改制

前面兩節集中論述董氏的形式和實質改制，比較沒有辦法看到它們和董
氏公羊學的直接聯繫，這一節便以前兩節所論的內容爲基礎，藉此闡明《春

秋》和改制的關聯。由於董氏提出《春秋》當新王，成爲新的一統，因此我們擬從三統的角度，分兩個步驟來探究。首先，從三統的成員組成中，得知進入三統的條件，是這些成員都「追求（或實現）王道」，而董氏認爲《春秋》能成爲三統的成員之一，也是因爲它表現了這種特質。其次，藉由春秋當新王的說法，闡述《春秋》與王道、改制的關係。透過這些，最後可以讓我們瞭解到董氏所界定的《春秋》性質，連帶的使我們對董氏所說的新王、王魯有更貼切的理解。

董氏的損益，以達到德治爲目的；而且強調惟有損益才可達到德治。三統中的成員是夏商周三代，就代表了董氏這個看法。因此若某朝沒有這種損益的特質和影響，譬如秦朝，便不予進入。從這看，三統的提出，實是鼓勵君主成爲追求、實現德治的王者，使其能進入歷史循環，而影響及於後世。因此，公羊家的通三統，在某個意識上認爲每一個朝代，在政治上都有可資借鑒的地方，其實是由這裡引伸而出的。三統的內容本身，沒有展示禮制損益的道理，但從可以進入三統的條件來看，它也是董氏強調損益以臻德治的間接結果。對進入三統的成員有這個價值判斷，這使三統帶有濃厚的價值意味，而不單純是任何王者都可進入的循環。而「德治」一詞，若用董氏常用的名詞，即是「王道」。綜合以上意思，這是說三代及其下的王者，必須依損益才能實現德治，而當這些王者依此成爲三統成員時，便決定了三統的性質，是一個「藉損益追求（實現）德治的王者之形式改制的循環」，其中「藉損益追求（實現）德治」是進入此形式改制循環的條件。所以，表面看，三統雖是形式改制的循環，但由於它有這種先決條件，這就使三統內的每一成員，都是爲「示範」改革禮制以達德治而存在。

所以，董氏以外的公羊家，運用三統來說明改制時，除非他有不同的定義，否則我們還是認爲他所指的三統，一樣具備董氏所界定的三統特性。這樣，某公羊家對損益的看法，當然會直接影響到三統的性質了。這是說若他的損益看法和董氏不同，但是他的三統說卻採取董氏的界定，這就會產生不一致。因爲董氏的三統，是和其損益看法結合在一起，才具備目前這種特色。此外，不能忽略的是，對三統所持的看法，會決定其成員的性質，這是連帶而來的密切關聯。例如董氏的三統性質如此，而當《春秋》成一統時，才使《春秋》的改制性質得到彰顯。而若某家的三統，不強調禮制損益，則即使《春秋》成一統，其改革性質也不因《春秋》成爲三統成員而被突顯。反過

來說也一樣，若三統內的成員，它的損益特質不明顯，那麼即使他的三統和董氏相同，也會因為其成員的緣故，而削減三統示範王道的說服力。兩者是相互影響的：相互加強或相互削弱。

另外值得一提的是，《春秋》作為一統，和夏商周三代有明顯不同處，是當它成為新統之後，三統的循環就停止了；這是《春秋》成一統對三統的影響。現實世界中的朝代循環，即使符合進入三統的條件，後世公羊家卻沒有把它納入三統，公羊家談三統循環，只講到《春秋》為止。《春秋》是經，可以一直存在，這或許是造成後世三統循環不轉動的緣故。但或許董氏對《春秋》的認定，是造成它導致三統循環終止的更根本原因，因為按董氏之意，《春秋》所涵蘊的王道，和聖王完全相同（詳下），可是由於聖王的治國原則已散佚，只有《春秋》以文字的記載保存完整。這樣不止《春秋》的價值和地位因而大大提高，更因它是保存聖王治國綱領的惟一經典，這才令標舉藉損益臻德治的三統循環終止，使《春秋》對王道的示範成為永恆。這是董氏以《春秋》成一統後，對後世《公羊》學說三統、新王的影響。

透過對三統特質的闡析，當可經由此而對董氏心目的《春秋》特質，有概略的瞭解。因為董氏認為《春秋》可以成為一統：

> 《春秋》應天作新王之事，時正黑統，王魯，尚黑，絀夏、親周、故宋，樂宜親招武。（《繁露・三代改制質文》）

而依我們之前的討論，這自然是因為《春秋》符合進入三統的條件，也就是它體現了王道的緣故。由於《春秋》是一本經書，因此我們不以追求（實現）描述它，而是用和「展現」或「體現」相似的詞語。以下我們轉入第二點，即闡明《春秋》和王道的關係。

第二節曾提到董氏道的雙重意涵，即道指德治原則，也指與道（原則）結合的禮制，即道（資具）。我們在這有時為了順應董氏的言論，而使用王道一詞，但可以確定的是，「道」和現在董氏提出的「王道」，都有同樣的雙重意涵，他也曾說「道，王道也」（《繁露・王道》，頁 101）。以下引文，先說到《春秋》所繼承的道（原則），他說：

> 《春秋》之道，奉天而法古。是故雖有巧手，弗修規矩，不能正方圓；雖有察耳，不吹六律，不能定五音；雖有知心，不覽先王，不能平天下。然則先王之遺道，亦天下之規矩六律已。故聖者法天，賢者法聖，此其大數也。得大數而治，失大數而亂，此治亂之分也。

所聞天下無二道，故聖人異治同理也；古今通達，故先賢傳其法於後世也。《春秋》之於世事也，善復古，譏異常，欲其法先王也。（《繁露・楚莊王》，頁 14-15）

董氏強調先王所傳者只是一個「道」，得此道方能使天下大治。聖人為道的體現者，是以法先王，事實上是法其道。因此若我們連接上文，來理解奉天法「古」和復「古」這兩個「古」，就不能解為「古代制度」（也許其他地方可如此解；然而即使指古代制度，它也是符合當代時勢的一種制度，若是如此該禮制當然可以稱為道，這是資具意義的道；但這裡都不是。）這個「古」，確切的說，指由賢聖所代代相承的「道」這個「古老的傳統」。可是，古在這裡的實際意涵等同於道。這是因為說道的「古老」，或道的「古老傳統」，都是從時間層面說，雖然都有文化傳統的意義，但還只是外在的描述；若著重它的實質內涵，由時間之古，自然直接跳到指涉道自身。所以，分解來看，古既指道自身，也指它在文化傳承上（時間）的古；董氏運用「古」字描述道時，意思大體都如此。但無論是就那一層面說，都不能否認「古」就是指道，而此道只有一個。因此說「《春秋》之道，奉天法古」，或「善復古」時，都是指《春秋》所效法或所善的，是那個惟一的「道」而已，這也是「天下無二道」之意。而這裡特指它作為指導原則的那一面，是以董氏說它猶如「規矩六律」；依第二節所述，是指達到德治的原則。

《春秋》繼承聖人之道而作，和聖人秉持同樣的道；這是揭示《春秋》對道（原則）的繼承。以下則是說明如何達到王道（資具），董氏說：

蓋聖人者，貴除天下之患，故《春秋》重而書天下之患遍矣，以為本於見天下之所以致患，其意欲以除天下之患，何謂哉？天下者無患，然後性可善，性可善，然後清廉之化流，清廉之化流，然後王道舉，禮樂興，其心在此矣。……是以君子以天下為憂也，患乃至於弒君三十六，亡國五十二，細惡不絕之所致也。辭已喻矣，故曰立義以明尊卑之分，強幹弱枝，以明大小之職；別嫌疑之行，以明正世之義；采摭託意，以矯失禮；善無小而不舉，惡無小而不去，以純其美；別賢不肖，以明其尊；親近以來遠，因其國而容天下；名倫等物，不失其理；公心以是非，賞善誅惡，而王澤洽，始於除患，正一而萬物備。（《繁露・盟會要》，頁 140-142）

聖人之責貴在除患，這種論調在《繁露》中出現多次。患，主要指因失禮而

引發的人世上的禍亂，這裡引亡國、弒君以見一斑。除患看似是從消極面説，
其實要除患，董氏以爲其根本還在禮儀的建立，患之所以除，乃是因爲有禮
制的建置之故；兩者是一體的兩面。聖人除患，和〈考功名〉中董氏所以爲
的聖人興利（詳第二節），用詞不同，卻都是明確指向禮制的建立；除患一詞，
不能看作是消極的説法。《春秋》的目的，也是「欲以除天下之患」，使「王
道舉，禮樂興」。這裡的「王道」仍是指道（原則），但「王道舉」則是指實
現的道（資具）。《繁露‧度制》説：

> 凡百亂之源，皆出嫌疑纖微，以漸寖稍長，至於大。聖人章其疑者，
> 別其微者，絕其纖者，不得嫌，以早防之。聖人之道，眾隄防之類
> 也，謂之度制，謂之禮節，故貴賤有等，衣服有制，朝廷有位，鄉
> 黨有序，則民有所讓而不敢爭，所以一之也。（頁 231）

這是因除患而提到的聖人之「道」，這個道是「度制」、「禮節」，董氏順此説
到它們的作用。這些禮制，按以上〈盟會要〉的引文所述，舉其重者，即在
內必須使人明瞭尊卑貴賤，在政權上要強幹弱枝；對於世俗，要辨別嫌疑之
行；對於人才的賢能，要能辨明以尊賢。對外則親近來遠，由一國擴充而包
容天下，總言之謂之「禮」：

> 禮者，繼天地、體陰陽，而慎主客、序尊卑、貴賤、大小之位，而
> 差外內、遠近、新故之級者也，以德爲多象，萬物以廣博眾多，歷
> 年久者爲象。（《繁露‧奉本》，頁 275-276）

禮的功用，在於藉著對等級的分辨爲基礎，由內而外，由近而遠，涵括從統
治階層到社會習俗風化等各層面，不止由此杜絕禍亂根源，乃至同時積極的、
使各個層面都能合乎人倫的秩序。以上三段引文，雖然針對的層面稍有不同，
但都在説明禮制功用的同時，極其自然的順此提到了這種訊息。因此，禮剛
開始時雖是爲除患而立，但最終不止於消極的除患，而是除患和禮義秩序的
建立同時並起。如果在現實中，這些禮制的功能都能貫徹，達到除患的目的，
也就是充分建置了禮義，這便實現了王道。聖人戮力於此，而《春秋》所傳
承者，也是這個核心的道理。所以董氏説：

> （一）《春秋》之道，大得之則以王，小得之則以霸。（《繁露‧俞序》，
> 　　　頁 161）
> （二）孔子明得失，差貴賤，反王道之本……《春秋》記纖芥之失，
> 　　　反之王道。（《繁露‧王道》，頁 109、121）

（三）《春秋》論十二世之事，人道浹而王道備。（《繁露‧玉杯》，
頁32）

這些說法都強調《春秋》繼承王道。以上「王道」一詞中，大體偏重在德治
原則一面。其實，董氏專對《春秋》的王道本身說明時，多指它作爲原則而
言。如就他談論《春秋》王道的方式，則可再細分兩方面說明，一是闡明王
道在治國（政治）層面上的意義，最明顯的表現見《繁露‧王道》；二是依此
把王道作爲一個原則，去指導禮制的建置。不過，第一個方面的談論，也只
是爲了加強道作爲指導原則的理據。因此，若說春秋中的「王道」，基本上是
作爲「德治原則」而存在，是可以成立的。至於王道同時指道（資具），則是
在另外的情況下使用，指依循《春秋》中的道（原則）而實現的道（資具）。
這個道，有時從董氏行文來看，其意思和禮沒有甚麼分別；這和第二節所論
是相同的。不過，這種道（資具），嚴格言不見於《春秋》一書內，可是由於
董氏認爲，藉由《春秋》中的道（原則），可以實現現實中的道（資具），而
有時很自然的會說《春秋》的道（原則）是道（資具），但我們通常可由道（原
則）到道（資具）的過渡中，看到其間的跳躍，這是我們必須注意的。

王道雖藉禮制而實現，可是董氏對王道（原則）和禮制間的關聯和區別，
相當清楚。這仍和第二節道（原則）、禮制分別看待相似。

王道必須依賴禮制的建置而實現。然而，對於禮制的「具體內容」，董氏
並沒有限定。以上三段引文的確提到禮制，但主要只是談論禮制的功能和目
的，這是屬於原則性的談法；也是董氏談論禮制的基本方式。因此，譬如提
到服制的區別，他只是指出應在服飾上呈顯等級的差異，而不是說應按照某
被限定的具體內容，使人在服飾有所差別。同樣的，他以爲禮的功用在明尊
卑貴賤，但應以甚麼制度去展現尊卑貴賤，他對其內容沒有具體的規定。簡
單的說，董氏談王道，只是列出應該有那些禮制的「項目」，他規定了這些項
目各別的、總體的功用與目的，但沒有規定這些「項目」之下的禮儀細節。
如此一來，這些禮制項目，雖有實現王道的相同功能，但其內容卻不是固定
的，而可以因應不同的情況調整、變化。我們說他對禮制內容沒有具體的規
定，是在這一點上說。因爲這樣，這一節雖和第二節同樣談論道（原則），卻
談了較多具體的禮制項目，但這並不表示這裡的道（原則）和第二節不同，
這裡仍只屬原則性的談論方式。這兩節的不同，只是對道（原則）的闡述，
有「較平面」和「稍微詳細」的區別而已，沒有本質上的差異。

　　王道的意涵如此，那麼，可以確定，《春秋》只是作爲指導王道（資具）實現的道（原則），不是提供一套禮制樣板（即資具意義的「道」）供後王實施。《春秋》的作用，僅是提供一套指導禮制建置的德治原則，使王者循此而臻德治。是以談到《春秋》即是指王道（原則），兩者密合甚至等同，在董氏而言都可以成立；這才是董氏對《春秋》籠罩性的看法，他對《春秋》性質的看法，由此界定。因爲這樣，王道的實現，自然還是要歸結到禮制的創制或損益，沒有這一層，沒有王道可言。所以，董氏以《春秋》成一統，當新王，那麼，依第三節所論，《春秋》必有形式和實質改制的使命，和其餘王者相同；在這一點上，《春秋》和改制有了密不可分的關聯。確定了董氏對《春秋》性質的觀點之後，我們對《公羊》學中新王、王魯等詞的意涵，舉凡與王者職責有關的，都應照著「王者有形式和實質改制的使命」來理解，意即談「王」的天職，就涵括這兩者；論王者要實現「王道」，則必有實質改制才可能。

　　今試舉《春秋》新王爲例。「新王」便是要實現王道（資具）。因此，這表示它除了有形式改制以明受命成新王外，作爲王者它有實現王道（資具）的使命，而這就得靠禮制依循道（原則）經由損益去實現，不可能單憑形式改制即實現王道（資具）。因此，若某公羊家襲用董氏「《春秋》當新王」的理念，可是卻只提到形式改制，便是不合董氏之意。如果順此又引用董氏「《春秋》要實現王道」的說法，便只是對道（原則）片面的掌握，結果將造成嚴重的偏差，因爲即使他知道王道的實現要藉助禮，但不知董氏只是規範禮的項目和功能，也不知禮制當隨時而異才能實現王道的道理，而以爲《春秋》中的禮制，後人當一成不變的繼承，造成的結果，是制度上的復古，不能審視現實的潮流來應對時局。順此，他所理解的《春秋》的王道，也並不能讓他實現現實的王道。所以，依這樣的偏差去說《春秋》的新王，或《春秋》要實現王道，照董氏的論點，是既不合《春秋》原意，也不可能實現王道（資具）。劉氏是一個明顯的例子，他明白《春秋》是禮義之大宗，也談了不少禮制，都把它們歸諸封建制，這也罷了，他卻以爲後人當循此以治。董氏說歷史時知是歷史，非劉氏所能比擬。

　　此外，董氏並不曾提到《春秋》制一詞，但依據我們對他的王道的理解，董氏即使承認有《春秋》制，《春秋》制的定位，應是歸屬於《春秋》本身，並不表示董氏以爲它是後世必得要遵循的，因爲董氏非常清楚歷史上的禮

制，其作用可以到那裡，更何況王道也不等同於固定不移的禮制。〔註4〕相對於《春秋》制，改制方有理論上的恒久意義，《春秋》制不過是改制理論下的一個產品而已。王者只是憑藉《春秋》對王道的闡發，以它為原則性的指導去制作禮制，面對現實的挑戰，同時接受歷史上的禮制可資借鑒的地方，但不是完全重現它們。

第五節　劉逢祿的改制

經過以上的闡述，基本上可以掌握董氏的改制理論，以及它和相關義理的聯繫。這一節試圖以董氏為對照，論述劉氏的改制。透過《春秋》制等同封建制的窘境，我們將逐步談論一、劉氏的文質觀念；二、他對王道的理解；三、他的損益看法。由此確定他的改制，事實上等同於董氏的形式改制，而沒有實質改制。四、形式改制對他的張三世與通三統的影響，我們也作一個說明。

首先，我們先來探討劉氏的文質概念。在本文第三節，我們知道「文質」是引導改制方向的概念。所以，從文質的觀點，可以窺見某家的改制說。劉氏在這方面也有相關的言論，他說：

（一）文質相復猶寒暑也，殷革夏，救文以質，其敝也野；周革殷，救野以文，其敝也史。殷周之始皆文質彬彬者也，《春秋》救周之敝，當復反殷之質而馴致乎君子之道。故夫子又曰：如用之，則吾從先進；先野而後君子也。（《述何》卷一二九七，頁10）

（二）君子救文以質，貴中也，舉其偏者以補其弊而已，則三王之道相循環，非廢文也。棘子成欲去文，則秦楚滅三代之禮法，賊民興，喪無日矣。（《述何》卷一二九八，頁1）

〔註4〕不過，我們不能否認，董氏在《繁露·官制象天》一文，認為「三公、九卿、廿七大夫、八十一元士，凡百二十人」，這種官制結構是「天制」，所有先王皆如此。這是董氏依照他對自然的天的瞭解，來設計人間的官制結構和選舉的方式。這百二十人的結構，合乎天數，是不可更易的。就此而言，我們承認這是他對天人相應的結構過於熱衷，而產生的滑轉；但禮制的項目眾多，而董氏加以限定者，不過是結構而已，人才選舉等實際的政治措施仍是不被限定的。

（三）林放，季氏之世臣也，見周之敝文而不慚，故問禮之本。夫
子以禮乃本末兼具，不可偏廢者，廢其末則秦人之縱肆，晉
人之清談將作，三代之治泯然矣。曰「與其奢也寧儉」，言救
文雖莫如質，亦貴中也。（《述何》卷一二九七，頁6）

第一段引文，說到文質循環，夏文商質周文，是以《春秋》應當救文以質；
這是一般公羊家的言論，不足為奇。值得注意的是，劉氏雖提出文質互救的
論題，卻也談到殷周之初都是文質彬彬的事實。第二、三段都強調了文質不
可偏廢之意，若一偏廢，則不再是三代之治，也明確表示三代之治文質兼備。
「文質兼備」，換個說詞，就是兩段引文都提到的「貴中」。本來文質兼備，
是儒家對禮制性質的理想描述。若理想不能實現，則捨文從質；孔子、董仲
舒都是如此。但劉氏的意思，卻不是偏重在對這種理想制度的追求上，而是
明顯提出有一種制度，已體現了文質彬彬的理想，那就是殷周之初的制度。
在第三章中，已知劉氏是認為三代皆封建，殷周之初的制度，當然也屬封建
制。順此推論，他肯定封建制是文質彬彬的理想制度，就是理所當然的結果
了。沿著這條線索，可以理解劉氏對周文疲弊的見解，以為不是制度的缺失，
而是這個制度被人所敗壞的緣故。他說：

夫王靈不振，九伐之法不修，則去封建而亂亡益迫。王靈振，九伐
之法修，則建親賢而治道乃久。三季之失，非強侯失之，失馭侯之
法也。肉袒請刑之意，變為下堂矣；采薇治外之制，依於晉鄭矣。
不此之訾而訾封建，是因幽厲而廢文武也，可乎？（《釋例·侵伐戰
圍入滅取邑例》）

這是明顯把制度之失歸罪到人身上。而使這制度出現缺失，劉氏以為是周幽
王、厲王和宣王所造成：

夫《大雅》多刺厲王，而《小雅》盡刺幽王，何哉？曰：〈序〉不言
乎？厲王無道，天下蕩蕩無綱紀文章，而〈瞻卬〉〈召旻〉二篇，獨
言刺幽王大壞，以是知文武之大經大法，皆厲變更之；而大滅之者，
幽也。其細節數目，幽復悉去之，而階之禍者，宣也。是謂三代之
亡，《詩》亡然後《春秋》作，以繼三代而治萬世者也。（《釋例·譏
例》）

由於此二王的敗德，使三代的封建制毀壞，孔子才制作《春秋》，以救萬世。
這樣一來，孔子作《春秋》，目的便是要「恢復」這個制度，再以這個制度治

萬世，而不是因應時勢再損益制作，追求另一種文質彬彬的禮制。和《春秋》治萬世的口號結合起來，封建制順理成章成為萬年制度，不可更易。

簡言之，劉氏的文質，只是乍看有循環而已，當他的文質只確定和一類禮制結合時，這個循環即使看似有互救的意思，也都成了假象，不具有對應時勢變化的意義。因為依劉氏之意，封建制文質彬彬的特質是固定的。即使可在封建制的範圍內，對應時勢而有所損益，但禮制既都限定是封建禮制，它基本的架構不可變易，這種文質嬗變，自也不過是在極狹隘的情況內運作罷了。〔註5〕更何況從劉氏談損益的言論中，可知他的損益充其量只是形式改制，這種形式改制即使在封建制內實行，也只具象徵意義，不具有實質改革的效用（詳下）；這和董氏的差距是十分大的。

其次，依據這樣的文質觀念，來看劉氏的王道，其缺陷也一目了然。公羊家都以為《春秋》是講王道之書，劉氏也是如此：

> 昔者夫子正《雅》《南》，以先公之教繫之召公，著王道之始基，而〈騶虞〉為之應；以文王之風繫之周公，著王道之太平，而〈麟趾〉為之應。《小雅》，文武為牧伯之事也，諸侯歌之，其衰也至於四夷交，中國微。《大雅》，文武為天子之事也，天子歌之，其衰也，至於西土亡，王跡熄，鳴鳥不聞，河圖不出。天乃以麟告：「文王既沒，文不在茲乎？」愀然以身任萬世之權，灼然以二百四十二年著萬世之治，且曰：「其或繼周者，雖百世可知也。」（《釋例·張三世例》）

由孔子刪《詩》而寓王道，說到《詩》亡之後，孔子作《春秋》以繼王道。所謂「百世可知」的「萬世之治」，指的就是《春秋》所彰顯的王道，此王道不為一事一人而立，而是「立百王之法」（《劉禮部集卷三·春秋論下》），明後世百王當循此以實現德治。在董氏而言，王道是一個德治原則，王道需要禮制的配合才能實現，但體現王道的禮制，其具體內容，並沒有限定為某一種。在劉氏而言，封建制是實現德治的唯一制度（第三章）。因此王道在劉氏

〔註 5〕 孔子實際支持的制度，有學者說是周朝的封建制，有學者則強調他有所損益的一面。但必須區別的是，一個客觀的研究者和一個公羊家，兩者若同時認為孔子企圖恢復封建制，造成的結果卻不同。這是因為客觀的研究者，沒有支持《公羊》改制說的必要，和劉氏的處境不同。劉氏身為公羊家，既取董氏《公羊》改制的說法，又以為孔子企圖恢復封建制，兩者便有衝突。這個衝突，不會因為孔子實際支持甚麼制度而改變，這純粹是劉氏個人理論上的不一致所造成。

的理解中，並不是一個德治原則，而是和封建制密不可分的道（資具），封建制是王道唯一的體現。董氏對符合德治原則的禮制也稱爲道（資具），劉氏的情形就是如此。可是董氏還有作爲德治原則的道，來調整禮制損益的方向，劉氏卻沒有。所以，即使劉氏說《春秋》爲「禮義之大宗」，這裡的禮義，不是任何可以達到王道的禮義都叫禮義，而是專屬於封建制的禮義。如果不知道劉氏是封建制的支持者，可能對《春秋》當「復三代之制」，或「止亂當以禮」，這樣的說法，會以爲和別人沒有甚麼不同。可是瞭解劉氏的禮制觀點之後，就知道他的「三代之制」、「禮」都是實指封建制的禮制和禮儀，而不是泛指。

關於第三點，即劉氏關於禮制損益的言論，如云：

（一）夫子於杞得《夏時》，以言夏禮；於宋得〈坤〉〈乾〉，以言殷禮，惜其文獻皆不足徵，故采列國之史文，取《夏時》之等，〈坤〉〈乾〉之義，而寓王法於魯，黜杞，故宋，因周禮而損益之，以治百世也。（《述何》卷一二九七，頁 7）

（二）《春秋》因魯史以明王法，改周制而俟後聖。（《劉禮部集卷三·春秋論下》）

（三）託夏於魯，明繼周以夏，繼夏以商；三王之道若循環，終則又始，《易》終〈未濟〉之義也。王者因革損益之道，三王五帝不相襲，託王者於斯一質一文，當殷之尚忠敬文迭施當夏之教也，是《春秋》之通義也。（《劉禮部集卷九·詩古微序》）

（四）繼周者，新周、故宋，以《春秋》當新王，損周之文，益夏之忠，變周之文，從殷之質，百世以俟聖人而不惑者也。循之則治，不循則亂，故云可知。（《述何》卷一二九七，頁 5）

在以上引文中，（一）的重點，說明孔子作《春秋》之情形，以及以損益周禮的方式，來達到治百世的目的。（二）明確表達《春秋》改周制的事實。（三）是從文質的角度，說明因革損益是《春秋》的通義。（四）說明後王須循《春秋》損益之道，治世方可期。從這看來，劉氏看似強調《春秋》以因革損益而達德治的道理。可是在某些地方，他又有如下的言論：

（一）《春秋》憲章文武，傳曰：「王者孰謂？謂文王也。」禮樂制度損益三代，亦文王之法也。（《述何》卷一二九七，頁 14）

（二）正朔三而改，文質再而復，如循環也，故王者必通三統。周

> 監夏殷而變殷之質，用夏之文，夫子制《春秋》變周之文，
> 從殷之質，所謂從周也；乘殷之輅，從質也；服周之冕，從
> 文也。(《述何》卷一二九七，頁8)

第一段顯然以為損益三代，是《春秋》繼承文王之法；這似乎是說損益是王者必須之法。可是第二段，卻透露了劉氏心目中所謂損益的真正看法。那就是《春秋》，是既從殷又從周，所謂文質兼備。劉氏在此有了一個滑轉，那就是如我們文質部分討論的，他以為封建制是這種文質兼備的體現，結果就以封建制為王者所不變的禮制，也就是王道之所寄了。這樣一來，劉氏前面有關損益的言論，由於支持封建制，且和《春秋》治萬世的說法結合在一起，顯示封建制是萬世不可易的制度，結果使損益的見解，成為空談。

損益成為空論的原因，分開來說主要有二，一是他的損益，基本上就只限於言論，在言論之外，他沒有提出多少具體的、《春秋》所損益的制度。他說到《春秋》所改之制的部分，其實都是《公羊》學內的通論，如改正朔（《春秋》改周正為夏正）、《春秋》制爵三等、質家和文家立嫡法的差異等。有小部分說到《春秋》取殷制，以別於周制者，都是婚禮或官制中之一項而已。〔註6〕他的改制，充其量只等於董氏形式改制的範圍。這樣的改制，其實不足以使禮制的整體性質，起實質的變化。二是有總體原則的改制理論，才可使改制的範圍，可以因應時勢而可大可小。不管大小，都和時勢密切對應；這才是改制理論的價值所在。劉氏沒有這種總體原則，這造成他的改制，缺乏應時的彈性，只有條列的說改制。在這種情況下，即使截取董氏文家質家有不同的立子法（這在董氏是因應實質改制的需要而提出的，見第三節），也不會在劉氏的思想體系中，成為實質的改制。劉氏對禮制有總體提法的，反而是認為封建制萬世不可易，且是惟一可以實現王道的禮制。這也就是為甚麼劉氏會以為三代皆封建之因，因封建制等同於王道，聖人既莫不欲行王道，則聖人莫不以封建為不可廢了。這是連貫下來的道理，非常一致。

所以，像以下這樣的改制說法，是劉氏多次提及的，其實際內容只是形式改制，沒有多少實質改制的意味：

> 故《春秋》多損益文王之制，祖述堯舜，憲章文武，二帝三王之道，
> 莫著於《春秋》，以始受命，故遍道之。惟天子受命稱元，諸侯皆稟

〔註6〕如《劉禮部集卷五‧正妃匹》云：「《春秋》從殷制，即位逆女，五禮不親，故譏親納幣。」

正朔，首書某年一月，而後誌即位之始曰一年，《春秋》變一爲元，
非平王之年，亦非魯之元，實則新周、故宋，以《春秋》當新王，
是爲三統。變一月爲正月【據一月戊午】，深探其本，自貴者始，以
明乾元各正之義，若曰後有王者繼亂而興，受命即位，宜改元大赦，
與天下更始，思所以承先聖，監前代，撥亂興化而不敢苟道以治爾。
（《劉禮部集卷五・正始第一》）

簡言之，我們認爲劉氏和董氏最大的差異，是劉氏對禮制缺乏一個變動
的觀點。這樣一來，談王道說改制，全都僵化了。在董氏而言，《春秋》改制
是順著時勢而變，方能時時維持王道——董氏藉《春秋》對禮制表達了這個
原則性看法，這是董氏《春秋》學的重心，劉氏則完全摒棄。

劉氏對禮制缺乏變化的觀點，不過對於張三世、通三統談論歷史變化的
論述，卻有體會。當然，若結合劉氏只有形式改制的主張去看他的張三世、
通三統，這些歷史變化的體會，在現實層面上實無法得到明確突顯；這就是
第四點所要談論的。劉氏張三世的主要觀點如下：

傳曰：「親親之殺，尊賢之等，禮所生也。」《春秋》緣禮義以致太
平，用〈坤〉、〈乾〉之義以述殷道，用〈夏時〉之等以觀夏道，等
之不著，義將安放？故分十二世以爲三等，有見三世，有聞四世，
有傳聞五世；於所見微其詞，於所聞痛其禍，於所傳聞殺其恩。由
是辨內外之治，明王化之漸，施詳略之文。魯愈微而《春秋》之化
愈廣，內諸夏不言鄙疆是也；世愈亂而《春秋》之文益治，譏二名、
西狩獲麟是也。……古之造文者，三畫而連其中謂之王，《易》之六
爻，〈夏時〉之三等，《春秋》之三科是也。《易》一陰一陽，乾變坤
化，歸於乾元用九而天下治，要其終於〈未濟〉，志商亡也。《詩》、
《書》一正一變，極於周亡，而一終〈秦誓〉，一終《商頌》。〈秦誓〉，
傷周之不可復也；《商頌》，示周之可興也。〈夏時〉察大正以修王政，
修王政以正小正，德化至於鳴隼，而推原終始之運，本其興曰：「正
月啓蟄」；戒其亡曰：「十有二月隕麋角。」《春秋》起衰亂以近升平，
由升平以極太平，尊親至於凡有血氣，而推原終始之運，正其端曰：
「元年，春王正月，公即位」，著其成曰：「西狩獲麟」。故曰：治不
可恃，鳴隼猶獲麟也；而商正由是建矣。亂不可久，孛於東方，螽
於十二月，災於戒社，京師於吳楚，猶〈匪風〉、〈下泉〉也，而夏

正由是建矣。無平不陂，無往不復，聖人以此見天地之心也。(《釋例·張三世例》)

劉氏很清楚的提出，三世的意義在於「辨內外之治，明王化之漸，施詳略之文」。前兩句指依不同的三世，對內外分別對待，以明王化是由內而外，由近而遠的道理。至於後一句，則說明在這個過程中，書寫的方式也因此有詳略的不同，以顯示王化的漸進。劉氏的說法，基本上和何休無異。但其下從《易》、《詩》、《書》的角度說三世，則非董、何之說了。劉氏這些比附，顯示出歷史是變化的道理，由其言「治不可恃」而「亂不可久」，更見一正一反的循環變化，才是歷史的真相，單純的「治」或「亂」，都不是歷史的真理。雖然以《詩》、《書》比附不是董、何的作法，不過內容環繞著「變」立論，這仍是公羊家看待歷史的基本精神。我們從這些言論中，的確看出劉氏對歷史的變革，深有體會。劉氏的通三統，基本上仍沿著「變」繼續發揮，他說：

昔顏子問爲邦，子曰：「行夏之時，乘殷之輅，服周之冕」，終之曰：「樂則韶舞」。蓋以王者必通三統，而治道乃無偏而不舉之處，自後儒言之，則曰法後王，自聖人言之，則曰三王之道若循環，終則復始，窮則反本，非僅明天命所授者博，不獨一姓也。夫正朔必三而改，故《春秋》損文而忠，文質必再而復，故《春秋》變文而從質，受命以奉天地，故首建五始。至於治定功成，鳳皇來儀，百獸率舞，而韶樂作焉，則始元終麟之道，舉而措之，萬世無難矣。曰：然則三正見於夏書，而《春秋》繼《詩》亡而作，《詩》顧不言，何也？曰：《詩》之言三正者，多矣，而尤莫著於三《頌》，夫子既降王爲《風》，而次之邶鄘之後，言商周之既亡，終之以三《頌》，非新周、故宋，以《魯頌》當夏而爲新王之明徵乎？夫既以《魯頌》當新王，而次之周後，復以《商頌》次魯，而明繼夏者殷，非所謂三王之道若循環乎？故不明《春秋》，不可與言五經，《春秋》者，五經之筦鑰也。曰：通三統之義，既以得聞命矣，子思子之述《春秋》也，則曰祖述堯舜，憲章文武。傳亦曰：「樂道堯舜之道」，而其釋五始，則曰：「王者孰謂？謂文王也。」不兼舉二月、三月而通之，何歟？曰：《春秋》之義，固上貫二帝三王，而下治萬世者也。文王雖受命稱王，而繫《易》猶以庖犧正乾五之位，而謙居三公；晉明夷，升三卦，言受祖得民而伐罪也；臨商正，言改朔也。夫文王道未洽于

> 天下而繫《易》，以見憂患萬世之心，《春秋》象之，故曰：「文王既
> 沒，文不在茲乎？」明《春秋》而後可以言《易》，《易》觀會通以
> 行典禮，而示人以易；《春秋》通三代之典禮，而示人以權。經世之
> 志，非二聖其孰能明之？（《釋例·通三統例》）

這段話分三個部分，首先，劉氏論述通三統的意義，不止於說明「天命所授者博，不獨一姓」。天命問題只是政權嬗替，這種嬗替雖是改變，但不是通三統所眞正講的「變」，因爲它和「道」的關聯較遠。通三統所講的變，指「三王之道若循環，終則復始，窮則反本」而言。這是從一個較高的角度，闡明歷史的變化。而這個變化是以「三王之道」爲依歸的，「始」、「本」都指道而言。換言之，歷史雖不得不變，但其變化仍要合乎王道，這才是通三統所揭露的眞正意義，它指出歷史變化所應往的方向。劉氏在《劉禮部集卷四·釋三科例中》說得更顯豁：

> 三王之道若循環，非僅明天命所授者博，不獨一姓也。天下無久而
> 不敝之道，窮則必變，變則必反其本，然後聖王之道與天地相終始。

其次，劉氏仍以《詩》比附通三統之義。這種比附「重要的是，他由此引伸出來的論點：《公羊春秋》的『變』的觀點是理解全部儒家經典的鑰匙，不懂《春秋公羊》學就無法領會儒家學說的眞諦。」（陳其泰《清代公羊學》，頁109）此說誠然。最後，劉氏把《易》、《春秋》並提，是基於兩者都與經世有關。而經世的要旨，在於對「變」要有所掌握，《易》的變的範圍涉及到自然和社會兩方面，《春秋》的變則集中在歷史。職是之故，「前者告訴人們事物的『變』，後者告訴人們應該對治國政策、措施進行變革（即『權』），來適應社會歷史的變遷。只有把《周易》的『變』和《春秋》的『權』這兩套變易的哲學觀點付諸實行，才能體現出儒家聖人『經世之志』。」（陳其泰《清代公羊學》，頁108）

　　由是觀之，劉氏對張三世、通三統歷史變革的闡述，未嘗沒有精彩的地方。誠如楊向奎先生所言「《公羊》是講『變』的書，所有何休的三科九旨，主要精神是『變』。社會在變，歷史在變，而理論不變，是爲落後於現實，於是《公羊》在封建社會始終是新鮮理論而起指導作用。」（《清儒新學案》，頁90）劉氏對三世、三統的闡釋合於《公羊》這個大方向，可是若要落實歷史的變化，其實必須制度的配合才有可能，歷史的變化也惟有靠禮制的興廢而突顯。劉氏明顯知道「因革損益之道，三王五帝不相襲」（《劉禮部集卷九·

詩古微序》），既言因革，又說損益，則必須涉及制度的改革，可是劉氏所說的制度改易，從前面三點的討論中，已知只具形式意義，即使在封建制內部，這種形式意義的損益，非常明顯的對世道並沒有多少實質幫助。

綜合以上四點，我們認爲，董、劉二人有一個關鍵性的差異，那就是劉氏的王道只和封建制結合；這造成了劉氏的王者的天職不包括實質改制。因爲這樣，劉氏的三統、新王以及《春秋》性質，和董氏有極大的不同。首先，劉氏的三統，是王者受命改制的形式改制的循環，但這些王者之所以能夠進入三統，不是因爲憑藉禮制損益達到德治，而是因爲維持封建制的緣故。劉氏的三統，是因「維持封建制」、而非因「損益禮制」而存在。其次，就《春秋》當新王來說，《春秋》也是因爲要維持封建制，是以可以成新王（新統），因此劉氏自然不會有「《春秋》背負實質改制的使命」之類的說法。最後，《春秋》雖是爲實現王道而作，但它是提供道（資具），而不是道（原則）；這是劉氏所認定的《春秋》性質。從這裡也可瞭解劉氏的張三世，其實就是一個漸進的、恢復封建制的過程。

文章末尾，我們擬舉例說明董、劉二人對舉賢的言論，讓我們看到改制理論的不一樣，如何造成二人對實際制度的實施觀點不同。

第六節　董、劉的選舉制比較

董、劉二人對選賢都極爲重視，不過對於選舉，卻在兩方面出現了差別，那就是一、人才的身分，二、選舉方式；以下分別敘述。

就人才的出身而言，董氏反對由公卿大夫子弟或由富豪人家所壟斷。這是因爲漢初的官僚，大半由郎、吏出身，而郎官來歷其中最重要的兩途，一是廕任，二是貲選（即以家財達到某一標準的人爲官）。至於吏的選舉，也沒有一客觀標準，大體亦多爲富人所得（錢穆《國史大綱》上冊，頁 100-102）。所以，董氏在〈賢良對策二〉認爲靠著世蔭而居官位（廕仕），或以家富而得官（貲選）者未必賢能：

> 夫長吏多出於郎中、中郎。吏二千石子弟選郎吏，又以富貲，未必賢也。

他建議應該命列侯、郡守、二千石官等地方長官，選拔其屬下賢能的吏民，「充任郎官，使其熟悉政事，來日授以官職」（傅樂成《中國通史》，頁 214）：

> 使諸列侯、郡守、二千石，各擇其吏民之賢者，歲貢各二人以給宿
> 衛，且以觀大臣之能。

漢武帝遂據此下詔：令郡國舉茂材、孝廉。《漢書‧董仲舒傳》因而稱：「州
郡舉茂材、孝廉，皆自仲舒發之。」武帝之前，漢文帝開始實行舉「賢良」、
「孝廉」之制，但未形成經常性的、固定的制度。至武帝接受董氏的建議，
察舉孝廉的制度才每歲舉行。「通常孝廉至京師，先拜為郎，侍衛皇帝……得
到訓練後，再依優劣補縣令長丞或補為尚書郎，再遷縣令。光武帝時始用孝
廉為尚書郎。」至於侍郎和縣令的奉祿，「縣令秩為千石至六百石，而郎中秩
比三百石，侍郎秩比四百石。」（劉虹《中國選士制度史》，頁 36-37）

　　從這，我們知道董氏對人才的察舉，事實上有兩點，一、察舉以賢能為
首要條件，二、因為這樣，董氏極為反對以出身貴賤為任賢的標準；後者實
承前者而來。這樣一來，孝廉的推舉，就其方式而言，是開放給所有有孝廉
之行的人民的。至於孝廉的升遷，從西漢實際狀況看，不會太高。不過，可
以推知，造成這種情形出現的原因，應該和漢初看待孝廉的才能大小有關。
譬如和孝廉幾乎同時舉行的茂材察舉，主要是選舉奇材異能之士，因此一經
選上，「多授以縣令官職，或相當於縣令級的官銜……茂材的起家官要比孝廉
高。」這純因被選舉者的才能和孝廉有別之故（同上引書，頁 37）。孝廉察舉
基本上並沒有因出身的貴賤而升遷限制，而是量才授官的影響，這即是「毋
以日月為功，實試賢為上，量材而授官，錄德而定位」之意（〈賢良對策二〉）；
這還是符合以賢能為首要條件的。

　　劉氏舉賢卻不是如此。他一開始即認為唐宋的試士之法，應該逐漸廢除，
而代之以《春秋》舉賢之制：

> 智名勇功，後世所以開國承家者，其秉禮度義則相與詬病，以為不
> 祥，而《春秋》所貴乎持世，乃在此，不在彼，為上可以知取人，
> 為下可以知勉學矣。今小民有罪，則能以法治之，有善則不能賞，
> 而爵祿所及未必非有文無行之士，是以賢不肖混淆，而無所懲勸。
> 是宜修《春秋》舉賢之制，而唐宋以來試士之法以次漸廢，則朝廷
> 多伏節死義之臣，而閭巷多砥行立名之士；斯結人心，厚風俗，存
> 紀綱之要道也。（《釋例‧褒例》）

然則《春秋》舉賢之制，似乎對被荐舉者的身分沒有限制。劉氏說：

> 諸侯之貢士亦兼卿大夫之子，附庸之秀民。（《劉禮部集卷五‧貢士

第九》）

上至卿大夫之子，下至附庸之秀民，都具備成爲諸侯貢士的資格。話雖如此，劉氏在其他地方回答人們的疑問時（按《劉禮部集卷五》的體例，有些是設問例），卻和以上有些抵觸：

> 問曰：子以天子之公卿、大夫、元士及寰內諸侯皆不世爵而世祿，得無嫌於人多田少而積重不可通久乎？曰：世祿者，非唯三代、《春秋》之法，蓋在漢以來所謂食實封者皆然，如匡衡之初封樂安鄉，提封三千一百頃，後以經界錯迕，增多四百頃，卒至亂法，此乃不可通久也。考古皆以百畝爲頃，如衡之封三千五百頃，爲畝三十五萬，已非古制，況又行以貪鄙之心乎？……且經之所謂譏世卿者，謂公卿大夫及寰內諸侯之適子當先試之以士，賢然後漸進之，曷嘗曰爲公卿之子孫雖有賢者亦當遏絕之，以開草野之路乎？且功臣賢士之子孫繼世不能象賢而有采以代耕，使得收其宗族，保其祭，五世勿斬。厚風俗，存紀綱之要道，孰過於此？（《劉禮部集卷五・制田祿第六・世祿》）

問者以爲，若天子的官僚皆世祿而不世爵，而選舉則是一種經常性的制度，當人才不斷增多時，土地的分配就會不足，因而積累弊端，使這種制度不能長久維持。劉氏回答說世祿之法實施於三代、《春秋》乃至漢代，到了漢代出現敗壞的情形，是因爲不守古法所致，不是《春秋》制度本身有不妥當的地方。他順此談到古代舉賢之法，認爲寰內諸侯、公卿、大夫的子弟即使賢能，亦須經過士的階段，然後才能逐步升遷。如果可以守古法，再加上有逐步升遷的時間作爲緩衝，那麼人才雖增多，還不致於到人多田少的地步。然而，值得注意的是，劉氏特別提到舉賢之制，不是開放給一般平民的（草野之路）。這樣一來，人才的數量受到身分階級的限制，其增多的速度，就不會使人、田分配不均了。

　　如此一來，就和前說「附庸之秀民」可以爲士的見解相左了。然則，按劉氏的意見，我們的問題是，一、附庸之秀民，究竟可否被選爲士？二、若秀民憑其賢能而可爲士，他是否可繼續擢升，不受到身分階級的限制？三、若秀民可以被選爲士，是否即表示國家選舉人才，開放給所有人民？

　　對於第一、二點，我們在劉氏的言論中，找不到其他進一步的說法。〔註7〕

〔註7〕據呂思勉的見解，古者平民登庸，僅止於士，大夫以上即不再選舉（《秦漢史》，

但由於第三方面的答案既是否定的，這就使秀民之所以可被推選爲士，至少是在極嚴格的限制下才能實現了。這樣說的最主要原因，是因爲我們從另一方面知道，唐宋科舉的主要特徵，就是沒有身分階級的限制，對所有人民開放，唯才是用。劉氏反對科舉，事實上就等於反對選舉開放給所有人民。既然這樣，那麼即使他提到附庸之秀民可以爲士，在這種情況下，這種說法肯定被削弱許多。所以，如果說劉氏認爲貴族階層具備選舉的資格，乃數量上的大宗；附庸之秀民雖有資格，數量絕對少之又少；應該不致偏離他的原意。對秀民參與選舉如此嚴格，那麼即使被選爲士，受到身分限制這一點，自然不會就此鬆動；這就使他能升遷至公卿大夫的可能性，降低了許多。從這和董氏比較，被選者的身分，以及選舉的方式，都不是那麼開放，而是大受身分階級的限制的。

在董、劉的比較中，可以明顯看出，對人才身分的認定不同，造成了選舉方式的差異。劉氏肯定貴族和平民在這方面的不平等，所以其見解幾乎完全和董氏相反。我們也幾乎可以肯定的說，這是劉氏極力支持封建制即是《春秋》制下，一個自然的結果。這個比較，進一步証明劉氏對封建制的熱衷。

綜合以上各節的討論，我們可以確定對改制看法的差異，不止影響到一

頁 636）。在《先秦史》第十四章第三節，他引俞正燮《癸巳類稿‧鄉興賢能論》云：「太古至《春秋》，君所任者，與共開國之人及其子孫。上士、中士、下士、府、吏、胥、徒，取諸鄉賢興能，大夫以上，皆世族，不在選舉也。」以爲庶民可以爲士，但士以上的爵位，與庶民無緣。按《禮記‧王制》也有這方面的言論，曰：「命鄉論秀士，升之司徒，曰選士。司徒論選士之秀者，以告於王，而升諸司馬，曰進士。司馬辨論官材，論進士之賢者，以告於王，而定其論。論定而後官之，任官然後爵之，位定然後祿之。」「大樂正論造士之秀者，以告於王，而升諸司馬，曰進士。司馬辨官論材，論進士之賢者，以告於王，而定其論。論定然後官任之，官任然後爵之，位定然後祿之。」只是它沒有提到士的升遷問題。劉敞説：「古者鄉學教庶人，國學教國子。鄉學所升曰選士，不過用爲鄉、遂之吏……國學所升曰進士，則命爲朝廷之官……此鄉學國學教選之異，所以爲世家、編戶之別也。然庶人之仕進亦有二途：可爲選士者，司徒試用之，一也；升於國學，則論選之法與國子同，二也。」他認爲鄉中庶人，其仕途可以有二，而最上者可進爲朝廷的命官。孫希旦以爲第二途，即升於國學者，「公卿大夫或亦出乎其間矣」（俱見《禮記集解》）。劉敞的說法，只是說庶人可爲朝廷命官，但其升遷是否有受到身分階級的限制，不見討論；孫氏則以爲他們一樣可以成爲公卿大夫。近代學者蒙文通只談到鄉的秀士，可以和貴族子弟受同等的教育，享有同等授官命爵的機會，但沒有說到他們的升遷，是否完全不受出身的限制。不過，我們認爲依蒙氏言下之意，《王制》的選士方式，和開草野之路沒有太大差別；這是蒙氏和劉氏不同處。（《經史抉原‧孔子和今文學》，頁 183）。

個公羊家對三統、新王、《春秋》性質的看法，也影響到王道能否實現的問題。所以，對任何一位公羊家，只要我們瞭解他的改制理論，就可使我們檢驗他的三統、新王、王魯、張三世等方面的說法，是否和改制一致。

第五章　何、劉異同：劉逢祿《解詁箋》的思想特色

第一節　《解詁箋》的作法特色

本章以劉氏《公羊何氏解詁箋》（《皇清經解卷一二九零》）為主，由劉氏評何休《解詁》之不足中，分析二人的異同，藉此瞭解劉氏的思想特色。就劉氏尊崇《公羊》的立場來說，《解詁箋》的出現這個事實本身，就足以顯示它在劉氏心目中的重要地位。劉氏述說著作此書的緣由：

> 余初爲《何氏釋例》，專明墨守之學，因析其條例以申何氏之未著，及他說之可兼者。非敢云彌縫匡救，營衛益謹，自信於何氏繩墨少所出入云爾。康成《六藝論》曰，注《詩》宗毛爲主，毛義若隱略則更表明，如有不同，即下己意使可識別。余遵奉何氏，竊取斯旨，以俟後之能墨守者董理焉。（《解詁箋・序》）

《解詁箋》所辨析的條目共九十一則，大部分和公羊義例或書法有關，的確符合劉氏所言「析其條例以申何氏之未著」的意思。義例之外，明顯涉及禮制的約有十則，從禮的部分也可見劉、何大不同處。因此，禮的數量雖少，其重要性卻和義例的辨析沒有分別。至於說到「他說之可兼者」，此「他說」在他的實際作法中，主要指引《穀梁傳》的說法，偶有幾則引董仲舒，以及引《左傳》的史事，糾正何休的缺失。劉氏箋釋的緣由與態度既如上述，其「即下己意」的個人意見或判斷，自然是不少的了。是以在他所辨析的九十一則條目中，除了少部分加強《公羊傳》、何休的看法外，大部分都和何休的意見不同，甚至還

有幾則不同意《公羊傳》；這是值得注意的。總的來說，這是一部特地針對何休的不足而發的著作，由此可見它在劉氏《公羊》學上的關鍵地位。

本書第二章，曾提到劉氏對《左》、《穀》二傳的批駁；《左傳》和《公羊》無關，《穀梁》雖可為《公羊》輔助，也不屬於真正的《公羊》學。然而，箋釋何休則在《公羊》學內部進行，是以很少運用批評二傳的方式來表達。他評何休，如果是針對義例，則兩人對所用的義例，大多相同，差別處只在對運用該義例的理由解釋不同；除此之外，則是對禮制的看法不同。當然，這是大略的說，更細緻的分別，下文將有詳細討論。這種種差異，構成了劉氏《公羊》學的特色。

如從劉氏同意與否的態度區分，可把《解詁箋》分為同意《公羊傳》、何休或不同意兩部分。對於劉氏同意的部分，我們不打算處理。他同意的方式，大都表現為資料補充，加強傳、注的說法，或直接表達贊成之意。如傳言「何言乎王正月？大一統也」（隱公元年）。劉氏箋云：「大一統者，通三統為一統。周監夏商而建天統，教以文，制尚文；春秋監商周而建人統，教以忠，制尚質也。」（〈隱公・三〉）〔註1〕這是引用董仲舒三代質文的說法，來說明大一統的意思。同意的部分，〔註2〕可以是瞭解劉氏思想的途徑，然而和他的不同意對比，則由其不同意更能夠明顯看出劉氏《公羊》學的特色。

〔註1〕 《解詁箋》按魯國十二公的順序，逐一箋釋，其中缺閔公篇。我們把所箋釋的條目數量排列如右：隱（十六）、桓（四）、莊（九）、僖（十四）、文（十）、宣（三）、成（三）、襄（十）、昭（五）、定（十一）、哀（六）；共計九十一則。此外，為了方便我們的討論，我們按每一則標出數字，如隱公有十六則，則每一則按先後，以數目字標示，〈隱公・三〉是指隱公篇中第三則，其餘以此類推。如採取標明它在《皇清經解》中的頁數的方式，反而使我們在討論過程中，無法以簡單的方式，標示出我們所指涉的某一則條目，因為有些條目我們不會深入探討，可是又不得不在論証過程中指出，若不以數目標示，單引頁數，則必須寫出那一則涉及了甚麼內容，頗為辭費，這時標示數目，是最方便的辦法。

〔註2〕 約有廿三則。即隱公・一、二、三、四、五、十二、十三、十五、十六；莊公・一、三；僖公・十；文公・十；成公・一、三；襄公・六、九；定公・二、五；哀公・一、二、五、七。事實上，這些條目的同意和不同意不是完全可以截然分開，因為在同意的同時，可能有少部分不同意或觀點稍微有異，但至少是沒有太大的抵觸就是了。有關補充何休部分，還可參張廣慶先生《劉逢祿春秋公羊學研究》第六章第一、二節，頁 184-199；第一節論述集中在《解詁箋》，第二節以《穀梁廢疾申何》為主，這兩節旨在展現劉氏補充、加強何休的論點。

　　對於不同意部分，我們歸納劉氏所辨析的議題，分為三大類，一是禮制，二是義例，三是史事。對於這三類，史事部分較易區分，禮、例則有重疊交集之處，不能完全截然二分。不過，史事部分不是劉氏的思想核心，只是劉氏引其他史籍指正何休在史事上的缺失而已，因此我們不擬討論。〔註3〕至於禮、例的分類，純是為了行文方便的緣故，因為兩者之間，實有不能截然劃分的部分。在討論禮制的條目中，劉氏會引到一些義例；同樣的，在探究義例時，也有涉及禮制的例子。但在每一則箋釋中，禮、例雖有交集之處，卻也有它的焦點，即有時較集中在禮制，有時則在義例，還是可依此稍微歸類。

　　劉氏辨析禮制的目的，其實只是要指出諸侯大夫的「僭禮」。若細分，僭禮的順序可有二，一是僭越名分，再由此僭越禮制；一是單純僭越禮制，但順著名實必須相符的要求來看，這也同時僭越名分。這兩者通常互為表裡，不可分割。所以，就第一類而言，在以下實例中，特指劉氏集中辨析夫人名分這部分，而由此自然順帶提及因為僭越名分而僭越禮制，只是相對於集中論析名分而言，比重較輕。同樣的，關於第二類，主要指劉氏批評魯國僭越郊禘禮的論述。他認為郊禘禮屬天子之禮，魯為諸侯，名實不相符，行此二禮是僭禮，也因此而僭越了天子的名分。不過，劉氏也只是批評魯的失禮，沒有進一步辨析名分的問題；這是側重點的不同。

　　例的辨析，若依劉氏所提到的義例為準，可分為五類：一是誅貶絕例；二是不書葬例；三是三世例；四是日月例；五是其他義例，意即數量沒有其他四類多，零星的義例。〔註4〕對這些義例的歸類，如從劉氏所箋釋的條目來看，它們有時是重疊的，即談到誅絕例的條目，它也可能和日月例有關。換言之，劉氏所箋釋的每一則條目，可能可以歸入兩個（或以上）義例的類別之內。如談到誅絕的條目，其間參雜了不書葬例，則同時歸入誅絕例和不書葬例內。這五類，就是依此而分的。然而，這樣的分類，較不具實質的意義。因為依我們對《解詁箋》的考察，從劉氏所提到的義例，再就此歸類，只能

〔註3〕這部分有五則，即襄公·一、二、三；莊公·四；文公·八；幾乎都是引用《左傳》史事糾正何休。
〔註4〕不書葬例見隱公·九；莊公·二、八；閔公·九；僖公·四；宣公·三。三世例見隱公·十四；莊公·四；成公·二；襄公·四；定公·四；哀公·三。日月例見僖公·十三；文公·十；宣公·三；成公·二；昭公·四；定公·一、九。其他義例，如名氏例見僖公·八；文公·六；定公·三。闕疑例見隱公·八等，較少數。

看出劉氏對個別問題的看法，不能歸納出他比較一致的核心思想。例如說日月例部分，劉氏只是對書日月的理由，和傳、注解釋不同，但這不同，不足以歸納出劉氏對日月例有一個整體的看法。所以，對義例的歸類，要能打散僵硬地按所提及的義例來分類，從中歸納出一致表現的部分。而就我們的解讀所得，這個一致的部分，就是對誅貶絕例的重視。這種重視誅貶絕作用的一致表現，不止是劉氏持之以反對何休，甚至強烈到反《公羊傳》。因為這個緣故，與誅絕例無關的義例就不予討論。

　　總的來說，扣除了劉氏贊同傳、注，以史事糾正何休，以及對其他零星義例的見解，我們所要集中論述的條目約有三十三則，〔註5〕分為兩大類，一是禮，一是義例。〔註6〕不過，這個我們也不可能備述，只能闡述代表性條目，並把其餘相關的條目附於其下，歸入註釋。在整個辨析過程中，有必要作一個限制，那就是我們只是展現劉氏的見解，並由此得出劉氏思想特色或傾向，至於這些解釋是否正確，除非他的解釋有自相矛盾，否則不會涉及。因為我們不是廣泛的討論這些禮制、義例在客觀上合理與否，而是藉劉氏對這些禮、例的見解，整理出劉氏的核心傾向，由此探討他持有這些看法的理由；這才是我們的目的。以下列出所辨析的代表性禮、例。禮有（一）母不得以子貴；

〔註5〕　這些義例是：隱公・六、七、九、十、十一；桓公・一、二、三、四；莊公・二；閔公・九；僖公・一、三、四、五、六、九、十一、十二；文公・二、四、五、九；宣公・二、三；襄公・五、七、八、十；昭公・一、五；定公・一、十一。依我們觀察所得，凡何休舉筆誅絕的條目，劉氏必跟進，反對何休誅絕的情況極少。當然，更多的例子是，何休沒有貶責，或誅絕意味不那麼強烈的地方，劉氏都轉向貶責或強化誅絕。以上所舉三十三例中，僅有兩則是劉、何都持大約相同程度的貶責，即桓公・一、二。又有些例子是兩人意思相近，但劉氏用詞較強烈，如僖公・一、定公・一。〈僖公・一〉是說僖公元年，魯和楚結親的事，何休只以譏僖公「與夷狄交婚」言之，劉氏則視與楚交婚為大惡。用詞強烈的作法，正顯示劉氏比何休嚴峻的心態。當然，劉氏展露其嚴峻的最實際例子，是轉變和強化何休的部分（詳正文）；我們不是單以用詞強烈，就斷定劉氏較何休嚴屬。不過，必須澄清的是，這樣說同或相近，不表示兩人的所有論點都一樣，同或相近，只是就誅絕這一點而言；對於誅絕的理由，以及其間參雜的義例的使用，都有可能不同。基本上，這三十三則都是劉氏表示誅貶絕的實例，雖然有些是和何休相近，畢竟還是表達了他的譴責之意，從客觀的義例性質看，這仍是誅絕的例子。因此，我們不因它們和何休較接近，就不予歸類，只是在探討過程中，它們居於較次要的地位而已。

〔註6〕　偏重於禮的條目，是隱公一・六、七、九、十、十一；僖公・三、六、七；文公・二、五。誅絕例的相關條目，依註五的數目扣除，即可獲得，不贅。

（二）魯僭郊禘禮；（三）僖公逆祀、僭牲。義例方面，雖全以誅絕為主，卻可依討論的重點不同而分二類，一是責不討賊或不誅惡人，所舉例子有貶季友、楚子、公孫甯、儀行父、刺天下大夫、責魯不討莒亂；二是功罪不可相覆，所舉例子為齊桓坐滅項、宋馮不得除篡罪。

　　《解詁箋》的體例，一般先引經傳原文，其次引何休注，最後是劉氏的箋釋。少數是有傳無注，或有經文、《解詁》而無傳，底下直接列出劉氏的箋釋；僅有〈隱公‧六〉「母以子貴」是在傳、注以外再引其餘學者說法。

第二節　禮的辨析

一、成風、仲子、弋氏母不得以子貴

　　對禮的辨解，劉氏集中討論的是夫人名分及相關禮制問題。論禮條目中，這佔了六則，而且篇幅都比較長，可見劉氏對它的重視。其中可以下面隱公元年這一則代表，其餘有關嫡夫人名分的議論，都是沿此而發。劉氏反覆申論，只不過是強調「立妾非禮」的主題，但由於其間涉及到不少禮制和名分的認定，使論辯過程變得複雜。

　　這一則是由隱公和桓公誰當立而引起。關於立世子，《公羊傳》有一大原則，那就是「立適（嫡）以長不以賢，立子以貴不以長」（隱公元年）。世子之立以嫡長子為優先，若無嫡長子，則仍當以立嫡子為主。若嫡夫人無子，則立子的先後，據何休注是這樣的：

　　　　禮、嫡夫子無子，立右媵。右媵無子，立左媵。左媵無子，立嫡姪
　　　　娣。嫡姪娣無子，立右媵嫡娣。右媵嫡娣無子，立左媵嫡娣。……
　　　　皆所以防愛爭。（隱公元年）

　　據何休，隱公和桓公之母都是媵的身分，不過，桓公母為右媵，隱公母則左媵，隱公雖年長，桓公的身分卻尊於隱公。因此，按「立子以貴不以長」的原則，桓公當立。桓公尊貴於隱公，這是無異議的。偏偏《公羊傳》還於其後云：

　　　　母貴則子何以貴？子以母貴，母以子貴。（隱公元年）

何休於此句後舉例云：

　　　　禮、妾子立，其母得為夫人；夫人成風是也。（隱公元年）

這兩則，劉氏在《解詁箋》中直接引出。除此之外，劉氏還引了鄭玄的〈駁五經異義〉；鄭玄在此文再引出許慎之說，並批駁之，然後說出他個人意見；最後是劉氏的箋釋。所以，這一則中，共有《公羊傳》、何休、許慎、鄭玄以及劉氏五家的見解。論辯的關鍵在於「母以子貴」這一點上，即「身分是妾者，若其子為國君時，她可否升格為夫人」。為了鋪展的方便，我們先從鄭玄所引到的許慎的說法開始。許慎比較三傳相關的議論，而以《左氏》、《公羊》為依歸，他說：

> 今《春秋公羊》說妾子立為君，母得稱夫人。故上堂稱妾，屈於嫡，下堂稱夫人，尊行國家。則士庶為人君，母亦不得稱夫人。父母者，子之天也，子不爵命父母。至於妾子為君，爵其母者，以妾本接事尊者，有所因也。《穀梁》說魯僖公立妾母成風為夫人，入宗廟，是子而爵母也；以妾為妻，非禮也。《古春秋左氏》說成風妾得立為夫人，母以子貴，禮也。許慎謹案：《尚書》舜為天子，瞽瞍為士，明起於士庶者，不得爵父母也。至於魯僖公本妾子，尊其母成風為小君，經無譏文，《公羊》、《左氏》義是也。

許慎所引《公羊》說法重點有三：一、妾的兒子立為國君，其母（即妾）可以稱夫人，原因是妾本是接事尊者（前任國君）的人，有這層關係在，才可以有夫人之稱。二、若立為國君者，是一般士庶，許慎引舜為例，那麼其母當然不會和前任國君有任何關係，沒有接事尊者，就不能稱為夫人。三、這時對士庶而為國君者，對於其母，就援引「子不得爵命父母」的原則，否定他有尊稱其母的權力。至於《穀梁》譏諷魯僖公立妾母，是以妾為妻，因為這是把妾提升到夫人的地位，而夫人只能有一位，就是該國君的原配。若是如此，對於前任國君來說，這時妾就變成他的正式妻子了；這是不得以妾為妻的理由所在。而《左氏》雖然沒有說出「母以子貴」的理由，但其論點基本上和《公羊》第一點相同。因此許慎是《左氏》、《公羊》而不取《穀梁》。
鄭玄駁許慎說（見《通典》卷七十二，《嘉禮》十七引）：

> 《禮·喪服》「父為長子」，三年，以將傳重故也，眾子為之期，明無二適也。女君卒，貴妾繼室攝其事耳，不得復立夫人。魯僖公妾母為夫人者，乃緣莊夫人哀姜有殺子般之罪，應貶故也。近漢呂后殺戚夫人及庶子趙王，不仁，廢，不得配食，文帝更尊其母薄后，非其比耶？妾子立者，得尊其母，禮未之有也【通典嘉禮】。

他引《禮・喪服》來說禮無二適（嫡）之義，即嫡夫人只能有一位，沒有兩位嫡夫人的道理。若嫡夫人死了，妾可以代替嫡夫人的位置統攝國事，可是卻不能有嫡夫人之名。這是贊成妾可以有夫人的職權，而不可有夫人之名。沒有夫人之名，是否可以完全擁有其職權，鄭玄沒有進一步說明。但從禮的規定來說，妾不得立為夫人。至於成風可以立為夫人，鄭玄以為這是莊夫人哀姜有殺子般（莊公子，立為君僅四月，被慶父所弒，見莊公三十二年傳）的罪，應貶，結果剝奪了她的夫人地位。是以鄭玄之意，哀姜不成夫人，成風雖原為妾，可是既然取代了她，成風就不是妾而是夫人了。末了，鄭玄以漢代廢呂后而以薄后代之為例，証明有這一類事實。不屬這一特殊緣故者，妾子立，還是不得尊其母為夫人。這樣，鄭玄雖是從禮的立場，完全反對許慎以妾為夫人合乎禮，可是卻透過不同的解釋，承認妾有可能成為夫人的例外情形。劉氏的箋釋目的，在認為妾立為夫人非禮外，更完全駁斥鄭玄所說的特殊情形。他引《穀梁》說法，闡明立妾非禮，為使眉目清楚，把這段原為完全連接的原文，分為三段：

> 不書即位，君臣、父子、夫婦、兄弟之道立矣。經曰：「禘於太廟，用致夫人。」穀梁子曰：「用者，不宜用者也；致者，不宜致者也。言夫人而不以氏姓，非夫人也，立妾之辭也，非正也。夫人之我可以不夫人之乎？夫人卒葬之，我可以不卒葬之乎？一則以宗廟臨之而後貶焉，一則以外之弗夫人而見正焉。」

> 經曰：「僖公成風。」穀梁子曰：「秦人弗夫人也，即外之，弗夫人而見正焉。」經曰：「惠公仲子。」穀梁子曰：「母以子氏。仲子者何？惠公之母，孝公之妾也。」經曰：「考仲子之宮。」穀梁子曰：「禮，庶子為君，為其母築宮，使公子主其祭也，於子祭於孫止。仲子者，惠公之母，隱孫而修之，非隱也。」經曰：「秋七月壬申，弋氏卒。辛巳葬定弋。」即哀之未正君而見正焉；《春秋》之辯名如此。

> 禮、宗子雖七十無無主婦，謂大夫得再取也。天子諸侯不再取，有宗廟之事，以貴者攝之，故禮有攝女君。然而曰君之母，非夫人，則群臣無服；邦人稱之曰君之母，稱諸異邦曰寡君之母。大夫以下，妾有貴賤，服有升降而已，以明辯也，所謂不得與民變革者也。（〈隱公・六〉）

劉氏引出三個人，即成風、仲子、弋氏。三人的身分，《公》、《穀》有不同說法，劉氏卻有他綜合二傳的看法。《穀梁傳》評及成風兩次。第一次是僖公八年秋七月，經文是「秋七月，禘于太廟，用致夫人」；以上第一段《穀梁傳》因此而發。第二次是文公九年冬，經文是「秦人來歸僖公成風之襚」；第二段對此而論。

在進入討論之前，我們有必要對第一段的夫人身分，作一番解說。因為《公羊傳》、注對這位夫人的身分，和《穀梁》不同。傳、注皆指僖公的夫人，而《穀梁》以為是成風，即僖公之母。據《公羊傳》文公五年，成風是僖公的母親；對「成風」是僖公之母這一事實，兩傳皆同。這裡的疑問是，在這一段「禘于太廟」的經文中，「夫人」指誰。《公》、《穀》有不同的看法。然而，劉氏既引《穀梁》為証，他的意思是否同意夫人是指成風？在針對僖公八年「禘于太廟，用致夫人」的箋釋中，他的答覆模稜兩可：

> 傳以夫人為聖姜，《穀梁》以為成風，皆立妾之辭，非禮也。《詩》曰：「魯侯燕喜，令妻壽母。」宜大夫庶士邦國是有，既多受祉，妻聖姜，母成風，宜言不宜也。既多言弗戡也，皆微辭。……聖姜蓋僖公未即位時取於齊者，經無如楚逆女，及夫人姜氏至自齊之文，故傳存疑辭。（〈僖公・三〉）

劉氏重複《公》、《穀》的說法，沒有確定那位夫人指誰，他只是從經傳這兩方面，說明聖姜（即僖公夫人）的來歷原不能確定，隱約否定僖公在禘祭所致的夫人是聖姜。觀劉氏此則，不過是強調不管兩說如何，皆是「立妾之辭」而已，重點不在辨別夫人一詞的實指。可是既要談此問題，便不得不把夫人的身分作一番取捨。既然劉氏取《穀梁》的解釋，而又懷疑僖公所致夫人為聖姜，那麼我們就以夫人是指成風了。〔註7〕以下即針對〈隱公・六〉的三段引文，為一清眉目，逐一標出小標題，看劉氏如何反駁何休、許慎、鄭玄三人的見解。

（一）成　風

經文云：「禘于太廟，用致夫人」指僖公八年秋七月，僖公於祖廟舉行禘

〔註 7〕有關這些禮制的「客觀」討論，可以參見周何先生〈春秋吉禮考辨〉，關於「禘用夫人」以及此夫人的身分，參頁 174-184。事實上，這一節所辨析的另兩個議題，即魯郊禘禮、僖公逆祀，該書都有精細的辨解，分見頁 140-151 及 157-172。

祭，目的是爲了是使其母以夫人的身分入於祖廟，和莊公匹配。《穀梁》以爲
這是以妾爲妻，所以但言夫人，而不說出她的名氏；《公羊傳》的說法和此相
近，經書夫人而不稱姜氏，是譏以妾爲妻之意。〔註8〕《穀梁》接著說僖公既
以成風爲夫人，卒葬時又以夫人的禮儀，那麼主書者也只好順此而以之爲夫
人了；此句表明了不得已之情。雖然這樣，《春秋》對她還是有所褒貶的，那
就是一方面把「祖廟」寫在她之上，一方面以外國不稱她爲夫人這兩點，彰
顯了不可以妾爲妻的道理。就第一點言，何休與它相同，顯係因襲《穀梁》，
不同的是夫人是指僖公夫人而已。〔註9〕

至於「僖公成風」指文公九年冬事，經文原文是「秦人來歸僖公成風之襚」。
《公羊傳》、注和《穀梁》對成風的身分尊卑認定不同。《公羊》從經文言「僖
公成風」，不說「僖公及成風」，判定原因是成風尊於僖公之故。〔註10〕《公羊》
「及」的用法，一般正常情況下，是在兩個人身分相等時才用的；〔註11〕既然
不用「及」，即表示成風尊於僖公。而《穀梁》則仍沿襲貶成風的主旨，經文既
書「僖公成風」，不稱夫人，是因爲秦人不承認她爲夫人。這是《春秋》透過秦
人的角度，表達成風不當爲夫人的意思。由此可見，在第二點上，劉氏不取《公
羊》，應是擇取《穀梁》貶意較重且一致之故。我們可以說，《公羊》以成風爲
尊的意見，劉氏應該是不能贊同的。因爲成風在倫理身分上雖尊於僖公，但來
歸襚是屬於兩國外交，當然該偏重成風在正式禮儀上的地位，就這一點言，她
只是莊公的妾，不該有此殊榮。劉氏順此又引出了和成風身分相同的仲子，加
強這種意思。

（二）仲　子

仲子的事兩見，一是隱公元年，經文是「秋七月，天王使宰咺來歸惠公
仲子之賵」。一是隱公五年，經文是「九月，考仲子之宮」。關於仲子的身分，
《公羊》把她看成是桓公的母親；《穀梁》判定她是惠公（即隱公、桓公之父）
的母親，而其身分是孝公（惠公之父）的妾。對此，劉氏棄《公羊》而取《穀
梁》，這自然使得「惠公仲子」和「僖公成風」的書寫一樣，都指妾，是以不

〔註8〕傳文原文爲：「夫人可以不稱姜氏？貶。曷爲貶？譏以妾爲妻也。」

〔註9〕何休注云：「以致文在廟下，不使入廟，知非禮也。」

〔註10〕傳原文云：「曷爲不言及成風？成風尊也。」

〔註11〕隱公元年秋七月，傳云：「何以不言及仲子？仲子微也。」何休注云：「據及
者，別公夫人尊卑文也。」

稱夫人；既不稱夫人，即表示經文要表達貶斥之意。劉氏順此談到由僭越名分而導致禮制僭越的事項。那就是《穀梁》以爲若庶子立爲國君，爲他的母親築廟是合禮的，並委派公子主持相關的祭祀。不過，作兒子的可以祭祀，到了孫子時就停止，毀廟不祭。劉氏同意這個說法，顯然是因爲這只是對兒子立爲國君的妾，只有某一限度的尊重，而非世祭。仲子是惠公的母親，隱公作爲孫子修廟去祭祀她，是以要責備隱公。因爲隱公這種作法，事實上把仲子提升到嫡夫人的地位，惟有嫡夫人是可以世世祭祀的（《穀梁》隱公五年范寧注：「立其廟世祭之，成夫人之禮」）。所以，《穀梁》說隱公這樣做是「成之（按：指仲子）爲夫人」，明其不合禮。劉氏據此反對了傳、注的意見。《解詁箋》還有兩則和仲子有關，即〈隱公·七〉、〈隱公·十〉，觀點類似，也就不多說了。

（三）弋 氏

　　至於經書「秋七月壬申，弋氏卒」，是定公十五年事。弋氏是哀公之母，《公羊傳》以爲不稱弋氏爲夫人，因爲哀公那時還不是國君。〔註12〕順著《公羊傳》的意思推論，這是表示若哀公當時爲國君，就可以使其母成爲夫人了。《穀梁傳》的注釋是「妾辭也，哀公之母也」，立即點明弋氏爲妾的身分，解釋了所以不書夫人之故。劉氏說「即哀之未正君而見正焉」，是說《春秋》藉哀公未成爲國君時，以符合弋氏的身分書寫她，不稱她爲夫人；這是《春秋》藉此表示，這種書寫才是合於正道的；劉氏在此又取《穀梁》而棄《公羊》。

　　辨明立妾非禮之後，劉氏進一步解釋《公羊》爲何會說出「子以母貴」的原因，並反駁鄭玄舉漢世妃匹爲例證的說法：

> 漢世妃匹不正，建儲立后，皆以愛爭，墮其禮防，因秦稱號，且配食。公羊經師欲其說之行，則於傳文「子以母貴」之下增之曰「母以子貴」。夫子既可以貴其母，何必云子以母貴乎？且是，子尊得加父母也。舜不王瞍，禹不王鯀，正也。商追元王，周追太王，皆以義起，非古也，不勝其蔽也。《春秋》正其辭曰：「齊侯送姜氏。」曰：「紀季姜歸於京師。」傳曰：「葬從死者，祭從生者，古志也。」公羊經師曲學阿世而猶存正誼，以示其說之不得已，故其羼入之傳灼然，其說亦必以適母在即稱夫人，紆譎其辭。又以士庶爲人君，

〔註12〕傳原文云：「妱氏者何？哀公之母也。何以不稱夫人？哀未君也。」

母亦不得稱夫人，子不爵命父母，自破其例，意微而顯也。

莊公夫人受誅，不廟食可也，成風廟食不可也，於事成風之立，又
不緣廟食也。黜呂立薄，昉於東漢，非孝文也。太史公書稱孝文太
后崩，母以子氏；知董生《春秋》之義法不廢，而今董生書猶以文
質異法解之，其爲俗師竄改無疑矣。（〈隱公‧六〉）

如果兒子可以尊貴他的母親，則沒有必要再說母親可以尊貴她的兒子，因爲
子可以貴母，就是表示兒子的身分地位比母親尊貴（才可以貴其母），如果他
已比母親尊貴，「母親使其兒子尊貴」（子以母貴）的說法，怎麼還有意義呢？
劉氏贊成「子尊不得加父母」，自然反對妾子立爲國君，還要尊妾爲夫人，以
此再增加兒子的尊貴的觀點。舜、禹皆不王其父，商、周雖分別追封元王、
太王爲王，可是都是順應時代的意義而起（劉氏沒點明這個意義爲何，大抵
和被追封者的開朝功業有關）。從禮的角度來說，子不得加爵於父母，因此《公
羊》寫「母以子貴」，明顯是順應漢代立世子、皇后都不依禮的潮流，以使其
學說得到認可之下的結果；這是公羊經師曲學阿世的心態。可是劉氏認爲，
公羊經師又同時提出士庶爲人君者，其母不得稱爲夫人的說法，和子可以貴
母有衝突，這是公羊經師自破其例，動搖或甚至否決了子可貴其母的觀點。
漢世這種作法，既不合禮，則鄭玄所舉的例子，自然也在劉氏駁斥之列了。

　　總結以上的論証，不管是像何休般直接承認「妾子立，其母得爲夫人」，
或如許愼、鄭玄透過曲折的辯解，而達到和何休相同的結論；都遭受到劉氏
從名分的角度所作出的嚴厲反駁。劉氏的立場非常堅定，即只守住「立妾非
禮」，不管在任何情況下，這個觀點都不失守。之所以如此的原因，是劉氏認
爲「《春秋》之辯名」原就如此嚴格，沒有例外的可能；這是他個人對《春秋》
觀點的一個闡發。從這角度作出這些抉擇，強調這是《春秋》辯名的嚴格。
至於這個嚴格，是否在客觀上符合《春秋》可不論（三傳亦各異），我們只是
從這瞭解到，他所理解的《春秋》，對名分的嚴格是達到這種地步。〔註13〕此

〔註13〕　〈隱公‧十一〉：隱公五年秋天，隱公在祭祀仲子時動用了諸公的禮樂，嚴重
　　　　　違禮，因爲據禮，諸侯不敢作樂，樂是天子所賜。樂是用以象先王之功的，
　　　　　諸侯既非王（天子），就不得作樂。何休卻說祭祀仲子時，不言六佾，是因爲
　　　　　「言佾則干舞在其中，則婦人無武事，獨奏文樂」。劉氏則既否定諸侯可祭妾
　　　　　母之論，也不承認妾、祖母可以奏文樂之說。〈僖公‧七〉：僖公廿四年，經
　　　　　書「天王出居于鄭」。《公羊傳》說這是因爲天王和母親不和睦。何休指出不
　　　　　能事母，則母可以廢天子，而且臣下得從母命。劉氏非常不以爲然，母不能

外，對於劉氏引《穀梁》反駁《公羊傳》、注，我們認爲這不是劉氏孤立提出的意見，而是劉氏個人對《春秋》義理整體理解的結果。

二、僖公郊、禘非禮

在上文中論成風非夫人的論述，我們曾引到「秋七月，禘於太廟，用致夫人」（僖公八年）這一則經文，劉氏在箋釋過程中，曾順帶批評魯舉行禘禮，是僭越天子之禮：

> 夫子曰：「魯之郊、禘，非禮也。」《春秋》因假以見王義，故曰捨魯何適？非以爲内小惡不諱也。禮、不王不禘。禘者，審諦功德，功臣與享，非審禘昭穆也；《商頌·長發》備矣。（〈僖公·三〉）

劉氏也曾在《論語述何·自序》中，提及他不敢苟同孔（穎達）、鄭（玄）的部分有「魯僭禘，妾母不稱夫人」，這是他「引而不發之旨」。《述何》一書談及魯僭禘禮有三則，妾妻事有一則。妾母不稱夫人已見上，現在我們專討論他對禘禮的見解，旁及魯國的郊禮。他對郊禘禮的意見，在《述何》乃至其他篇章如《釋例·郊禘例》、《申何》、《箴膏肓評》〔註14〕等，也零星提到一些。至於禘禮的專論，見於《劉禮部集卷三·禘議》，文中對郊禮也發表了不少看法。由於以上《解詁箋》對此所論甚少，不足以窺見他對郊禘的完整意見，因此有關禘禮的探討，特以〈禘議〉補充。他對禘禮的主要觀點，就是：「不王不禘」；這句話出自《禮記·大傳》。至於對魯行郊、禘，而不合禮的說法，則源自孔子在《禮記·禮運》的話：「魯之郊、禘，非禮也。」（俱見〈禘議〉引）他由此而發揮這方面的見解：

> 謹按禘從示，從帝，言配帝之祭也。又禘者，諦也，審諦其德而差優劣也【本劉向《説苑·修文篇》；張純謂審諦昭穆，大謬】。謂以人鬼配天神，丕視功載以作元祀，其禮參于郊祀天地，其義通乎南郊定謚。故周禘嚳稱天，以禘祖宗之功德；禘文王稱文祖，以禘子孫之功德。

他認爲禘有兩個意義，一指以帝嚳（周的始祖稷出自帝嚳）配天的祭祀，審

廢天子，臣下也沒有得以母命廢天子之義。對這些名分的辨解，也零散的在〈隱公·九〉、〈文公·二、四〉提到。

〔註14〕劉氏言魯郊、禘非禮的零星見解，見《釋例·郊禘例》；《述何》卷一二九七，頁 7-8；《申何》卷一二九三，頁 22；《箴膏肓評》卷一二九六，頁 9 等。

禘祖宗的功德；一指禘文王（文王爲周的近祖），審禘子孫的功德。這個祭禮和郊祀天地、南郊定諡的意義是類似的，都是指人道（由於功德的緣故）可以上通於天之意。禘祭有其歷史演變，唐虞和殷周的禘祭是「義同而禮異」：

> 唐虞之文祖，蓋禘黃帝、顓頊、帝嚳，殷周之禘及嚳而已。殷惟帝
> 嚳以配上帝及有功德之君臣……周則禘嚳以配上帝于明堂，故仍唐
> 虞文祖之名，以禘祖宗之功德；別創文王配帝之禘，亦在明堂，故
> 亦曰文祖，以審子孫之功德。蓋諸侯之功德王者審之，故不王不禘
> 也。周公有其德而無其位，若阿衡之配食明堂稱也，僖公不知而作，
> 誣天誣祖焉。

就禘禮以上古的帝王爲對象而言，殷周和唐虞的禘禮的對象不同，殷周禘禮對象只有帝嚳。而殷周間的分別是，周代又別立文王爲祖、武王爲宗以配上帝。所以，周代禘禮的對象，有周的始祖所出的帝嚳，及開國的文王（爲祖）和武王（爲宗）。對於這種祭祀方式，若能綜括禘、郊、祖、宗的祀典體制，作一番辨析，會使論點更清楚。我們且引大陸學者陳來先生的意見作說明：

> 「禘」指祭始祖之所出，「郊」本指祭天，而祭天時配祭始祖。……
> 「祖」是對創業傳世者的祭祀，「宗」是對德高可尊者的祭祀。這四
> 種祭祀都是宗廟的大祭。楊復將此四祭簡明地概括爲：「禘者，禘其
> 祖之所自出，而以其祖配之也。郊者，祀天，以祖配食也。祖者，
> 祖有功。宗者，宗有德。」舜、禹都祖顓頊，而顓頊出於黃帝，所
> 以虞、夏俱禘黃帝而祖顓頊。契、稷皆出於帝嚳，而契爲殷始祖，
> 稷爲周始祖，所以殷周俱禘嚳，而殷周所郊不同。……一個建國立
> 朝的氏族，以在血緣上可追尋的第一代祖先爲始祖，以開創本朝功
> 業的祖先爲近祖，這兩位祖先是該氏族郊、祖的對象，也是他們最
> 重要的祖先。在始祖之前再推出一位有名的君主作爲禘的對象，在
> 開創本朝事業的祖先之後再確定一位有德的君王作爲宗的對象。如
> 周人郊稷而祖文王，禘嚳而宗武王。（《古代宗教與倫理》，頁236）

由於惟有王者有審禘子孫功德的權力，是以只有王者可行禘禮；這是劉氏對舉行禘禮者的身分的認定。同樣的，對於郊禮，劉氏亦以之專屬於天子。劉氏云「禘異於郊者，《孝經》『郊祀后稷以配天；宗祀文王于明堂，以配上帝。』」按此爲《孝經·聖治章》原文。郊、禘的功能有別，是以舉行的地點和祖先的配饗也不同。「郊稷爲配祈谷之帝」，劉氏之意，郊禮是爲了祈農事的緣故，

並以始祖配天祭祀。劉氏引《公羊傳》宣公三年，說明這種特質：

> 郊則曷爲必祭稷？王者必以其祖配。……自內出者，無匹不行，自
> 外至者，無主不止。（〈禘議〉）

郊禮是祭天，祭天之時，王者必須以其始祖配天，這是因爲天子的始祖（此指后稷）由天所生，沒有和天匹配便不能行禮；所謂「自內出者」指后稷。「自外至者」指天神之至，必須始祖（后稷）爲主，天神才會停下來接受祭祀（參《公羊義疏》卷四十五，頁4-5）。因此，郊祭必和始祖匹配方成禮。

綜上所述，不管是禘、郊禮，都涉及到天子的先祖問題，祭祀既然都須天子的祖先合祭或配食，則有資格祭祀的便只有天子而已，諸侯若舉行郊禘禮，便是僭越；這是劉氏對郊禘禮的意見。這樣的意見，聯繫到魯國來看，除了譴責魯國僭郊禘禮之外，重點還在於強調這種僭禮，都自僖公始。《釋例·郊禘例》中言「郊禘之僭何昉乎？蓋僖公使季孫行父請命於周而始爲之也。」說僖公僭行郊禮，乃由《公羊·僖公三十一年傳》所引出，經文是「夏四月，四卜郊不從，乃免牲，猶三望。」傳云：

> 曷爲或言三卜或言四卜？三卜，禮也。四卜，非禮也。三卜何以禮？
> 四卜何以非禮？求吉之道三。禘嘗不卜，郊何以卜？卜郊非禮也。
> 卜郊何以非禮？魯郊非禮也。魯郊何以非禮？天子祭天，諸侯祭土。
> 天子有方望之事，無所不通；諸侯山川有不其封內者，則不祭也。

至於說僖公僭禘，則始於趙匡。這兩個問題，都有正反兩種意見，牽扯到各種紛歧的解釋。（按：釐清這些，不是本文能力所及，請參周何先生《春秋吉禮考辨》相關部分，見註釋七。）我們的重點只在指出，劉氏是站在反對的一方，所以，可以肯定劉氏反對任何贊成魯國可有天子之禮的說法。何休的對郊禘的看法，沒有劉氏那麼嚴格，這才引致劉氏的批評。如僖公八年「禘于大廟，用致夫人」事，何休只說：

> 禮、夫人始見廟，當特祭；而因禘諸公廟，見欲省煩勞，不謹敬，
> 故譏之。

劉氏認爲《公羊》「傳以禘及用致夫人皆非禮」，然而「何氏反謂因時祭而廟見夫人，譏省煩勞不謹敬，亦失之。」（〈禘議〉）劉氏批評何休不針對重要的僭禘之禮發議論，反而去說僖公爲了省卻麻煩，把禘禮和夫人始見廟一起舉行；何休這種所謂「不謹敬」之說，根本錯誤。同樣的，關於僖公三十一年《公羊傳》指責魯郊非禮（見上引文），何休注云：

禮、天子不卜郊。……以魯郊非禮，故卜爾。昔武王既沒，成王幼
少，周公居攝行天子事，制禮作樂，致太平，有王功。周公薨，成
王以王禮葬之，命魯使郊，以彰周公之德。非正，故卜三，卜吉則
用之，不吉則免牲。

何休的基本態度是肯定魯可行郊禮。而依何休引「天子不卜郊」之說，傳言
魯郊非禮，在何休這種意思底下，指的是郊祭不當卜，而非魯郊非禮。至於
其下言「魯郊非禮，故卜爾」，意謂魯的郊祭不合禮之後又卜，這和傳直接說
魯郊原就不合禮之意不合。所以，對於傳文指出祭天是天子之事，諸侯只能
祭土，何休不止沒有贊同，反而提出魯可以舉行郊禮。何休這點不同，卻是
劉氏對僖公大力攻擊的地方。

三、僖公逆祀、僭牲

僖公廿年，經書：「五月乙巳，西宮災。」

傳：

西宮者何？小寢也。小寢則曷爲謂之西宮？有西宮則有東宮矣。魯
子曰：以有西宮，亦知諸侯之有三宮也。西宮災何以書？記異也。

解詁：

是時僖公爲齊所脅，以齊媵爲適，楚女廢在西宮而不見恤，悲愁怨
曠之所生也。言西宮不繫小寢者，小寢、夫人所統，妾之所繫也。
天意若曰：楚女本當爲夫人，不當繫於齊女，故經亦云爾。

箋曰：

何君說本董子。按穀梁子曰：「謂之新宮，則近爲禰宮。以諡言之，
則如疏之然，以是爲閔宮也。」於義《穀梁》爲長。《詩》曰：「新
廟奕奕，奚斯所作。」毛云：「新廟，閔公廟也。有大夫公子奚斯者，
作是廟也。」經云西宮者，知僖公、季友、奚斯不以閔序昭穆，而
別爲築宮，則躋僖公之意不始於文公矣。《詩》又曰：「靡有不孝，
自求伊祜。」亦微辭也。天戒若曰：閔當序昭穆，不當爲築西宮，
故經亦云爾。（〈僖公‧六〉）

《公羊傳》以爲西宮是小寢，以災見書，是因爲記載災異的緣故。依何休說，
西宮爲楚女所居，僖公本當娶楚女爲嫡夫人，受到齊國的脅迫，反以齊媵爲

正；楚女在西宮受到冷落以致悲愁怨曠，天災是警戒僖公說楚女本當爲夫人之意。劉氏取《穀梁》說法，意即把西宮當作新廟。按謐號稱呼它，是爲了把關係弄得疏遠些，把它當作遠祖似的，其實它是閔公的廟。劉氏引《詩經‧毛傳》，肯定這是僖公、季友、奚斯不以閔公序昭穆，而別爲閔公築宮的証明。這樣做是嚴重違反禮的；因此西宮災，是上天警戒說：應當以閔公序昭穆。

按照《春秋》經文，這種違反昭穆次序的行爲，始見於文公二年八月，文公升其父僖公位，使僖公居於閔公之上；這就是所謂的逆祀，即昭穆的順序不以君主的即位先後爲之。僖公爲閔公庶兄，然而閔公先立爲君，因此僖公曾爲閔公之臣。現在文公欲尊其父僖公，不依即位的先後，反依年齡的大小，躋僖公於閔公之上，非常不合君主的序次。

劉氏在這卻提出，這種不序昭穆的違禮行爲，不始於文公，而是由僖公開始的。文公這樣做，《公羊傳》特發譏刺之意。《穀梁》更是譴責文公的作法，是「無天」的行爲，顯示它嚴重違禮，而劉氏是同意《穀梁》這種「無天」說法的（《解詁箋》〈文公‧二〉）。《穀梁》之說，明顯比《公羊傳》嚴厲，劉氏有取於其嚴重譴責之意。若是如此，則僖公這種和文公相類似的行爲，當然也是劉氏所要嚴責的。值得注意的是，劉氏不止有取於《穀梁》的嚴厲，更把握嚴譴僖公的機會，因爲以上《穀梁》之說，只是提到沒有稱呼閔公的廟爲新宮，改稱爲西宮而已，並不能確定是僖公沒有以閔公序昭穆。劉氏則直接斷定僖公別築西宮，而不序閔公；這就和《公羊傳》、注不同了。

又文公十三年秋，經書：「世室屋壞。」

傳：

魯祭周公。何以爲牲？周公用白牲。

解詁：

白牲、殷牲也。周公死有王禮，謙不敢與文武同也。不以夏黑牲者，嫌改周之文，當以夏辟嫌也。又引《禮記‧明堂位》曰：「封周公於曲阜，地方七百里，革車千乘」，蓋以爲有王功，故半天子也。

箋曰：

《禮‧郊特牲》曰：諸侯之祭以白牲，諸侯之僭禮也。魯祭周公以白牲，蓋亦昉於僖公，非禮也。春秋不譏者，從郊禘壹正之矣。孟子曰：周公之封於魯，爲方百里也。地非不足，而儉於百里。〈明堂位〉所記，蓋荀卿之徒據其後侈陳之，非經誼也。魯之僭王禮自僖

公，里克作頌所爲著莊公之子也，其稱成王所錫，魯公所受，曰山
川田土附庸而已，不聞以天子禮樂也。晉文請六隧，襄王曰：王章
也，不可焉。有成王而以非禮康周公哉？（〈文公・五〉）

世室是魯公的廟，大廟是周公的廟。《公羊傳》解說這一則時，說到祭祀周公、
魯公的犧牲之別；周公是用白色的牛。何休對此沒有異議，只是從三代文質
不同，再發揮所謂白牲的出處，是仿殷代祭王者之禮。因爲在三統中，夏所
尚的顏色是黑，商是白，周爲赤。從這可知文王、武王的祭禮是用紅色的牛，
夏禮用黑牛。何休以爲周公用殷代王者之禮，是把周公定位爲半天子。劉氏
則直接了當的引《禮記・郊特牲》，表明諸侯以白牡祭祀，即是僭王禮；引《孟
子》駁斥《禮記・明堂位》有關封地大小的問題；以里克作《魯頌・閟宮》，
並未提到賜天子禮樂爲由，論析不能以王禮祭祀周公的道理。天子的禮樂制
度，是不能轉致諸侯的，所以晉文公請六隧，爲襄王所拒，因六隧是天子的
典制（見《左傳》僖廿五年）。至於《春秋》爲何在此不譏刺，是因爲之前魯
的郊禘，它竊取天子禮樂，嚴重違禮的意思已經表達過，則這裡的違禮，其
譴責之意不言而喻。

　　綜觀第二、第三小節中，劉氏的批評，其實可以分成兩方面來談。第一
方面是他明顯不承認魯可以享有半天子的地位，以致可以舉行郊禘禮，用白
牲祭祀周公。第二方面是他把僭禮的矛頭都指向僖公，這些被僭越的禮制項
目有禘禮、郊禮、祭牲，都是宗廟中的大禮，此外又指他有逆祀之行。

　　就第一方面來說，《禮記》〈明堂位〉和〈祭統〉，都曾說到周天子賜給魯
舉行郊禘禮的權力：

（一）昔者周公旦，有勳勞於天下。周公既沒，成王、康王追念周
　　　公之所以勳勞者，而欲尊魯，故賜之以重祭，外祭則郊社是
　　　也，內祭則大嘗禘是也。（〈祭統〉）

（二）成王以周公爲有勳勞於天下，是以封周公於曲阜，地方七百
　　　里，革車千乘，命魯公世世祀周公以天子之禮樂。……祀帝
　　　於郊，配以后稷，天子之禮也。……以禘禮祀周公於大廟，
　　　牲用白牲。（〈明堂位〉）

不過，可以想見這不會爲劉氏所接受。這種不以某方面的明文記載爲是的背
後，是某種先決的態度所決定的結果；這可以從抨擊僖公的那一面看出。首
先，就劉氏反對魯舉行郊禘而言，已知這是前有所承。然而，不管對前人的

說法贊成或反對，都是劉氏經過抉擇的結果，這種抉擇一樣表現出他的思想傾向。其次，更重要的是，從劉氏其後以亂昭穆、僭牲之罪名加諸僖公，而僖公夙稱明君，可知嚴厲該是劉氏看待春秋的方式，因為客觀來看，這種罪名不一定有確鑿的証據。這就對顯出，劉氏選擇反對魯國可以有天子的禮樂的立場，應只是貫徹他嚴厲的態度而已。換言之，這是因為劉氏原本就以嚴厲的態度，看待《春秋》有關違禮的記載，而恰好前人對僖公僭郊禘禮有所抉發，符合他這種態度，是以為他所取。因此，繼承前人這種說法，並不會影響我們判定劉氏有傾向嚴厲的思想特徵。為了堅持這種觀點，他反對了《公羊傳》和何休某些說法，對名分的辨析，相對而言比《公羊傳》、何休嚴厲得多，這是嚴刑態度的充分表現。

劉氏對以上被違反的禮制，雖然沒有直接說出應該誅絕，不過，順此對禮的嚴格要求，自然展現為重視誅貶絕。所以，我們下一節專談他重視誅貶絕的部分，和他這裡嚴辨禮制名分是息息相關的，只是偏重不同，故乍看表面有別而已，其實底子裡的嚴厲是一樣的，這才是劉氏看待《春秋》的基本態度。

第三節　誅絕例的辨析

在誅絕例方面，劉氏這種嚴厲的態度表現為：在何休解釋經傳，判定天子、君或臣的行為無罪（或不違禮）或罪較輕的地方，劉氏以為有罪，或罪還不小，以至於必須誅絕。劉氏重視誅絕是轉變何休的解釋方向，使經傳內容變得嚴厲的原因。但若我們再就其轉變的項目，約略歸類，他的嚴厲從以下這兩方面表現，一是著重諸侯不討賊或不誅惡人；二是提出功罪不相掩的觀點。以下就每類選出比較代表性的幾個例子來討論，其餘的例子則參考注釋。

一、責不討賊或不誅惡人

劉氏責不討賊或不誅惡人，背後的原因是諸侯大夫等不行春秋之義；其責備之意兼及兩方面，一責賊子，二責有能力討賊而不討或不誅者。

（一）季友不誅慶父

閔公元年，經書「元年，春王正月。」

傳：

將而不免，過惡也。既而不可及，因獄有所歸，不採其情而誅焉，
親親之道也。

解詁：

論季子當從議親之辟，猶律親親得相首匿；當與叔孫得臣有差。

箋曰：

得臣黨遂弒赤；季友知賊不誅，坐視子般、閔公之弒，以成其立僖
之功。春秋褒其功而誅其意，於不書葬閔公，殺慶父見之。弒君之
賊，豈得援親親首匿之律哉？（〈閔公・九〉）

這一段評論魯國的季友。由於何休引入叔孫得臣和東門遂的事蹟作為對比，
因此劉氏亦連帶及之。東門遂在文公薨後，殺死文公的嫡子子赤（按：《左傳》、
《史記》作太子惡）及赤之弟，而立庶出的俀，即宣公。至於叔孫得臣雖非
主謀，卻知道這件預謀，而沒有反對殺嫡立庶，因此傳、注貶斥他。〔註 15〕
何休以為季友這次的事和叔孫得臣的情況不同，劉氏則不贊成。

　　季友事件的始末是這樣的：莊公三十二年，莊公臨死前要立其子子般為
君，其同母弟季友支持他。然而莊公同父異母的兩個弟弟，公子牙和公子慶
父卻聯成一氣，公子牙屬意立慶父。季友知道後先鴆殺了公子牙，卻沒殺掉
慶父。莊公三十二年八月，莊公薨，子般立。十月，慶父派人殺死子般，立
閔公。季友逃到陳國。閔公元年八月，閔公請求齊國召回季友。閔公二年夏，
慶父又派人殺死了閔公。季友帶了閔公庶兄僖公奔邾國，慶父也逃到莒國。
季友回國立了僖公，並賄賂莒國使他們送慶父回來。慶父到了密州，使公子
魚去請求赦免。沒有允許，慶父乃上吊而死（事見《左傳》，《公羊傳》在細

〔註15〕　文公十八年秋天，經書：「公子遂、叔孫得臣如齊。」因為六月剛辦完文公的
　　　　喪禮，公子遂（即東門遂）當時一手操持魯的內政，卻在此時出使到齊國；
　　　　因此，何休以為這是譏刺魯國「虛國家，廢政事，重錄內也。」劉氏箋曰：「不
　　　　舉重者，著得臣之與聞乎弒也。子赤齊出也，故為宣公如齊許賂，非子赤使
　　　　之也。子赤弒而季孫行父如齊，謀定宣公也。遂主謀，故於卒也去公子；得
　　　　臣與聞，故於卒也去日，以明首從，非別輕重也；行父不與聞，故日卒正文。」
　　　　劉氏直接指出，這是點明得臣得知東門遂有弒嫡之謀而不反對。按東門遂、
　　　　得臣兩人如齊，據左傳文公十八傳云，是為了取得齊侯支持弒嫡立庶的計劃；
　　　　劉氏此意由此而發。又劉氏在此把何休之意，轉為貶絕東門遂、得臣。這和
　　　　何休的意見不同，和弒子赤一事聯繫一起來解，劉氏藉此達到責臣子的目的。
　　　　見〈文公・九〉。

節上與《左傳》稍有出入，但不防礙我們的討論）。

《公羊傳》在閔公元年說到此事，以爲公子牙不過是將要弒君，季友就鴆殺他，是爲了制止作惡。現在慶父弒君，季友卻不誅，是因爲慶父已經殺了子般，再殺掉他也無法改變子般被殺的事實。而且，慶父把罪過歸到那個被派去殺子般的人身上，已經依罪把那個人處決，案件已算了結。季友也就不探求內情而放過慶父了；這是愛兄弟至親的方式。〔註16〕閔公二年，閔公被殺，《公羊傳》對季友不殺慶父的說法，和這幾乎完全一樣。

何休順傳作解，以爲季友不是事先得知，和叔孫得臣的情況有別；評論季友應當從議親之法，就好像法律之中，有替親人隱瞞之理一樣。劉氏卻說季友的作爲並不能得到《春秋》的赦免，子般、閔公被弒，季友竟然沒有任何行動，所以，閔公死不書葬（按《春秋》僅隱、閔二人不書葬）。按《公羊》義例「春秋君弒賊不討，不書葬」（《公羊傳》隱公十一年），這是責臣下不討賊，誅及臣子。魯國在二年內兩位國家的繼承者被殺，這都和季友不迅速殺掉慶父有關。劉氏認定慶父是弒君之「賊」，則季友就沒必要以親親之道的方式來對待他；季友若因此故而不迅速殺掉慶父，是他處事不合義。是以劉氏反對傳、注的解說，把臣子中當負不討賊之責者，指向季友。

（二）楚不誅公孫甯、儀行父

宣公十一年經文云：「納公孫甯、儀行父于陳。」

傳：

此皆大夫也，其言納何？納公黨與也。

解詁：

據納者，謂已絕也。今甯、儀行父尚未有出奔絕文，故見大夫反言納也。徵舒弒君，甯、儀行父如楚訴徵舒，徵舒其黨從後絕其位，楚爲討徵舒而納之，本以助公見絕，故言納公黨與？不書徵舒絕之者，以弒君爲重。主書者美楚能變悔改過，以遂前功，卒不取其國而存陳。不繫國者，因上入陳可知。

箋曰：

〔註16〕傳文云：「惡乎歸獄？歸獄僕人鄧扈樂。曷爲歸獄僕人鄧扈樂？莊公存之時，樂曾淫于宮中，子般執而鞭之。莊公死，慶父謂樂曰：般之辱爾，國人莫不知，盍弒之矣？使弒子般，然後誅鄧扈樂而歸獄焉；季子至而不變也。」

> 甯、儀行父不繫國者，因上未有出奔絕文，故絕之於陳也。傳言二
> 人黨惡，即《詩》刺「乘我乘駒，朝食於株」者，非以其訴楚討賊
> 得免罪也。納者，內勿受未有善辭也；主書者刺楚不誅惡人。若以
> 二人無罪，美楚存陳，當書陳公孫甯、儀行父自楚歸於陳矣。（〈宣
> 公・二〉）

這一則史事，《左傳》備載。陳國君主靈公，和大夫公孫甯、儀行父一起淫佚
夏徵舒的母親夏姬。靈公對儀行父戲言，說徵舒像他，儀行父回答說徵舒和
靈公也相似。徵舒以此殺了靈公；事在宣公十年。公孫甯、儀行父逃到楚國。
隔年冬天十月，楚莊王率軍入陳，殺死夏徵舒，並同時送公孫甯、儀行父回
國。而楚在誅殺夏徵舒之後，欲將陳納爲楚國的一個縣。不過，在楚國大夫
申叔時的勸導下，莊王立陳靈公太子爲國君，退出陳國。劉、何二人的爭論
是對楚莊王和甯、儀二人的的評價。

何休以爲經書「納」，已經表示是對甯、儀二人的「貶絕」（絕文）。《公羊
傳》凡書經由外人之力，欲進入自己的國家主持國政之意時，都以「納」表示。
這種意思的「納」，每次被納者的身分，都是諸侯（夷狄亦然），身分爲大夫者，
只有這一次。提到「納」，共四次，即莊五年、九年，文十四年，宣十一年。這
其中明言「納」和篡的意思相等的，僅一次，即莊九年事。其餘事件對「納」
這種行爲，並不直接等同於「篡」，但多少有貶責之意。〔註17〕相對而言，《穀
梁》對這種意思的「納」，其訓釋都極一致，皆有指責的意味。《穀梁傳》「書納，
內弗受也」，總共三次，即僖廿五年、宣十一年、哀二年。所謂「內」，是指那
些離國之後的君臣，所要回去的故國。「內弗受」，是說國內不欲接納他，這是
因爲他們都有失禮之行，而被該國排斥的緣故。

劉氏用了《穀梁傳》「內勿受」的說法，目的在於指出甯、儀二人是被其
國人所拒斥的，並不能因爲二人借楚誅戮徵舒的功勞，而可免掉之前淫佚夏
姬之罪。何休卻說甯、儀因爲助靈公，而被徵舒的黨羽斷絕二人的權位，所
以徵舒被誅後，經書「納」，由於他們是幫助靈公而被斷絕權位，使二人以此

〔註17〕 《公羊傳》對納作解釋有兩次，即莊公九年和文公十四年，皆解爲「入辭也」。
　　　　 然而「入」是否爲一個貶詞呢？傳言及入的次數不少，如隱公二年、八年、
　　　　 莊公九年、廿四年、襄公廿三年、昭公廿二年、廿六年。僅有昭公廿二年直
　　　　 接表明入即「篡」。莊公九年的解釋是先訓納爲入，再把入等同於篡；就此而
　　　　 言，不能說納沒有貶責意味。不過，若單從傳文看，不如《穀梁》的一致而
　　　　 確定。

入主國政。何休雖然在之前說經書「納」，是對二人的誅絕，但對於楚納二人入主國政，何休有些搖擺，顯然有肯定之意。總括而言，他沒有強烈譴責二人，這倒是可以確定的。

此外，何休認爲經書對楚莊王，以其能不取陳國而褒獎之，許其能改過遷善。劉氏則不以爲然，他認爲「納」是「內勿受」，顯示甯、儀二人罪大，而楚莊王居然不誅殺，經書應是譏刺楚王不誅惡人。因爲這樣，楚存陳之功，劉氏也有否定的意味了。由此可見，劉氏以爲甯、儀、楚莊王三者，都有不合《春秋》道義之處。他對這些人的行爲的評價標準，明顯比何休嚴格許多。〔註18〕

（三）諸侯不討蔡般

襄公三十年冬天，經書「晉人、齊人、宋人、衛人、鄭人、曹人、莒人、邾人、滕人、薛人、杞人、小邾人會于澶淵，宋災故。」

> 傳：
>
> 此大事也，曷爲使微者？卿也。卿則其稱人何？貶。曷爲貶？卿不得憂諸侯也。

> 解詁：
>
> 時雖名諸侯使之，恩實從卿發，故貶起其事，明大夫之義得憂內，不得憂外，所以抑臣道也。宋憂內並貶者，非救危亡，禁作福也。

> 箋曰：
>
> 諸侯使大夫歸宋財，善事也。書晉趙武以下會於澶淵，歸粟於宋可

〔註18〕 按以上所論這一則之前，經文是這樣寫的：「冬十月，楚人殺陳夏徵舒。」這裡貶楚莊王爲楚人，據《公羊傳》是因爲《春秋》「不與外討」。其下經文云：「丁亥，楚子入陳。」《解詁》云：「復出楚子者，爲下納善，不當貶，不可因上貶文。」何休意思是說，這裡稱楚子是對應楚莊王有納甯、儀的善行，故稱楚莊王的爵號，而不是沿續不與外討的貶責。劉氏箋曰：「復出楚子者，正上貶文，不正則不見也。」意思是這裡稱楚子，正是爲對顯出對之前外討的貶責之意。這是劉、何對書法看法的不同，而和我們以上的討論有些間接關聯，故附於此。見〈宣公・二〉。不過，陳立對何休「納善」的理解，「即謂納諫不取陳事。……舊說以『下納善』爲善其納公孫甯、儀行父，非也。」（《公羊義疏》卷四十七，頁7）陳立說雖具參考價值，但揆諸何休原注，卻是帶著猶豫的口氣說甯、儀以「助公見絕，故言納公黨與？」沒有確定納甯、儀就是不善，這顯示納甯、儀也可能是善。因此說楚子「爲下納善」，究竟是指那一件，還有爭議的餘地。

矣，且叔弓如宋葬共姬，魯大夫未有不在會者，則經當書叔弓會晉
趙武以下於澶淵，歸粟於宋，曷爲諱內而盡貶天下之大夫，且變歸
粟之文曰宋災故？時蔡般以子殺父，臣殺君，而諸侯不知討賊，民
彝泯而天理滅矣。區區歸粟之義，曷足善乎？傳宜云：「會未有言其
所爲者，此言爲何？不討賊也。此大事也，曷爲使微者？卿也。卿
則其稱人何？遍刺天下之大夫也。不書內大夫，諱之也。」【義同胡
氏，似勝傳注】(〈襄公・十〉)

三傳對此事的記載大旨相同，都以爲澶淵之會，是十二國的大夫爲了宋遭遇
火災的緣故，商議要在財物上對宋國有所幫助。劉氏指所歸者爲粟，這在三
傳中都沒有明確提到。不過，即使劉氏定爲粟，他對《公羊傳》、注的理解，
也沒有太大的偏差，那就是：十二國大夫之會，是爲了幫助宋國，這一點理
解是無誤的。傳、注都在藉此發揮貶斥「卿不得憂諸侯」(《公羊傳》襄公三
十年)的大義，貶斥大夫糾合鄰國，去救助宋國，恩不從君主出，是大夫專
政的表現。而劉氏此文重點，卻和三傳所說皆異。襄公三十年夏，蔡世子般
殺了蔡國君主固，因爲蔡世子殺君，相對於宋災言重要得多，這些大夫聚會
卻不討子般，所以他的解釋是，這是「遍刺天下之大夫」不討賊；傳、注對
此事的掌握明顯有偏差。這個意思，劉氏明言同於宋儒胡安國的注，而義高
於傳、注。

（四）魯不平莒亂

昭公元年，經書「三月取運。」

傳：

運者何？內之邑也。其言取之何？不聽也。

解詁：

不聽者，叛也。不言叛者，爲內諱，故書取以起之。不先以文德來
之而便以兵取之，當與外取邑同罪，故書取。月者，爲內喜得之。

同年秋天，經書「叔弓帥師彊運田。」

傳：

彊運田者何？與莒竟也。與莒爲竟則曷爲帥師而往？畏莒也。

解詁：

畏莒有賊臣亂子，而興師與之正竟，刺魯微弱失操，煩擾百姓。

箋曰：

西運，魯齊同壤；東運，莒魯同壤。上年莒弒密州，魯不討亂而取運，故諱不言伐莒而加月以起之。是時去疾與展爭簒，魯又不討而彊運，故變文加帥師以起之。傳畏莒也，諱辭，與莊九年浚洙傳畏齊也同例。此不言曷爲畏莒也，辭不討賊也，乃省文。魯兵不以義動而以利起，故諱使若非從莒取也。傳云內邑，順經諱文。解詁俱失之。（〈昭公‧一、二〉）

劉氏合二則一起解釋。昭公元年，魯取了莒國的運；二國已數度爲了這個地方而起爭奪。運曾爲魯所有，時在文公十二年；成公九年，又爲莒邑（見楊伯峻《春秋左傳注》，頁1198）。所以，《公羊》說運爲內（即魯）邑，是有根據的；三月取運，是因爲運不從魯的緣故。何休的解釋順傳而發，並說明經傳不言運「叛」，是因爲魯沒有先以德撫綏，立即興兵伐取，因此書「取」不書「叛」，是替魯避諱。至於第二則，傳云叔弓去正運的疆界，卻須帥師，是因爲懼怕莒國。何休看法類似，只是加了譏刺魯國軍力微弱，沒有法子操控局勢，徒然煩擾百姓的說法。

　　劉氏的見解和何休迥異，他判定這是經文責魯不討莒國亂賊。莒國的君主犁比公在昭公元年前一年（襄公三十一年），被他所廢立的太子展輿所弒。比公廢展輿，立去疾，因此在這場爭奪中，去疾也被迫逃到吳國。魯不討莒亂，反趁此取運。至亂事擴大，魯不止不討，反而帥師去正運的疆界。在魯取得運的兩次記載中，劉氏把整個過程理解爲經傳都是爲了避諱魯不討亂。所以第一次，只說「取運」不言「伐莒」，而魯實際上是「伐莒」，才取得運。魯不止不討亂，反而代取運，故諱；言「取」輕於「伐」，這便達到替魯避諱的目的。第二次的疆運田，加上「帥師」二字，是經文故意闡發魯當討亂的意思而加的，因爲正疆界，原不必「帥師」，今書「帥師」，正說明魯應當以討亂爲鵠的，而不是帥師去正疆界。而《公羊傳》以運爲內邑，是爲了顯示這只是魯自己國內的事，和莒亂無涉，這是順經文而避諱。劉氏的解釋，明顯強調魯當以正義爲先，討伐莒亂，是以不同意傳、注。〔註19〕

〔註19〕劉氏的解釋其實有內的不協調處，因此我們略爲辨析。先看劉氏所舉莊公九年的例子。經書「冬，浚洙。」這年冬天，魯挖深洙水。傳說這是懼怕齊國，是以要挖深洙水來防備。至於害怕齊國的原因，必須稍微插入一段史事，方便說明：莊公九年，齊國的小白和子糾爭國，子糾求助於魯莊公，莊公伐齊以納子糾，結果失敗。後來小白先入主齊國，魯與齊戰，敗績。小白遂要

二、功罪不相掩

　　嚴責某事不合禮、義，事實上都可把這些褒貶，延伸到人身上去。雖然該褒貶本身，可能僅及於事未暇及人，然而，事由人作，事件的合理與否，本就隱含對當事人的褒貶。劉氏從這轉出的評價人的觀念，就是「功罪不相掩」。雖言「功罪」，重點在於不可以功除罪，眞正用意是爲嚴辨其罪。

（一）齊桓公坐滅項

　　僖公十七年，經書：「夏，滅項。」

傳：

孰滅之？齊滅之。曷爲不言齊滅之？爲桓公爲諱也。《春秋》爲賢者諱，此滅人之國，何賢爾？君子之惡惡也疾始，善善也樂終。桓公嘗有繼絕存亡之功，故加子爲之諱也。

解詁：

時桓公德衰功薄而滅人，嫌當坐，故上述所嘗盛美而爲之諱，所以尊其德，彰其功。傳不言服楚，獨舉繼絕存亡者，明繼絕存亡足以除殺子糾、滅譚、遂、項，覆終身之惡；服楚功在覆篡惡之表，所以封桓公各當如其事也。不月者，桓不坐滅，略小國。

箋曰：

何君云：凡諱者，從實。爲桓滅項，正之，使不得若行，所以強伯義。《春秋》功罪不相掩，以功覆惡而褒封之，非所聞也。不日，略小國是也。桓公不坐滅，失之。（〈僖公・五〉）

這年夏天，齊桓公滅了小國項，但經文沒有寫出，傳說這是《春秋》替賢者諱的緣故。齊桓公的功績在於「繼絕存亡」，即保存被滅亡的國家（見僖公元年、二年、十四年傳）；《春秋》經傳對桓公每有褒獎之語。何休也舉出他有服楚之功（僖公四年，傳盛美桓公「救中國，而攘夷狄」）。不過，何休卻轉出齊桓公可以此繼絕存亡之功，來抵消他曾殺子糾（莊公九年）、滅譚（莊公

脅魯國殺死子糾，魯不得已而從之。爲了這個緣故，魯挖深浚水，傳云「畏齊」，因爲「辭殺子糾也」。事實上，所謂「辭殺」是替魯避諱，子糾是魯國在齊國的脅迫下所殺。何休解釋避諱之故，是因爲這顯示魯軍力不強，以致不得不諱。從這回頭去看劉氏以上的解釋，若是「辭不討賊」而替魯諱，則這個不討，是畏莒之故，否則不必畏，而之所以畏，是因爲魯國微弱，魯既微弱，那麼經傳爲何又責魯不討賊呢？顯然這其間有不協之處。

十年）、逐（莊公十三年）、項（見上）的罪名。

劉氏徹底反對這種功可以除過的意見。他認爲替桓公諱滅項，是藉此導正他，禁止他作這種事，這樣的諱眞正標舉出霸主當尙德而輕武之義。劉氏曾說過「凡諱皆有惡，即刺也，諱深則刺益深」（《釋例・諱例》）。諱既是針對失禮或不合禮義而來，那麼按照諱的用法，這表示這些違禮背義的行爲，不會因爲桓公的功勳而消失。傳這裡既然用諱一詞，自然不會因爲這樣而抵消桓公的罪名，功罪可以相覆的說法，當然不可能成立。﹝註20﹞

（二）宋馮不得除篡罪

昭公三十一年冬，經書：「黑弓以濫來奔。」

解詁：

夫子本所以知上傳賢者，惡少功大也，猶律、一人有數罪，以重者論之，《春秋》滅不言入是也。按叔術妻嫂，雖有過惡當絕，身無死刑，當以殺殺顏者爲重。宋繆公以反國與與夷，除馮弒君之罪，死乃反國，不如生讓之大也。馮殺與夷亦不輕於殺殺顏者，比其罪不足而功有餘，故得爲賢。傳復記公扈子言者，欲明夫子本以上傳通之，故公扈子有是言。

箋曰：

《春秋》之義，事在元年前者，罪不追治，功必追錄，所謂惡惡短，善善長也。叔術之事，傳多存疑辭，末乃以公扈子之言爲斷，意以致國夏父，雖以家事干國事而意合乎讓，夫子追通之以救末世爭篡之禍，若宋馮之不書篡而書葬，爲盈諱文，以明議賢之辟，然督當國則已有所見矣【《穀梁》言深諱文必有所見，通例也】。猶必曰以成宋亂，曰取郜大鼎於宋，此與宣公弒子赤濟西田，略齊而書即位者，法無異也。若篡弒之罪可除，孰不可除乎？此非制作之意矣。公扈子有見夫子通濫之意而爲言亦非。（〈昭公・五〉）

﹝註20﹞ 與此則相類的另一則，見解〈僖公・十一〉。僖公廿八年，經書：「陳侯款卒」。《解詁》云：「不書葬者，爲晉文諱，宋襄亦皆背殯，獨不爲齊桓諱者，時宋襄自會之。」《箋》曰：「何君以傳惟云爲襄公諱，知不爲齊桓諱。又以傳於宋襄不書葬，爲盈諱，解爲功惡相覆，宜加微封；則諱爲褒文，非從實矣，失之。」這同樣批評何休功過相覆的觀點，一方面也從對諱的使用角度，加深這種批評的合理性，因劉氏以爲若按何休的解釋，諱的用法不是譏刺，而是褒獎了。

這一則沒有引傳。這一則的本事，據《公羊傳》是這樣的：邾婁國的大夫黑弓以濫這個地方來奔魯。濫本是該國的一個邑，可是傳卻把濫當作一個國家看待，而不提邾婁；這是因為黑弓的先祖叔術有讓國的賢行：大約是在魯孝公時，邾婁國有女為魯國的夫人，邾婁國的君主顏為夫人之父，趁機姦淫魯宮的公子，又勾引魯國的公子卻謀害孝公。孝公賴乳母得免，魯臣一狀告到周天子處，天子乃命魯人誅殺顏，立其弟叔術為邾婁國君。顏的夫人國色天香，揚言誰能殺掉殺死顏的人，她就嫁他為妻。叔術殺掉了那個人，而娶其嫂為妻。顏夫人和顏原育有一子名夏父，她和叔術又生了一子，名盰，兩人對他甚為寵愛。一日，兩子爭食，叔術乃覺悟邾婁原是夏父所有，於是讓給他。夏父把五分之一的土地分給叔術，這就是濫個邑。《公羊傳》在敘述這段史事時，偶有疑辭。對這段史事，最後以公扈子之言作結。公扈子十分瞭解該國舊事，他說叔術在那位下令誅殺顏公的周天子死後，就還政給夏父，邾婁國因此而常受到周國軍隊的騷擾，因為叔術違反了周天子的王命。

如果不這樣劃清濫和邾婁的關係，而把濫當作一個國家看待，那麼就會暴露出由叔術接受濫開始，他們就是世襲大夫的事實。《公羊》有「譏世卿」（見隱公三年、宣公十年傳）之旨，反對爵位的世襲，以避免權並一族。《春秋》既視叔術為賢人，就不想把「譏世卿」的譴責加諸叔術世族之上。

何休在注公扈子那段話時，是認為公扈子沒有提到叔術妻嫂或兩兒爭食之事。不過，何休沒有採取公扈子的說法。他認為叔術即使有妻嫂之行，只是當絕，罪不致死；他所犯的罪，當以殺「殺顏者」為重。何休接著舉宋國馮弒與夷的例子對比，說明叔術雖有殺「殺顏者」的罪行，可是《春秋》仍許其為賢者的道理。宋國的事件是這樣的：隱公三年，宋國的繆公臨死前，把君位傳給其侄兒與夷。這是因為之前宋宣公（繆公之兄）不傳其子與夷，而傳給繆公，是以繆公最後把國家歸還給與夷，而驅逐自己的兒子馮、勃。與夷遂立，是為殤公。桓公二年，宋國的大夫督殺死了與夷，迎立馮為莊公（詳《公羊傳》隱公三年）。

何休覺得宋繆公把宋國歸還給與夷，即解除了馮弒君的罪名；只是他是臨死前才把國家交回，功業不如叔術生而讓國來得大。何休又由此轉出說其實馮的弒君，不輕於叔術的殺「殺顏者」。這是有點迂迴的說明，叔術的殺「殺顏者」，也算重罪。不過，相對來說，叔術是生讓，而且他所殺的是魯大夫（殺顏者），不是弒君，罪名既比馮輕，功又比繆公大，是以可以稱為賢。

劉氏斷定叔術讓國，是孔子爲了遏止末世篡國之禍而追述。他反駁的焦點，是對何休有關宋莊公馮的見解，以及由此而延伸出來的「除罪」觀念。與夷被弒後，《春秋》雖然書葬（按：隱十一年傳「春秋君弒，賊不討不書葬」）這只是爲了替宋繆公避諱而如此，因爲宋繆公的讓國之行，是以不讓其後人正面受到譴責。然而，在桓公二年與夷被弒的過程中，經文不斷提到魯宋等國大亂，以及魯收取宋國賄賂郜大鼎等，這和宣公爲了殺子赤而賄賂齊國是一樣的（見前）。經文這樣寫，實際上已經透露出它對此事的譴責意思來了。所以，劉氏非常堅定的反對何休所說的宋繆公的讓國，已替馮解除罪名的看法。劉氏雖不再提到叔術，不過他的意思已經非常清楚，那就是若叔術眞的殺了「殺顏者」，劉氏當不以爲叔術的讓國行爲可以使他除罪。

這種功罪不相掩的觀點，其實前面的探討，我們已經間接觸及。如劉氏對僖公、季友嚴厲的批評，以及對公孫甯、儀行父等，都展現這種精神。僖公、季友夙稱賢君名臣，《魯頌·閟宮》是歌頌僖公的長篇史詩；對於季友，劉氏亦有褒詞，《釋例·褒例》言：「苞桑社稷，柱石國家，權輕重之義，別尊親之倫，容悅事君之朝，莫之或究也，爲表三人焉，曰：祭仲、紀季、季友。」然而，在《釋例·內大夫卒例》中他說：「莊之大夫不卒者，不以復仇之義告於君，猶之無臣子也。季友之功足錄矣，而閔不書葬，則立僖之私，誅牙之權，功不足以蔽罪也。」以季友之賢，猶「功不足以蔽罪」，何況其餘？從此足見劉氏嚴厲之一斑。

第四節　禮刑觀念的嚴厲

以上對劉氏駁正何休的論述，只是著重展現劉氏的見解，由此看出他的思想特色，並不是客觀分析劉氏所說是否符合經傳。若目的不在於整體探討劉氏這種思想特徵，則易流於針對其符合經傳與否，對劉氏有所批評。陳立《公羊義疏》就有一些屬於此類，如對於劉氏解釋「西宮災」，陳立評爲臆斷：

> 劉氏此說殊爲臆斷；且公羊先師既指楚女所居，亦不得以《穀梁》
> 說羼入。（卷三十三，頁 12）

對於劉氏責澶淵之會，大夫不討蔡般，則云：

> 《春秋》可討者事甚多，其圖小忘大者亦多，譏不勝譏，奚必責此
> 澶淵一會？劉氏之義本之宋儒胡安國，不信注，並不信傳，直欲於

三傳外造一劉氏傳，未免逞臆改作矣。（卷六十，頁33）
同樣的劉氏責魯不討莒亂，陳立同意傳、注而反劉氏：

> 劉說非是。魯君失政，彊臣執柄；傳云畏莒，微弱已甚，安能責其
> 討莒？《春秋》無義戰，無非利動，何獨責之於此？詳繹傳意，但
> 責其微弱爾。若以《周禮》證之，則帥師以彊運田，正臨事而懼，
> 無爲譏也。（卷六十一，頁8）

陳立說劉氏「臆斷」、不信傳注「直欲於三傳外造一劉氏傳」，若依經傳文脈
來看，未嘗沒有道理。由於我們目的在藉劉氏不同意傳、注部分，歸納出劉
氏自己的《公羊》學，所以我們切入的角度不同。這裡，我們試著對他這種
解經特質，作進一步概括。

　　就禮制來看，劉氏的重點擺在嚴辨尊卑上下，以確保名分和禮制沒有被逾
越。因此，依禮，妾的身分低於嫡夫人，即使其子爲君，這種尊卑還是不能改
變；劉氏批評魯國和僖公都是基於這個原則。嚴辨的目的，正面來說是正名分，
實際的用意，則在於譴責失禮。若事情本身原就合禮，便沒有辨析的必要，有
辨析，都是因爲有違禮。換言之，劉氏在禮制上的論析，目的不止於論定那一
種禮制正確，在判定之餘，對於它的不正，還透露出應該誅絕之意；這和單純
的禮制考証不同。不過，誠如上文所說，嚴辨禮制時，自會偏向禮的辨析，不
會一味表達誅絕之意，眞正表達誅絕的，還是在義例。對誅絕的重視，是要求
對纖芥之惡都加以處懲，這其實是要求刑法的嚴厲。〔註21〕這加上對禮嚴辨的
嚴格，表示劉氏對禮、刑都有嚴厲的要求。這樣的態度，自然易於把功罪分開

〔註21〕再舉幾個相關例子。〈僖公・七〉：僖公廿四年，經書「天王出居于鄭」，劉氏
　　　舉昭公廿五年昭公伐季氏，結果反被季氏聯合孟孫氏、叔孫氏所敗，出居於
　　　運事爲例，說明這不是說季氏（時季孫隱如掌政）可以逐君，而是昭公自絕
　　　於魯。同樣的，天王出居鄭，也是如此。何休以爲隱如可以逐君（見定公五
　　　年夏六月《解詁》），劉氏不贊同，明顯是因爲劉氏認爲臣下不得有逐上之舉
　　　使然。〈襄公・五〉襄公七年冬天，鄭伯髡要去參加諸侯在鄬地所舉行的會盟，
　　　結果被弒身亡。這是因爲鄭國的大夫（據《左傳》此指子駟），不贊成鄭伯和
　　　中原諸侯聚會，而要他向楚靠攏，鄭伯不答應，因而遭弒。諸侯卒原不名，
　　　而此名。何休以爲這是因爲「古者保辜，諸侯卒名，故於如會名之，明如會
　　　時爲大夫所傷，以傷辜死也。君親無將，見辜者，辜內當以弒君論之，辜外
　　　當以傷君論之。」云云，把傷君之罪，分爲辜內和辜外。劉氏以爲，保辜之
　　　法，不得用在君主身上，不管是傷君或弒君，都是誅絕之罪。〈襄公・八〉襄
　　　公廿五年，吳子謁在巢被殺，何休也援用辜內辜外來說明，劉氏不取，這都
　　　是因爲嚴君臣上下，而強調對臣子的誅絕。

看待，使禮、刑互不混雜，因而他提出「功罪不相掩」的論點。

然而，對不合禮、不合義的行爲，表達貶絕之意，每個公羊家都如此，劉氏的特點在於轉變了何休對不合禮義的解釋方向或程度，使它們趨向嚴厲（方向）或變得嚴厲（程度）。所謂轉換方向，是指何休不認爲違禮者或所不貶絕者，劉氏把它們轉到違禮或誅絕，如禮制部分，幾乎都是如此，母以子貴、郊禘、僖公祭周公、逆祀都是不合禮；而誅絕部分，如季友、楚子，何休不止不貶，且有褒詞，而劉氏貶之。至於變得嚴厲，是指加深貶絕的程度。如大夫澶淵之會，何休只責卿而憂諸侯，劉氏不止擴大範圍到刺天下大夫，並以不討蔡般加深對他們的譴責。又如魯取運，何休只以諱微弱解之，諱是貶責之詞，不若劉氏責魯不討莒亂來得嚴重。陳立批評劉氏臆斷，但這些臆斷，正顯示出劉氏對不合禮義的事情，態度極度嚴厲，以致和傳、注相左。從根本來說，不贊同傳、注，不必然是因爲傳、注不夠嚴峻，可以是別的理由。但從《解詁箋》來看，劉氏在這方面所佔的比重不小，由其量看，不能解釋爲這是劉氏偶然的抉擇。是以劉氏的特點不在嚴上下之辨，嚴格遵守《春秋》之義，而是強調「嚴厲程度」。這種特質，也由劉氏尊崇傳注的觀念底下，轉出不從傳注甚至反傳注中突顯。如果尊崇的程度不是那麼高，則反對的張力便不會那麼大，也就難以稱爲特點了。

然則，是甚麼原因使劉氏認爲，這樣比較符合《春秋》，以致他公然反對傳注？要回答這個問題，我們不能孤立尋求答案，而應該聯繫劉氏對《春秋》性質的看法來討論，把他這種觀點和他對《春秋》的看法對照，才能獲得合理的解釋；這將是第六章所要深究的問題。

第六章　劉逢祿《公羊》學重刑傾向研究

第一節　重刑的問題

　　探究劉氏嚴峻的原因，必須從他對封建制瓦解的觀點談起。劉氏認為禮制崩潰的根本原因，是王者不止沒有盡到維護禮制的職責，反而先行違反禮義。王者失德，對封建制的影響有兩大方面，首先，是無法樹立守禮的典範，使諸侯大夫有所依從，而一統於其下；這是禮的一面。其次，這直接造成了王者的號令，得不到諸侯的尊重與支持，無法張大正義，討伐違禮的諸侯；這是刑的一面。封建制的禮、刑都無法依靠王者來維持，最終導致封建全面崩潰。若王者仍握有權勢而面對這種亂世，劉氏衡量禮刑治世的可行性，最終傾向於用嚴刑來力挽狂瀾。換言之，王者治春秋亂世的根本原則，是動用封建制的另一個力量，即「九伐之法」，以懲罰失禮與不義，使崩解的封建禮制，重新建立。

　　然而，王者不能先行以禮義正己，刑法的效果就無法實現。劉氏認為《春秋》為聖人所作，上天賦與它討伐的權柄（《釋例・公終始例》），取代了王者的地位。因此，《春秋》代替王者行使刑法，上至天子下至庶人，凡違反禮義者，都在討伐之列。劉氏認為從王者治亂世應動用封建的九伐之法，王者若無法執行此法，而惟有《春秋》可以替代王者執行。於是劉氏對《春秋》的作用，偏重在刑的一面來理解。這表現於《解詁箋》中，即是和何休迴異的嚴厲。封建制有九伐之法，這使《春秋》的誅貶絕，得到客觀制度的呼應。經書與劉氏所支持的封建制之間的對應，當然更堅定劉氏偏重《春秋》的誅

絕，而形成《解詁箋》的特色。

不過，劉氏又言《春秋》非刑書，而是「禮義之大宗」。劉氏透過「經權」的分析，提出用重刑的理據，使重刑合理化。依其說法，二者之間不止沒有衝突，而且刑的惟一作用是回到禮，藉此把刑向禮靠攏，明顯提高刑的地位。同時，劉氏又把禮、刑截然二分，提出「不入於禮，即入於刑」的論調。這樣嚴格區分禮、刑，使兩者之間的界線異常清楚。這樣才能對不合禮的，動用刑，合禮的則不動用。換言之，區分嚴格的目的，是爲了確定合禮與否，以便決定是否使用刑。這種區分的結果，就是直接造成了劉氏一方面重誅絕，一方面又對禮要求特別嚴格（見第五章）。所以，從這看，禮、刑的關係有分有合，分合是對應不同的狀況而出現的。分是爲了嚴格區劃兩者的界線，通常是論析一則則實例違禮與否時才如此，以確定是否應該動用刑法。若運用經權的觀念，使刑的施行都回歸到禮，就以禮爲目的而言，禮刑相合。

順此，劉氏直接標舉《春秋》刑亂國當用重典的主張。他認爲誅貶譏絕等義例，即是「《春秋》之法」，這個「法」也就是刑法。他並且舉出清代實際的刑法，和《春秋》誅絕等義例類比，使它們的定位更加明確。

然而，我們知道劉氏支持春秋制即封建制，封建是惟一和禮義結合的制度。然則，《春秋》應是以禮義爲主，爲何是刑呢？這個問題在討論禮刑關係時，已經有觸及，只是當時著重在解釋禮刑的經權架構，沒有和《春秋》結合一起來看；我們留待最後，是爲了總結劉氏對《春秋》性質的看法。

第二節　封建制的兩種力量

這一節討論先從劉氏對封建崩壞的見解中，抽繹出他對王者角色的偏重。〔註1〕從這裡瞭解，劉氏所認定的王者，其作用有二，一是維護禮義；二

〔註 1〕這是繼承《公羊傳》尊王的傳統。《公羊》有尊王之義，表現的方式有二，一是正面總舉「大一統」之說：「何言乎王正月，大一統也。」（隱公元年傳）何休《解詁》云：「統者，始也，摠繫之辭。夫王者始受命，改制布政，施教於天下，自公侯至於庶人，自山川至於草木昆蟲，莫不一一繫於正月，故云政教之始也。」大一統不止標舉出王者之責，同時也界定王者之權，天下既一統於王者，則天下當尊此王者，勢所必然。二是從書法層面上闡述尊王，簡言之，這指對尊王的人、事，加以褒獎；反之，則加以貶斥。參陳柱《公羊家哲學・尊王說》，頁 9-22；李新霖先生《春秋公羊傳要義》第二章，頁 64-88。

是誅絕違反禮義者。劉氏認為《春秋》亂象的產生，是封建禮制失序，以致上下僭越；根本原因卻是王者沒有發揮以上兩種作用。他在談論《春秋》的禮崩樂壞時，往往提到王者這兩種角色，而以為在面臨動亂時，更應以刑法的懲處功用，使整個社會回歸禮義。他同時提到，封建制具備這樣一套刑法；這使他對王者應偏重刑法的論調，和客觀制度有了對應而更形強化。本節的重點，在於一、透過劉氏對《春秋》亂局的解釋，得出他對王者的角色有兩種認定；二、同時指出這種認定，和他所認為的封建制的特質，即禮、刑並重相應。三、由於王者無力挽救春秋時代封建制在禮、刑方面的敗壞，這種職責便交付給《春秋》，使《春秋》的角色與王者相同。

對於封建制度的崩壞，劉氏從兩方面加以描述，一是周天子的權勢式微；二是諸侯、大夫的權力擴張，因而加速破壞封建禮義；前者是因，後者為果。由第一點可以確定王者的角色是維護封禮制，由第二點得出王者對僭越的諸侯大夫當以九伐之法懲處。以下依序論述。

對於王者權勢衰微之因，劉氏以為這是王者自己先破壞禮制的結果。他借〈詩譜序〉，以及《小雅》、《大雅》對幽、厲二王的譏刺，闡述周朝封建禮制的敗壞過程：

> 禮之失也，王侯降為徒隸，荊吳交主中國，所謂《小雅》盡廢，其禍如此。夫《大雅》多刺厲王，而《小雅》盡刺幽王，何哉？曰：〈序〉不言乎？厲王無道，天下蕩蕩無綱紀文章，而〈瞻卬〉、〈召旻〉二篇，獨言刺幽王大壞，以是知文武之大經大法，皆厲變更之；而大滅之者，幽也。其細節數目，幽復悉去之，而階之禍者，宣也。（《釋例·譏例》）

厲王時，已開始變更文武的禮制，至幽王而破壞始盡，以致宣王時面臨禮崩樂壞之禍。王者在主觀上不重視或摒棄禮義，就無法尊重客觀的封建禮制。王者既不重視，其下諸侯自然跟進。是以幽厲二王的敗國，使春秋時代的諸侯即使有心維護禮義，也無法做到了，因為諸侯以勢力兼併的局勢已形成，心存禮義而欲服膺客觀禮制漸漸不能自存，各國之間不得不轉以武力自衛，或以武力服人。周代初期的親親關係，對維繫各國間的勢力，有一定的作用。〔註2〕至東周，對武力的依賴大大提高；這是禮制崩壞的必然結局。劉氏也看

〔註2〕何懷宏《世襲社會及其解體》，頁11：「西周封建主要是封建母弟和同姓，封建制和宗法制確有相當的重合。而高居第二的姜姓，還有高位居第五的姒姓，

出這一點：

> 余讀《春秋》彊侵弱，眾陵寡，離爲十二，合爲六七，晉歸三卿，
> 齊移田氏，秦政利觜長距，終得擅場；皿蟲爲蠱，其勢然也。(《釋
> 例‧十四諸侯終始表》)

由於周朝王者破壞在先，以致無力阻止禮制的崩潰，喪失了約束各國的力量，
而使諸侯的野心有了擴張的空間，開始武力吞併。劉氏稱之爲「勢」，表明這
是順此發展的一定結果。劉氏由此而說到第二方面，即諸侯大夫的權力擴張：

> 自王綱不振，《小雅》盡廢，彊大兼并，君臣放弒，諸侯奔走不得保
> 其社稷者，不可勝數。極于中國微滅，吳楚狎主，而三代之彝倫法
> 制，斁壞間棄，無復存者⋯⋯周之衰也，始則禮樂征伐自諸侯出而
> 專封專討，天子不能問也；繼則自大夫出而擅作威福，君若贅疣；
> 下至陪臣效尤，而皂隸輿台啓假威坐床之釁；外至四夷乘便，而文
> 身左衽，張僭號爭長之心。(《釋例‧誅絕例》)

劉氏的概括大致還是從周室的無力約束說起，權力一步一步下移，由諸侯而
大夫而陪臣；而封建禮制也是由王而侯，由大而小，由內而外逐層瓦解。結
果不止導致中原諸國內部亂象橫生，也讓四方夷狄趁勢入侵，中國從此步入
春秋時代。〔註3〕禮制既由上而下崩解，那麼要回到原先的禮制，也必須由上
而下，由大而小，由內而外逐一回復，也是「先立乎其大者，而小者可盡復；
先正內之治，而諸侯可以盡同」(《釋例‧譏例》)之意。他說：

> 夫醫者之治疾也，不攻其病之已然，而攻其受病之處。《小雅》盡廢，
> 亂賊之所以橫行也。《春秋》欲攘蠻荊，先正諸夏，欲正諸夏，先正
> 京師；欲正士庶，先正大夫；欲正大夫，先正諸侯；欲正諸侯，先
> 正天子；京師天子不可正，則托王於魯以正之；諸侯大夫之不可正，
> 則托義于其賢者以悉正之。(《釋例‧誅絕例》)

以及嬀姓、任姓，都是周室姻親。與歐洲的封建相比，西周的封建確實有著
濃厚的『親親』色彩，等級的差別主要體現在部族之間」。又參王國維〈殷周
制度論〉，提及封建制與「親親」之道的聯繫，見《觀堂集林》卷十。

〔註3〕春秋之世，王綱解紐，強大兼併，亂象紛呈，人倫喪盡；確是歷史上一大巨
變。《孟子‧滕文公下》言及孔子作《春秋》的背景：「世衰道微，邪說暴行
有作，臣弒其君者有之，子弒其父者有之，孔子懼，作《春秋》。」《公羊傳》
也說：「君子曷爲作《春秋》？撥亂世，反諸正，莫近諸《春秋》。」《史記‧
太史公自序》說得更清楚：「《春秋》之中，弒君三十六，亡國五十二，諸侯
奔走不得保其社稷者，不可勝數。」(卷一百三十，頁23)

「不攻病之已然」指不看表面亂象;「攻其受病處」謂針對所以亂的原因。其意以為春秋亂賊橫行，幽王時盡廢封建禮義是主因;「《小雅》盡廢」特指幽王。依上文可知，王者既是最大、最上者，從內外言也是最內者，京師乃王者所居。因此王者是治亂之源，先正天子，才能挽回頹勢。這種看法，強調出王者的關鍵地位。不過，王者不是只有正面標舉禮義才算維護;對諸侯大夫的失禮，動用刑法導正他們，也是另一種重要的維護手段。是以劉氏思考如何阻止春秋禮制的敗壞時，不得不側重王者執法者的角色，而且連帶著封建制一起敘述:

> 夫王靈不振，九伐之法不修，則去封建而亂亡益迫。王靈振，九伐之法修，則建親賢而治道乃久。三季之失，非強侯失之，失馭侯之法也。(《釋例·侵伐戰圍入滅取邑例》)

當此亂亡之際，王者的權勢無法振興，九伐之法因而不能執行，這時若再捨棄封建，則禍亂將更加嚴重（因封建等於禮義，見第三章第五節）。若王者擁有權勢，則九伐之法可以恢復，以此正天下之不義，則治道可期，且藉著封建制的建親、建賢而長治久安。值得注意的是，劉氏以為三代（按:三代皆封建）政權的喪失，不是因為諸侯強大的緣故，而是王者失去了駕馭諸侯的方法。承上文，知此方法指九伐之法，它是封建制的一部分。王者為何無法執行九伐之法呢?觀劉氏之意，王者之所以無法制裁，是因為自己先行敗壞禮義（因），以致權勢無法維持，「王靈不振」（果）。天子不顧禮義，討伐諸侯大夫不義的行動，自然乏人支持，也無法服人之心。客觀的權力，因而漸漸喪失，不能再以九伐之法制馭不義。

　　劉氏認為封建制是惟一與禮義結合的制度，第三章已有詳細論述;然而，對於劉氏封建制的另一個主要構成:刑法，我們還不曾觸及。瞭解劉氏提出九伐之法的深意，有助於更進一步瞭解劉氏的封建制，也更清楚王者在其中所扮演的角色。九伐之法，實見於《周禮·夏官司馬第四》「司馬政官之職」下，共有九種刑法:

> 馮弱犯寡，則眚之。賊賢害民，則伐之。暴內陵外，則壇之。野荒民散，則削之。負固不服，則侵之。賊殺其親，則正之。放弒其君，則殘之。犯令陵政，則杜之。外內亂，鳥獸行，則滅之。(《周禮注疏》卷二十九，頁 2-4)

按此段之前，經文明言以此「九伐之法正邦國」。鄭玄在此句下注云「諸侯有

違王命，則出兵以征伐之，所以正之也。」這是說諸侯若犯以上任何一種，就是違反王命，王者當出兵征伐他，以使他回歸正道。觀此九伐之法，其對象未必限於諸侯，如「放弒其君」，「君」指諸侯，放弒其君的當為諸侯的家臣。不過，說九伐的主要對象為諸侯，那是不錯的。至於九伐之法，只有在「賊賢害民」時稱「伐」，其餘不稱伐，而經總言伐；賈公彥疏云：

> 侵滅二者亦是伐之例。其餘六者皆先以兵加其境，服乃眚之、壇之、削之、正之、殘之、杜之，故皆以伐言之。（《周禮注疏》卷二十九，頁 2》）

其餘六者也是先以兵制服有罪的諸侯，才執行懲罰。伐是軍事行動，伐之後的作法，雖然不屬軍事行為，卻必須在此之後才能實行相關的懲罰，和伐的關聯極為密切，因此經總言伐也不無道理。以下試按鄭、賈二人的注疏，簡略說明九伐之法的內容。鄭、賈二人之說，除資料有詳略外，大意相同，因此就統合說明，不一一分辨了。

（一）馮，注云「乘陵」。眚，注云「瘦也」，即「四面削其地」。這是說諸侯若以強陵弱，大侵小，則削其地，使它不能強大。

（二）殘害天子所派來輔佐諸侯的賢臣；以繁重的賦役加諸於民；則天子當深入其境討伐他。

（三）暴內，在國內有所謂賊賢害民之舉；陵外，有強陵弱，大侵小之行。那麼天子就會貶逐該國的君主，更立賢者為君。

（四）若國家土地荒廢，人民因而無業而遊蕩，天子將削其土地，以明諸侯不治田，則不能擁有田邑人民。

（五）若諸侯仗恃其國家的山川險阻而不服事大國，天子將興兵侵之。侵是討伐之兵只至邊境，沒有深入。

（六）諸侯殘殺其親人，天子將逮捕他並論治其罪。所謂「正」之的「正」，鄭引王霸記作「殺」。賈疏以為正未必是殺，但殺親是重罪，解為殺亦合理。

（七）若有人放逐或弒殺諸侯國的君主，天子將殺之。鄭解「殘」為殺，賈疏之意以為或許加上刑罰，再殺死他。

（八）諸侯有不受上命，忽視法政，天子將杜絕他，使他不能和四鄰交通。

（九）國君在國外或國內有失禮亂倫之行，天子將興兵直取國君。賈疏

　　釋「滅」爲「取其君」，由於國、君一體，這意謂滅其國。

　　以上這些針對諸侯的懲罰，都是由王者帶領執行。這些罪行，幾乎都是攸關一國存亡者，在春秋時代卻常常發生；這就是上文劉氏所提到的中原亂象。因此，時代越動亂，刑法維護封建禮義的作用越被強調。這即是在《釋例・侵伐戰圍入滅取邑例》中，劉氏開頭所說的：

> 孟子曰：「《春秋》無義戰，彼善於此，則有之矣。征者，上伐下也。
> 敵國不相征也。」然則詳於言兵；聖人將以禁暴誅亂而維封建於不
> 蔽也。

兵意謂討伐、誅伐。聖人用兵以禁暴誅亂，同時也藉以維持封建禮制。所以，只要能夠振興王者行使九伐之法的力量，就可藉此恢復封建制。如此一來，振興王者的權力，爲當務之急。不過，劉氏也認識到王者已無法自行導正禮義的事實；對於這點，他提出的解決方案是，以《春秋》發揮貶天子、退諸侯、討大夫的功能。他說孔子受命制作：

> 取百二十國之寶書，斷二百四十二年之行事，上誅平王而下及于庶
> 人，内誅魯公而外及于吳楚，雖冒萬世之罪而不敢避，曰：「備矣。」
> （《釋例・誅貶絕例》）

由上（天子）而下（庶人），由内（魯）而外（吳楚），凡有失禮，都在《春秋》誅絕之列，點出《春秋》掌握刑法權柄的事實。前人對此亦多所敘述，孟子說：「王者之跡熄而《詩》亡，《詩》亡然後《春秋》作。」（《孟子・離婁下》）繼云：「世衰道微，邪說暴行有作，臣弑其君者有之，子弑其父者有之，孔子懼，作《春秋》；《春秋》天子之事也。」（《孟子・滕文公下》）《史記・太史公自序》亦說：「余聞諸董生曰：周道衰廢，孔子爲魯司寇，諸侯害之，大夫壅之，孔子知言之不用，道之不行也，是非二百四十二年之中，以爲天下儀表，貶天子，退諸侯，討大夫，以達王事已矣。」（卷一三零，頁 21）〈孔子世家〉有孔子作《春秋》，而亂臣賊子懼的記載（卷十七，頁 84）。是以《春秋》之作，乃取代天子，以討伐不義，而令天下一歸於正，已是儒家通義，只是對討伐的嚴厲程度，以及它所籠罩的範圍，或有不同看法而已。

　　討論至此，劉氏對王者有兩種角色認定，可以確定無疑。這兩種認定，都與封建制的客觀特質相對應。從禮義的角度來說，封建的禮制，是積極建置禮義的載具；封建制的刑法維護禮義，這是消極的方式；不管積極、消極，

目的都為了維持禮義。同樣的，王者以身作則維護禮義，具積極的意義；運用刑法，則有消極的意味。而今，這個王者的角色，讓給了《春秋》，這表示《春秋》的角色，和王者相同，《春秋》既一方面維護禮義，一方面以刑法懲戒違反禮義者。禮、刑在劉氏心目中，是維持封建制，同時也是穩定社會的兩大力量，也明白顯露。

我們接著要先研究劉氏的禮刑關係，然後在闡析《春秋》如何發揮其功能時，才有更明確的體會。這是因為嚴格而言，刑只有誅絕的功能，會和禮並列，自有必要依劉氏的觀點加以闡述。

第三節　禮和刑的關係

劉氏對禮、刑的見解，主要見於《釋例·律意輕重例》。此文基本上針對《春秋》是刑書或「禮義之大宗」的問題鋪展，而提及禮刑的關聯。我們分三個步驟論述：一、闡明劉氏禮刑之間，有禮為「刑之精華」，刑是「禮之科條」的表述。二、先針對刑是「禮之科條」句，析論劉氏引經權架構，來說明刑的運用。三、解釋禮為「刑之精華」的意思，顯示劉氏明顯的提昇了刑，使它的性質和禮接近。

劉氏首先引出前人對《春秋》的兩種見解，並由此界定禮刑的關係：

> 或稱《春秋》為聖人之刑書，又云五經之有《春秋》，猶法律之有斷令，而溫城董君獨以為禮義之大宗，何哉？蓋禮者，刑之精華也；失乎禮即入乎刑，無中立之道，故刑者，禮之科條也。

「《春秋》者，禮義之大宗也。」，見《史記》引董生之言（〈太史公自序〉，卷一百三十，頁 25）。這段話開門見山界定了禮刑的關係，但這層關係，也許要從「失乎禮即入乎刑，無中立之道」來看，才比較清楚。這句話是說：「若一旦違背禮，就入於刑；禮刑之間，沒有過渡地帶。」乍看兩者是相互獨立的；然而一違背禮即引出刑，這說明禮刑實有密切關聯。所謂密切，是受到「無中立之道」的限制而來，有了這層限制，禮刑就產生了兩種聯繫。若以甲指禮，乙指刑，第一種關聯是不違背禮，就沒有刑；沒有動用刑，即是守禮。相反的，一違背禮，即是動用刑；一動用刑，就不是禮；這是第二種聯繫。不過，第一和第二種關係之間，其實是互相交流的，意思是說，經由用刑，可以使禮刑的第二種關係，回到第一種。這樣的關係，必須禮刑有

這種相互依存的密切結合才可以成立。如單有禮，那麼禮的作用就是要人遵守，對於已經發生的違禮之行，無法憑藉禮而使他受到刑罰。同樣的，若只有刑，則刑的作用無法回到禮，誅絕是它惟一的功能與目的；這是因為用刑不一定就有回歸禮的緣故。所以，法家刑法治國，對違法者的懲處，只是消極的使人不犯法，沒有積極的禮，不會就此自然而然的使人回到禮。如果有禮，則懲處的實施，是針對違禮之故；此懲處的作用，自然使人回歸於禮。

　　劉氏說刑為「禮之科條」，就是強調刑的作用是為了回到禮，使這種意義的刑，有別於單純懲罰之外別無目的刑。劉氏是運用經權的觀念來發揮這個觀點的：

> 抑又聞之董生，《春秋》顯經隱權，先德而後刑，其道蓋原於天。故日常盈，月常闕【主刑】，辰星【主刑】、太白【主兵】，法不得參什而見【〈劉向傳〉注：太白過午即為參天】，此亦以陽為經，以陰為權，著於七政者也。

這裡有兩組描述《春秋》性質的相對概念，第一組是陽、經、德；第二組是陰、權、刑。〔註4〕兩組成員兩兩相對，刑被歸類為權，和德相對。這其中，陰陽是從天道說，經權是就常變說，德刑是由治國上的主導方向說。陰陽是在天道層面上統屬人事的兩種勢力，經與德在和天道的對應上屬陽，權與刑則屬陰。經權和德刑，基本上都是描述人事的概念；它們的特質是：經守常，權處變。在政治上以德治國是不變的常道（經）；刑處於輔佐的地位，只在禮所不及處使用；相對於德為常道，它屬權衡局勢的應變之道（權）。權通常在經（常道）無法運用的情勢下，而又有回到常道的效果，這正是它可貴之處。權的作用如此，與它相應的刑，在運用上自然相同：

> 夫刑反德而順於德，亦權之類矣。置於空虛而取以為佐，使陽恆伸而陰恆絀，則萬物並育而不害，道並行而不悖，所以與天地參也。
>
> 矯枉者弗過其正，則不能直，故權必反乎經，然後可以適道。

禮刑原本可以分開而論，刑就是刑，禮就是禮，沒有「精華」、「科條」的關係。即使刑和禮配合，刑的性質還是以誅絕懲罰為主。可是由於和禮配合，它雖執行誅絕，目的卻為了回到禮。而單純的刑，誅絕懲罰本身就是目的，

〔註4〕　「《春秋》顯經隱權，先德而後刑」，《春秋》二字原文作「天」，見《繁露・陽尊陰卑》（頁327）。不過，「《春秋》之作，奉天而法古」（《繁露・楚莊王》，頁14），以《春秋》」替換「天」並無不妥。又「先德」，原文作「前德」。

誅絕之外沒有回歸到禮的目標；這就和成爲「禮之科條」的刑有別了。這是從運用刑以達到某種目的，區分單純的刑和「禮之科條」的刑，並不是說刑的原初性質有何不同。所以劉氏說「刑反德」，是就沒有以禮爲目的的刑說，從其單純的誅絕作用去看，它是違反德的。假如用刑是爲了達到一個禮義的標的，這時是從目的而非從刑的基本性質去看，所以稱它「順於德」。因爲這個緣故，刑可以使得陽一直得到伸展，抑制陰。劉氏甚至以爲若要「矯枉」，就必須「過其正」。意思是說，刑的嚴苛是可以被允許的，這樣才能使曲枉之事直。當然，要用權實施嚴刑，必須要符合經的常道、正道才行；這是對動用嚴刑的一個嚴格限制。這樣，劉氏以權來看待刑，除了強調刑在應時勢上的功用外，也同時突顯它不違背德的特性。

　　現在再來討論禮爲「刑之精華」的意思。實際上，禮刑之間，刑的地位和禮並不相等，刑有回到禮的目的，刑方可成爲禮的科條，一旦完全脫離禮，刑不等於「禮之科條」；這是因爲這種意義的刑，是在禮的大背景下被定位的緣故。刑不以禮爲目的便流爲單純的刑，永遠成不了禮的組成部分；反之，禮不管刑的存在與否，它還是禮。然而，劉氏爲何要說禮是「刑之精華」呢？這應是描述禮刑的目的一致時，兩者幾乎無別的一種說法。刑既要回到禮，則從刑這個角度看，禮是刑所能達臻的最高標準，所以說禮是「刑之精華」。這是以刑的角度看禮，明顯有提高刑的地位之意。提高刑，使它和禮靠攏，那就透露了刑與禮一樣，可以是一個防止罪惡的規範，彼時禮刑的功能類似。劉氏提高刑的用心，以下引文說得最清楚：

> 《春秋》之道始于元，終於麟，絕於夏之冬，而猶繫於周之春。咸屬而不試，刑措而不用，此亦太平之極軌也。若乃意深於撥亂，故制刑常用重典，無變三代之實，而有異文武之文。然其原心誅意禁於未然，其立法嚴，其行法恕；匪用爲教，覆用爲虐，則秋荼也。

太平世之際並不廢刑，只是不動用而已；但若遭逢亂世則要用重典，因爲刑的功能，不止是禁止罪惡的萌發（禁於未然），且具有教化的效果。這種看法，和漢儒有小差異。漢初儒者主張禮法並用，德主刑輔；賈誼的論點或可爲代表：

> 夫禮者，禁于將然之前；而法者，禁于已然之後。是故法之所用易見，而禮之所爲生難知也。若夫慶賞以勸善，刑罰以懲惡，先王執此之政，堅如金石；行此之令，信如四時。據此之公，無私如天地

> 耳，豈顧不用哉？然而曰：「禮云！禮云！」者，貴絕惡于未萌，而
> 起教于微眇，使民日遷善遠罪而不自知也。（《漢書‧賈誼傳》，頁
> 2252-2253）

簡言之，禮是禁止罪惡之事的萌發，而法是罪惡已行之後的處懲。禮的教化
深細，而影響深遠；法的作用明著，而收效亦宏。但由於賈誼以法爲「禁于
已然」，是罪惡發生後的補救，因此更注重禮阻止罪惡萌生這一方面。當然，
賈、劉談法所針對的對象，在這裡並不相同。賈誼從治民的立場講法，劉氏
是從對諸侯的控制上說法；兩者的對象、範圍不同。雖然如此，賈誼不以法
爲禁於未然，卻是可以肯定的。劉氏以爲刑有「禁於未然」的作用，和賈誼
看法有異。然而，劉氏也有和賈誼相同的論點：

> 刑者，禮之律令；禮者，德之科條。禮防於未然，刑制於已然，而
> 其本要在於德。（《劉禮部集卷九‧尚德緩刑疏》）

然則，劉氏對刑看法究竟如何呢？其實，一切還是要從禮刑相配去說，這是
劉氏論禮刑的基礎。當刑和禮的目標一致時，劉氏把刑的性質盡力向禮靠
攏，言刑爲「禮之律令」、「禮之科條」，同樣表達這個意思。當禮刑目標一
致時，其功能也就相同，在這種前提下（這是最重要的一點），刑和禮的性
質是極端接近，或甚至等同。話雖如此，禮和刑在原初的性質上的不同，並
不會就此泯滅。

　　最後，藉著劉氏和賈誼的差異，也可說明劉氏這種禮刑看法的特色，其
實和他的封建制是相關的。賈誼的刑法針對人民，而劉氏的刑法對象是貴族
階層，以刑張大正義的旗幟，堂堂正正進行討伐諸侯大夫的不義。劉氏這點
不同，自然使不入於刑即入於禮，或相反的，不入於禮即入刑的看法，可以
成立。因爲封建貴族原較庶人更嚴格受禮的約束，所以不犯法，尤其是九伐
之法，那就可說是守禮。這樣一來，一違禮，便自然入於刑，因爲禮刑之間
無中立之道。劉氏標舉禮爲「刑之精華」，又說刑亦可「禁於未然」，其實是
爲了強調刑的價值和地位。劉氏使禮刑盡量靠攏，實是替重刑張本。此外，
他也引用董仲舒的說法，來明用刑爲行權，使重刑的論點更合理。在這一點
上，董氏和他是有距離的，董氏提出「刑反德而順於德，亦權之類矣」（《春
秋繁露‧陽尊陰卑》，頁 327），目的卻在強調出「任德不任刑」的主張，對
刑只是不忽略其功用，沒有給予多高的地位。

第四節　《春秋》與刑亂國

　　劉氏強調的是，只要刑以禮爲目的，即使運用刑比較嚴酷，還是在可以接受的範圍。這個意思所要透露的眞正重點是，嚴刑峻法並沒有改變先王或《春秋》以德治天下的目標，相反的，它的嚴峻，使違禮的行徑都回到禮。劉氏這樣的禮刑觀念，直接影響到劉氏以嚴刑峻法爲《春秋》所「表現」出來的性質，左右了他的解經方向。

　　然而，第二節曾言《春秋》取代王者的地位，使它具備兩種角色，即一方面正面維護禮義，一方面誅絕違禮者。誅絕是從反面達到維護禮義的方式，劉氏對《春秋》正面維護禮的功能，有獨特的看法。劉氏認爲王者能以禮正己，獲得諸侯的支持，鞏固客觀的權勢地位，才能褒揚合禮之行，討伐不義之舉。《春秋》雖取代王者維護禮義的角色，畢竟只是一部經典，無法以身作則，樹立守禮的典範；不過，它卻可以通過文字，褒揚禮義之行，而同樣達到正面肯定禮義的目的。刑不是《春秋》惟一的表現方式，褒揚亦屬表現範圍，只是劉氏不止不以爲褒揚是主要方式，而且認爲《春秋》褒揚的人、事絕少，他的語氣甚至透露出單靠正面讚揚，不足以維護禮義之意：

> 昔者孔子論列春秋列國卿大夫之賢，如衛寧俞、齊晏嬰、鄭公孫僑之倫詳矣。顧于《春秋》絕少概見，何哉？蓋《春秋》垂法萬世，不屑屑于一人一事，而諸賢又無殊尤絕異之行，可以爲世立教，故別錄于諸弟之記，其慎也如此。(《釋例·褒例》)

孔子論列春秋時代之前的賢人頗多，而在《春秋》之中卻少，一方面是《春秋》垂法萬世，注重眾人、眾事；一方面是沒有多少賢人，可以成爲世人的典範。問題是，《春秋》會否爲了垂法萬世，而不屑於記載一人一事呢？劉氏非常清楚賢者在《春秋》中所佔的重量，他曾說「諸侯大夫之不可正，則托義于其賢者以悉正之」(《釋例·誅絕例》)；又云「將欲興滅繼絕，又莫先辨賢」(《釋例·褒例》)。上下僭越是春秋之所以亂的關鍵，而這卻得藉賢者之行，作爲傚效的模範來達到正諸侯大夫的目的。若賢者確有這麼大的功用，《春秋》不會因爲垂法萬世的緣故而不多加利用。主因當如劉氏所說「諸賢又無殊尤絕異之行，可以爲世立教」，春秋賢者太少，面對彼時大量違禮的行爲，藉賢者典範實不足以復三代之治。然而，這不表示褒揚不重要，正由於不多，更顯得稀有的可貴。只是面對亂世，劉氏屬意於另一種方式來達到治世罷了。既然不能以褒賢之力導正亂世，劉氏「垂法萬世」的「法」，當是特指「刑」了。所以，對封建崩潰，

王綱解紐，禮刑的維持都交付《春秋》，劉氏強調封建九伐之法，由《春秋》取代，使《春秋》展現出重刑的特色。綜觀言之，這基本上符合劉氏整體著作的方向，他的言論總是誅絕的時候多，而褒美絕少。

我們概括劉氏《春秋》以刑爲主的論點有二：一、提出《春秋》刑亂國的總體說法；二、以《春秋》之法概括誅絕的義例，說明這些義例爲此而設，更進一步以清代的刑法類比，說明義例之中，那一類屬於刑法。

公羊家的理想是達到太平世。劉氏卻以爲即使實現了太平世，刑法一樣存在，只是因爲諸侯等貴族都可以守禮，是以刑措而不用而已（見第三節）。既然太平世猶不廢刑法，那麼面對戰亂的春秋時代，刑的作用當然相對提高。對於王者用刑，劉氏《釋例・建始例》說：

> 王者時憲，咸與維新，而後刑新國用輕典，刑亂國用重典，必當其罪，則刑清而民服。武王之克殷也，反及嬴内，以無射之上官布憲施舍於百姓；漢之伯九有也，入關而除秦苛法，皆此意也。後世不察，或以子孫縱祖宗之囚，或以災祥出眾定之讞；所謂知日之圓，而不知其不可爲規也。

王者用刑，最重要甚至是惟一的前提，是要分清刑新國和刑亂國之別；〔註 5〕這是因應不同時勢而作出的對應措施。這種態度雖然產生了重刑和輕刑的差異，但惟有輕重有別，才能恰當的達到刑法的懲罰和罪惡相符的目的。建立新國，當以輕法，面對亂國，當以重法，才與現實的境況相符。劉氏舉武王、劉邦建國之初用輕典爲例，批評後世不知這是因應新國之故，反而效此而輕率的放寬刑法，完全不懂刑法的作用。這段話提出因應時勢不同而用刑有別，其觀點頗爲中肯，但最後卻透露了不輕易以輕典爲用的意思，隱示劉氏重刑的傾向。值得注意的是，劉氏這段話是在〈建始例〉提出。〈建始例〉所引是《春秋》經、傳中，初次指斥諸侯違禮的例子，對於這些行爲，《公羊傳》以「疾始」（或譏始）一詞傳達貶斥之意。這是因爲罪惡的產生，都是有了始作俑者的緣故。因

〔註 5〕刑輕國、刑亂國的說法，實出《周禮・秋官・大司寇》，其文云：「一曰刑新國用輕典；二曰刑平國用中典；三曰刑亂國用重典。」（《周禮注疏》卷三十四，頁 13）鄭注云：「新國者，新辟地。立君之國用輕法者，爲其民未習教。」對新佔領的地區，由於人民未聞教化，因此用輕法。「平國，承平守成之國也。用中典者，常行之法」對已披教化的人民，刑法即趨向一般，不嚴峻也不寬弛。「亂國，篡弒叛逆之國。用重典者，以其化惡，伐滅之」對篡弒叛逆之國，則必須以重典嚴屬鎮壓。

此傳文都表示痛恨，所謂「君子之惡惡也疾始」（僖公十七年傳）。因爲這個原因，公羊家正面提出建始之說，表示注重一切事物的開端，使它們都合於禮義，以防止罪惡的萌發。〔註6〕傳、注疾始，而劉氏卻以刑來加以落實，突顯出劉氏標舉《春秋》以刑來導正一切事物開始的立場。他又說：

> 一人弒君而不討賊，誅及一國臣子，所謂刑亂國用重典，與文武刑新國用輕典異。撥亂世，反諸正，莫近諸《春秋》，此之類也。（《解詁箋・隱公篇》）

「撥亂反正」是歷來儒者對《春秋》功能的肯定，這是毫無異議的。而「反正」指回到禮，也該是儒者共同的觀點。然而劉氏較不同處，是特意強調出重刑、嚴刑爲「反正」的主要手段。他進一步以爲用重典是：

> 意深於撥亂，故制刑常用重典，無變三代之實，而有異文武之文。（《釋例・律意輕意例》）

加上以上談到「撥亂反正莫近《春秋》」，皆聯繫刑來說，《春秋》與刑法密合的主張，揭露無遺。值得注意的是，對於重刑，劉氏雖察覺可能與文武的治國政策有異，但他以爲那是在治國形式上的差異，其實質內涵卻「無變三代之實」。這樣的看法，正是劉氏的《春秋》撥亂世當重刑法的觀點的表現。

劉氏在《釋例・十四諸侯終始表》中，主張建侯，並以大國和小國的篡弒比例，點出小國無篡弒之事，以支持封建不可廢（詳第三章第五節）；它在最後總結說：

> 《春秋》之義：諸侯不得專殺。臣不討賊、篡不明、殺無罪，三者皆去葬。殺無罪，罪君也；不討賊，罪臣也；篡則君臣皆罪之而絕其國。故吾以爲繼體守文之才，僅得中佐，明《春秋》之法，以制馭其政，三代之治未嘗不可復，其亂未嘗不可弭。則經制定而統紀一，雖有淫驕之主，而無魚爛之禍。

若犯了專殺、不討賊等行爲，《春秋》都有相應的處罰，如上舉「去葬」、「絕其國」。所以，若能明瞭《春秋》之法的效用，則可消弭三代的禍亂而復其治。劉氏用「制馭」二字，和《釋例・侵伐戰圍入滅取邑例》，說到九伐之法是「馭

〔註6〕徐彥《春秋公羊傳注疏》引何休〈文諡例〉有「五始」之目，即：「五始者，元年春王正月，公即位是也。」（卷一，頁4）我們據隱公元年，經書「元年，春王正月」，《解詁》的說法補充，元是「天地之始」；春是「歲之始」；王者是「人道之始」；正月是「政教之始」；即位是「一國之始」，同樣表示出對「始」的重視。

侯之法」意思相同，可以確定《春秋》之法，和九伐之法功能一樣。《劉禮部
集卷五・制刑》中，劉氏把《春秋》之法，直接和清代刑法類比，這是重視
《春秋》之法的自然表現：

> 《春秋》之治獄也，原情而定誅賞……其賞善也亦然。《春秋》之例，
> 譏者譏其事，貶者貶其人，事非一人所成，咎加於主其事者。人所行
> 不止一事，即一事以貶其人。功惡足以相除，若今準降級抵銷及革職
> 留任之類。本此以類推之，則譏若今交部察議，交部議處。貶若今交
> 部嚴加議處及降級革職。重即誅絕，若今交刑部治罪。執若今拏問治
> 罪。歸京師若今著某督撫拏解來京。稱人而非伯討者，若今督撫參奏
> 不實。獲亦治文，若今拏獲盜案，故不與刑，獲蔡而大季子之獲，秦
> 言晉侯者，用夷禮則夷之。於楚邱衛地，若今竊盜案，須著本管地方
> 官緝捕。入於宋南里以畔，若劫獄放監。竊寶玉大弓，定公當絕，若
> 今有司官失去印章。諱易許田，若今大臣賜第，沒則致還，不得典賣。
> 加錄文書月，義兵書月者，若今紀錄幾次，從滅減二等。奮爵土者，
> 絕人之謂滅，故人亦絕之，若今革職論死罪，削世襲。入者，罪差輕，
> 故但誅之，子尚得襲。又減則奪級罰俸是也。不宜用不宜立不宜致，
> 凡言不宜者，若今言不合，甚者有不應重律。

劉氏首先對譏、貶作了簡單的定義，譏是針對事，譏其不合禮；貶是直接對人
貶斥，若某失禮之事由眾人所作，則貶主謀者。若其人功惡足以相除，或降級
或革職留任，不能保有原有的職位。因此，即使功惡相互抵消，仍是有所處罰；
可見劉氏斤斤計較其間的懲處。其次，從這些類比及舉例之中，指明《春秋》
的具體刑法，是譏、貶、誅絕、執、歸京師、稱人、獲、入、諱、加錄文、滅、
減等十餘種。這其中也雜有罪行，如「竊寶玉大弓」是指罪行，不是刑罰。這
和「凡言不宜，若今言不合」一樣，「不宜」也只就罪行而論，不是具體刑法本
身。它只是表示，對這些不宜的行為，都應依程度以譏貶絕等刑法懲罰。

　　劉氏談到《春秋》譏刺魯國在婚禮、喪禮、祭禮、軍禮、賓禮上的失禮；
馭臣、馭民的缺失，以及魯國事王不勤，臣子之道廢棄等禮崩樂壞的情形。
藉此說明，《春秋》以魯國為內，對魯國的小罪行完全不放過；譏刺的作用，
是傳達《春秋》正面所要建立的禮，也即是王化。這是在強調魯國所當行的
禮義的同時，從反面突顯出魯國為王化的代表。因此藉著對魯國的譏刺，就
可以達到上對天子，外對諸夏、夷狄，起到導正的作用：

傳曰：「不可勝譏者，壹譏而已」，通例也。注曰：「所傳聞之世，外小惡不書，書者來接內也。」《春秋》以魯為天下化，首被王化者，在可備責之域，故從內小惡舉也。然則詳于王化而略侯國，正王以率侯也；詳大國而略小國，正大以率小也；詳諸夏而不及夷狄，正內以率外也。故譏求賻、求車、求金而王心正。譏祭公、劉夏逆后而體本正【紀履緰同義】。譏王世子宰、周公會諸侯，而儲貳宰輔之體正。譏尹氏、武氏子、仍叔之子，而世卿之禍正【齊崔氏同義】。譏叔服，而用賢之義正。譏宰渠、伯糾、祭叔、榮叔聘錫小人，而九伐之法正。譏毛伯錫文公命，而考績之典正。譏召伯錫成公命，而教胄之經正。譏加禮妾母，而尊卑之分正。譏一使兼賵【秦人歸襚同例】，一使含賵，而下交之禮正【此姑從傳注，辨見箋】。譏歸衛侯鄭、曹伯襄，而建侯之權正。譏殺年夫奔王子瑕，而親親之倫正【盜殺衛侯兄輒同義】；所謂正王以率侯也。書王室亂，王居狄泉，而眾著于勸王矣。譏次匡救徐，戍陳鄭歸粟于蔡，而眾著于恤鄰矣。譏伐楚救江，而眾著于惡詐矣。譏鄭不盟乞盟，陳侯如會逃歸，而眾著于親中國矣。譏大夫盟，而眾著于慎名器矣。譏晉放大夫，而眾著于禮去臣矣。譏宋內娶，而眾著于敬宗廟矣。譏齊送女，而眾著于謹侯度矣；所謂正大以率小也。譏刑遷，而眾著于固國不在險矣。譏蕭叔、邾婁子，而眾著于朝會之禮矣。譏邾婁子奔喪，而眾著于親疏之節矣。譏曹許世子，而眾著于事父之道矣。譏莒慶、高固，而眾著于事君之義矣；凡皆所謂正內以率外也。

這裡列舉出由於譏刺的作用，而使失禮獲得導正的禮目，我們可以輕易看出它們涵括了所有重要的禮目，這樣大規模列舉的作法，正說明劉氏對刑法作用的偏重。這從側面透露出，單以刑法即可導正大部分失禮的行為。《釋例‧誅絕例》則列舉出天子、諸侯、大夫所應遵守的、與法令明文相類的義例，針對違背者，加以誅、貶、絕。劉氏的作法，和以上譏是譏失禮，誅、貶、絕是處罰違禮者之說相合。在誅絕例中，劉氏為了以此糾正所有可能的違禮者，盡量列舉；他所要傳達的意思，和〈譏例〉是相同的。劉氏說明誅貶絕「所以詰奸慝，除亂賊也。」的功能，仍是以具體的刑法來類比：

夫誅者，小則譴罰之，甚者加之五刑，又其甚者焚棄之，辜磔之，先王之典也。絕者，輕則放流之，絕其身；重者諸侯則變置之，絕

其子孫；卿大夫則絕其小宗。(《釋例‧誅絕例》)

通過以上分析，我們可以確定劉氏以刑法爲《春秋》所外顯的性質。然則，對於他從這一面向論述孔子作《春秋》的論調，就不能當作一般言論看待，即使他談得不多：

（一）故《春秋》始元終麟，而魯無終始，無終始者，無正也，無正安有國哉？人知陽虎、不狃之叛，不知季氏之叛，知季氏之叛，不知定公之叛，知定公之叛，不知平王之叛。子曰：「如用我者，吾其爲東周乎？」蓋傷本之失也。夫用聖人者天也，天不欲孔子救東周，而命以《春秋》救萬世之亂，聖人曷敢以尊親之諱，辭天討之柄哉？世之罪孔子者，其知孔子者耶？其不知孔子者耶？非孔子所知矣。(《釋例‧公終始例》)

（二）其義曰臣弒其君，子弒其父，非一朝一夕之故，其所由來漸矣，由辨之不早辨也。……扶陽抑陰之心，輔相天地之道，歷萬世而不變也。然猶以爲托之空言，不如見之行事之深切著明，于是受命制作，取百二十國之寶書，斷二百四十二年之行事，上誅平王而下及于庶人，內誅魯公而外及于吳楚，雖冒萬世之罪而不敢避，曰：「備矣。」(《釋例‧誅貶絕例》)

《釋例‧公終始例》是列舉魯國諸公在禮上的過失，以上那段是結論，由魯而及於天子，說明由上及下皆叛的情況。「傷本之失」指禮的崩壞，所以孔子作《春秋》是爲復此本，恢復的手段就是劉氏所稱的「天討」，代天討伐當然以刑法爲手段，使歸於正。天討不止是救東周，而且是救萬世之亂。第二段意思相同，指以誅絕手段誅伐失禮之行。這是劉氏進一步把嚴厲的刑法，和孔子著作《春秋》的動機與目的結合。這樣的立場，成爲劉氏解經的方向，因而成爲他的基本思想特徵。所以，即使劉氏對孔子作《春秋》以刑爲重的直接表述不多，卻不能否認這是他的核心觀點。

第五節　《春秋》性質的確定

第三章曾提到《春秋》制是封建制，是以禮義爲核心的制度，《春秋》既以恢復此制度爲職責，則《春秋》的性質當也是以禮義爲主了。可是，在以上一節中，以及第五章對劉氏的探討，卻顯示劉氏是以刑爲用。這可分兩方

面來看，第一方面是劉氏提到《春秋》實行封建制，「顯經隱權」、「禮義之大宗」等正面標示《春秋》重禮義一面的論調；第二方面是重刑的主張。

劉氏的確有從禮的角度說《春秋》的言論：

> 《春秋》常事不書，固非專爲言禮，然而變禮則譏之，辨是非，明治亂，非禮無以正人也。自子游、子思、孟子三賢莫不以禮說《春秋》，而聖人所以損益三代以告顏子者，微言大義，博綜群經，往往而在，後有王者儀監於茲，所謂循之則治，不循則亂者也。(《春秋公羊議禮·序》)

他承認《春秋》並非專爲言禮而作，但若有變禮則加以譏刺，因爲要辨別事情的是非，明白治亂的道理，禮是惟一的依據，不以此爲據，無法導人回到正道。所以前賢如子游等，說《春秋》莫不以禮。此外，《論語·衛靈公》記載了孔子論及三代之禮的損益情形，從《春秋》中當然也可以獲得有關這方面的禮制訊息。後之王者若循禮則國治，反之則亂；禮是治國止亂的關鍵。另如「亂之所生，惟禮可以已之」(《釋例·譏例》)，「禮之不明，國及滅亡，亂賊之禍，接跡天下」(《釋例·效褅例》)都同樣表達了禮在這方面的重要功能。如果借用劉氏曾提及的經權觀念，這是《春秋》「顯經隱權，先德而後刑」的特質。

然而，《釋例·律意輕重例》一文，則是彰顯《春秋》的重刑，而不是論証《春秋》爲「禮義之大宗」。這可由劉氏與董仲舒的比較看出：

> 夫「刑反德而順於德，亦權之類矣」。置於空虛而取以爲佐，使陽恆伸而陰恆絀，則萬物並育而不害，道並行而不悖，所以與天地參也。
> 矯枉者弗過其正，則不能直，故權必反乎經，然後可以適道。(《釋例·律意輕重例》)

這段話前四句基本上是濃縮《春秋繁露·陽尊陰卑》後半部分而成。董氏此文從天分陰陽，談論到此陰陽二氣和人事的對應。說明天的作爲是以陽爲主，陰爲輔，而陰陽和經權、德刑對應。天的作爲既是突顯陽，就是顯經隱權、前德後刑。因此，王者應該遵奉天之所爲，以此治國：

> 陽爲德，陰爲刑。刑反德而順於德，亦權之類也。雖曰權，皆在權成〔按：蘇輿以爲當作「皆以經成」〕。是故陽行於順，陰行於逆。逆行而順〔按：蘇輿云「疑有『者陽』二字」〕，順行而逆者，陰也。是故天以陰爲權，以陽爲經。……經用於盛，權用於末。以此

見天之顯經隱權，前德而後刑也。故曰：陽天之德，陰天之刑也。……
是故陽常居實位而行於盛，陰常居空位而行於末。天之好仁而近，
惡戾之變而遠；大德而小刑之意也。先經而後權，貴陽而賤陰也。
故陰，夏入居下，不得任歲事；冬出居上，置之空處也。養長之時
伏於下，遠去之，弗使得爲陽也。無事之時起之空虛，使之備次陳，
守閉塞也。此天之近陽而遠陰，大德而小刑也。是故人主近天之所
近，遠天之所遠；大天之所大，小天之所小。是故天數右陽而不右
陰，務德而不務刑。刑之不可任以成世也，猶陰之不可任以成歲也。
爲政而任刑，謂之逆天，非王道也。（頁 326-328）

從天以陽爲經，董氏強調治國當以德爲主的理念；雖不廢刑但絕不重刑，明
顯看出他屈刑而伸德的傾向。雖然刑可順於德，但他整體的主張卻是正面提
出使德恆伸的道理，而不是利用刑的作用來伸張德。而《釋例・律意輕重例》
一文，雖然基本上針對《春秋》是刑書或「禮義之大宗」的問題而鋪展，由
此談到禮刑的關係，並企圖界定《春秋》是先德而後刑的性質。可是，從他
引董氏「刑反德而順於德」說來論刑這一點上，兩人有別，即董氏雖有此說，
卻是正面主張重德輕刑；而劉氏的引用，乃是據以說明《春秋》重刑的理據；
同樣一句話，提到它的動機卻不同。所以，劉氏認爲刑屬權的範圍，其作用
是「使陽恆伸而陰恆絀」；這單純從刑的作用看，並沒有違背董氏刑順於德之
說。不過，劉氏的論述，對於如何用刑，或界定刑只是附帶一提，文章眞正
的主旨反而是運用「刑反德而順於德」之論，來作爲《春秋》「制刑常用重典」
（《釋例・律意輕重例》）的根本依據。他正面主張以刑來伸張德，而非單面
向的突出德的作用；這是異於董氏之處。換言之，欲使陽化育萬物，道化流
行，要靠刑的作用回到陽，再由此使陽的作用呈顯，而不是正面列舉「陽」
本身的功能。這中間多了一個刑的轉折，才實現陽。因爲這樣，刑的地位相
對提高，以致向禮的性質靠攏，禮刑之間有「精華」和「科條」的關係。此
外，我們認爲這篇文章的意義不僅於此，它同時是支持劉氏「以刑返禮」的
重要理論說明。因此，一切有關重刑的討論，以及解經中所表現出來的嚴厲
（第五章），都同樣是這一個觀點的發揮而已。總括言之，所有論點最後只爲
突顯「《春秋》重刑的必然」這一點，這恰和強調《春秋》以德爲先的原意相
反。問題是這是否表示和《春秋》爲禮義大宗的意思，有了衝突？

　　我們認爲，一直以來，劉氏企圖通過兩方面界定《春秋》的性質，一是

《春秋》繼承封建之禮，表明它重視禮義的一面（第三章）；二是《春秋》的作用一如封建制的九伐之法，展現誅絕（第五章從解經直接展現、第六章是較理論的說明）。雖然劉氏以為封建制是惟一和禮義結合的制度，但相對於刑的著重，劉氏正面提出封建禮義的論述並不多，反而多藉由反面來突顯，意即在敘述禮樂崩壞的同時，表明封建制應當如何，並往往在這過程中，加插誅絕之意，使刑法的強調無往而不在。因此，禮刑與《春秋》關係的遠近，相對而言，一個是外加，一個由內自然而發，實際上呼應了劉氏對禮、刑的實施，其順序是以內為先，以外為後。換言之，從禮刑的實施先後而言，刑先於禮；由禮刑在導正亂世的重要性來看，刑比較被重視；就禮刑的表現而論，刑比較外顯而禮較隱晦。總括言之，從經權架構來看劉氏《春秋》學的表現，就是強調行權。

因此，對於劉氏肯定《春秋》非刑書，而是禮義之大宗，也應當以經權架構來理解。在面對亂世時，《春秋》以誅絕為先，這是時間上刑的實施優先於禮，直接造成刑在劉氏《公羊》學中較突顯的結果。這不是常道，而是劉氏所稱的行權。它的誅絕作用，表面上雖和刑書並無差別，然而，從本質上看，用刑的惟一目的是回歸禮，和單純刑書有別。這樣一來，可知《春秋》非刑書，而是「禮義之大宗」，是扣緊「用刑目的」這一點說。劉氏最具體的表現，就是對禮制的嚴格辨析。他轉變何休的解釋，突顯違禮，動機是為了譴責而標舉《春秋》的嚴苛，仍是側重刑使然。但由於是藉論禮表達貶責，再以此誅絕導正違禮，就充分展現了禮刑之間的經權關係，那就是《春秋》的「主要作用」不是解釋禮制，而是以刑法回到禮，防止禮制繼續崩壞。在這過程中，無可避免的要對刑法所要恢復的禮制有所說明；子游、乃至劉氏以禮說《春秋》其故在此。至於「亂之所生，惟禮可以已之」之類，強調禮的防亂功能的話，必須放在已回歸於禮的狀況去理解。在能夠回到禮之前，現實上「禮崩」的亂象，卻不能不處理。要在亂象已生之後回到禮，就不得不動用刑法去做導正的工作。這中間必須靠刑才能達到，依劉氏的見解，《春秋》正在此處發揮效用。可是，在任何情況下，禮都是根本，刑是用，用不能離本。所以，在國家局勢穩定的時，禮在治國防亂上是第一序，刑法為第二序，這時強調封建禮義這個根本，彰顯它在維護安定上的功能。在國家亂象萌生時，刑法是第一序，禮退為第二序，這時突出嚴刑峻法，整治亂象，但仍以回歸於禮為鵠的。

這種禮刑的安排順序，不違背以禮治國的目標，兩者在理論上也沒有衝

突，但不能否認的是，在實施上有所偏重。如果結合劉氏支持封建的論點，也能看出偏重刑的結果。劉氏相信封建制不可更易，而在春秋時代這個制度崩壞了，要正面標舉禮義，王者又沒有號召力，惟一可行的應只是提出刑或「《春秋》之法」，來挽救禮崩樂壞，恢復封建制了：

> 周自平王東遷謂之東周，《春秋》之作，以平王開亂賊之禍，魯定公、季平子、陽虎、公山皆畔者也。天用夫子當復西周之治，故不爲東周也。（《述何》卷一二九八，頁 8）

孔子要以刑法糾正這些叛亂者，以復「西周之治」；這是順著劉氏主張封建的不得不然。在《釋例・律意輕重例》中末尾，他把這意思表達得更清楚：

> 持《春秋》以決秦漢之獄，不若明《春秋》以復三代之禮。

這是明示不能把《春秋》當作刑書，而當把恢復封建當作目標。話雖如此，「禮」固爲劉氏所重，「刑」卻是他面對春秋亂世時，所不得不強調。而且，按照他的思路，沒有這個「刑」，「禮」亦無從成其爲「禮」。總括言之，「禮義爲本，刑法爲用」，當是符合劉氏《春秋》性質的結論。只是更要強調的是，這個看似一般的結論底下，每個公羊家的詮釋都可能有差異，劉氏的不同，是強調刑的功能。不管議禮、論刑，他的表現都一樣；雖然有回歸禮的目標，只是不能否認的，就「嚴刑」這點而言，這實近於法家的精神。〔註7〕一如他所說的：

> 《春秋》通三代之典禮而示人以權。（《釋例・通三統例》）

「行權」一語，實針對刑法的使用而論，充分突出了他的《公羊》學最顯露的特質或表現，即是重刑，由此彰顯了以刑返禮的強烈主張。〔註8〕

〔註7〕楊向奎先生針對劉氏《釋例・律意輕重例》有關刑法，發表他的意見：「劉逢祿也曾經使儒家禮義與法家刑法結合。過去董仲舒曾經以爲《春秋》乃禮義之大宗，但《公羊》學派的《春秋》說，禮義的含義不同於儒家正統……以上論『禮者刑之精華也，失乎禮即入乎刑，無中立之道，故刑者禮之科條也。』這不同於正統派儒家關於禮的定義……這種理論體現了《公羊》學之出入於儒法之間，以法家精神談儒家學說，是齊學傳統。」（《清儒學案新篇》第四冊，頁 43-44）。按楊先生有些說法我們並不同意，但就他指出《公羊》學與法家的淵源而言，或可備參考。蒙文通先生亦有言及今文家受法家影響的論調，雖未提及刑法，亦可參看：見《經學抉原》，頁 206-210。

〔註8〕鍾彩鈞先生有《劉逢祿公羊學概述》一文，以《公羊傳》、何休和劉氏對比，說明劉氏《公羊》學的特色，即是「重視客觀制度」，表現出「理性精神」，此理性精神的表現是「種種的作爲考量，不爲私情私利，只以客觀制度的維持爲目的」（《第一屆清代學術研討會論文集》，頁 169）。其中談到劉氏重視客觀制度的表現，和本文以「重刑」、「嚴屬」的概括，或不盡相同，但可參看。

第七章　結　論

對於前面的主要論點，我們歸納如下：

劉氏《公羊》學的基礎是三科九旨。他預設有三科九旨就是有師法，肯定《公羊》的師承是直接傳自孔子。這樣一來，三科九旨由原來的《公羊》義例，成爲師法的判準。劉氏運用這個判準，判定西漢今文十四博士之學有師法。而今文之所以爲今文，原指漢時與古文對立的經學一派，和傳不傳三科九旨沒有關係。然而，經過劉氏這樣的判定，則使今文學之所以成爲今文學，是因爲有三科九旨，古文之所以爲古文，是沒有三科九旨。這種判分，顯然與傳統的判定不同。由於篤信《公羊》口傳的傳統，三科九旨也成爲判定傳《春秋》與否的判準。劉氏用它驗証了《左傳》與《穀梁》不傳《春秋》，並得出《左傳》的義例是劉歆僞作，《穀梁》是孔門中人以下的弟子所傳的結論。在這個過程中，我們發現劉氏用三科九旨比附儒家原始經典，如《詩》、《書》的原因，是因爲相信三科九旨是孔子的微言大義，經書之中自然也有這些《公羊》義例。這樣一來，《公羊》的三科九旨，網羅了儒家所有經典，要探討它們便不得不涉及《公羊》的義例。這造成的最終結果，便是獨尊《公羊》，使《公羊》的義理無處不在。而儒家經書之所以爲經書，也是三科九旨所賦與。因此，三科九旨是劉氏《公羊》學的基礎，而且一切經學觀點都由它而建立。從劉氏對它的廣泛運用來看，它也是劉氏《公羊》學的核心。

從劉氏運用三科九旨爲判準的過程中，讓我們看清了劉氏《公羊》學的基本觀點。然而，三科九旨雖然重要，眞正說來，劉氏對它的內容幾乎沒有新發明。因此，直接探討它的內容，意義不大。這時，我們發現劉氏提出《公羊》學中另一個重要的概念，那就是《春秋》制。公羊家相信孔子藉《春秋》

提出實際的制度，以作爲改革的憑藉，這個制度，就稱作《春秋》制。我們雖不直接探討劉氏的三科九旨，卻從劉氏所主張的《春秋》制中，發現劉氏三科九旨的實際意義，受《春秋》制的影響而不自覺。而且，轉由探討劉氏《春秋》制入手，不止可以瞭解劉氏在三科九旨方面所受到的影響，也可以把劉氏和漢代的董仲舒、何休牽合在一起，作一個對比；這兩人是劉氏極爲推崇的漢代公羊大家。藉由對比，讓我們明瞭劉氏《公羊》學的特色所在。

對於《春秋》制，劉氏認爲即是封建制。劉氏的封建制內容，其實就是漢代今文家所講的禮制，而劉氏一概稱此制度爲《春秋》制。由於篤信孔子的《春秋》制是封建制，劉氏反對郡縣制，他認爲封建制是惟一與禮義結合的制度，而其中最關鍵的因素，便是封建可以使土地大小受限制，使最大者不過是百里之國，這樣就可以遏止勢力的擴張，而使禮義易於建置，國家可以憑藉禮義而長治久安。劉氏從《春秋》舉出小國篡弒的實例少於大國爲例，說明小國易於建置禮義和維持禮義的道理。從這些舉例當中，我們發現劉氏這樣的主張，偏離了一般公羊家所說的異內外，那就是按照劉氏這樣說，則不管是夷狄或諸夏國，只要是小國便可以爲「內」。這和何休從張三世的觀點說內外有差別。何休認爲太平世之時，《春秋》之化擴及夷狄，使夷狄具備了禮義，這時夷狄才可稱呼爲「內」，否則在所傳聞世、所聞世都不得爲「內」。

劉氏這種異內外的說法，不是他自覺的發明，只是他太過於推崇封建制，以致出現這種與張三世不一致的情況。此外，劉氏認爲三代皆封建，也同時強調《春秋》繼承堯、舜、禹、湯而作，這樣一來，把《春秋》繼承聖人和三代皆封建之說牽合，就可以明顯看出《春秋》之所以可以繼承先王的道統，是因爲《春秋》制是封建制，與先王相同的緣故。而從《春秋》繼承聖人統緒的論析，也使我們明瞭封建制是聖人所代代維護、繼承，萬世不易的制度。劉氏既認爲封建制是惟一和禮義結合的制度，《春秋》制又是封建制，這就是直接界定了《春秋》的性質乃以禮義爲宗，這種界定是透過對封建制的肯定而達成。然而，如果只要提倡封建制就可以繼承聖人，那麼孔子與《春秋》的價值，似乎不是那麼高了。這和董仲舒改制理論對比時，明顯的看到劉氏在這方面的不足。

對於封建制的支持，也令劉氏對古文《周官》的抨擊，無法表現得表裡一致。第二章曾明言劉氏認爲古文無師法，而在這裡我們發現劉氏一樣引用《周官》，這種不一致的惟一可能解釋是，今文學中有關禮制的資料太少，而

劉氏爲了撐起「《春秋》制即封建制」的論點，不得不引用。

　　封建制的提出，使我們瞭解到劉氏的異內外因而受影響。這是因爲《春秋》制的產生是改制的結果。改制是董仲舒首先在通三統的架構中提出的。董氏在通三統中提出《春秋》成爲新的一統，當新王，而新王的天職，就是改制。董氏的改制，其實有兩重，一是受命改制，一是實質改制。所謂受命改制，是彰顯新王承受天命的改制，這種改制只有象徵性質，其所改主要只是正朔、服色而已。至於實質改制，指的是在受命改制之後，王者必須改革不合時勢的一般制度。相對於受命改制而言，實質改制才是王者更應當注重的，這是因爲董氏強調，禮制能隨時而變，才是使德治一直得以維持的主因。因爲時移世易是王者不得不面對的事實，如果堅持一種固定不變的制度，無法應對時勢的變易，則勢必使德治的目標落空。因此，受命改制必須包含實質改制，才算盡到王者的職責。從這個觀點看，董氏的受命改制只是實質改制的基礎。我們在得出這個結論的過程中，分別對董氏在《春秋繁露・三代改制質文》所提出的「三統」與「四法」，提出新的詮釋，否定董氏的改制，只是受命改制的舊說法。而劉氏既以《春秋》制爲封建制，又明確說明封建制是文質彬彬的制度，那麼可以想見他的改制，就只有受命改制的意味，沒有董氏實質改制的內涵。這樣一來，《春秋》當新王不是爲了對舊有不合時勢的制度進行改革，而是爲了恢復封建制。董氏主張禮制當隨時而易以維持德治的說法，就在劉氏主張以一種固定制度治萬世的主張下完全落空。這自然不完全符合董氏提出通三統，以使《春秋》當新王的目的所在，這是董、劉最大的不同。此外，我們知道張三世是以太平世爲目標，若按劉氏這種看法，不止恢復封建制，就是實現了太平世，更甚的是只有恢復封建制才是實現太平世，這種限制，顯然大違公羊家提出張三世，展現歷史變化的主張。因此，我們從這裡瞭解到劉氏三科九旨表面看和董、何無別，但結合他的《春秋》制來看，就發現其不足了。

　　董、劉的對比，除了讓我們看到劉氏三科九旨的不足外，也使我們知道封建制在劉氏《公羊》學中的重要地位。在和何休的對比中，我們看到劉氏對誅絕的重視，這種誅絕的嚴苛，其實又可以聯繫到劉氏對封建制的看法來看。劉氏與何休的不同，主要表現在對禮制和誅絕例上。對於何休認爲沒有不合禮的地方，劉氏卻說違禮；而何休完全不誅絕，或只貶責較輕之處，劉氏都轉向誅絕，或加重其貶絕的程度。換言之，劉氏常常轉變何休的解釋方

向，或加重何休所貶責的程度。整體而言，劉氏所辨析的禮制或義例，都趨向嚴厲，這顯示劉氏比何休更注重刑法的作用。

劉氏重刑的傾向，可以從劉氏對封建制的看法中抽繹出來。劉氏認為封建有兩種力量，一是禮，一是刑。而面對亂世，就必須用重刑，因此他對經傳的解釋，遠比何休嚴厲，其故在此。當然，另外一個原因，是因為他覺得封建制有九伐之法，以討諸侯大夫的不義，這與《春秋》的誅貶絕正好可以對應，經書與劉氏所支持的封建制之間有這種對應，自然堅定了他重刑的傾向。然而問題是，若《春秋》所重在刑，為何董氏又稱它是「禮義之大宗」呢？劉氏以《春秋》制為封建制，也是強調封建制是惟一與禮義結合的制度，以示《春秋》以禮義為宗之故。為了解釋重刑的合理，劉氏提出禮、刑之間原本相互配合，刑的目的是回到禮，這和行權是為了回到經的常道一樣。透過這種經權架構的解釋，劉氏使重刑合理化的同時，也提高了刑的地位。刑既然是為了回到禮，那麼在亂世中不管刑法多麼嚴酷，它還是沒有違背禮義的目標。這樣一來，《春秋》治亂世當用重典，卻仍是「禮義之大宗」。然而，綜合看來，劉氏的《公羊》學顯露出重刑的傾向，卻是不容否認的事實。從劉氏對禮義和刑法的言論，就可發現劉氏看待這兩者的區別，一、劉氏談到禮義時，多從諸侯大夫違禮背義，反面強調出禮義，而不是正面標舉禮義，正面標舉的反是刑法；二、這造成的結果是，禮義的敘述在劉氏的整體言論中，相對而言比較隱晦，而其表現不若刑法的外露。因此我們認為劉氏的《公羊》學是以「禮義為本，刑法為用」，充分顯露他「以刑返禮」的特色。

綜上所述，我們從《公羊》學內部義理，審視劉氏與董、何差異之處，發現劉氏與眾不同的地方，並適當的給予評價。在他和董氏的差別中，我們認為劉氏提出封建制，實在不符《公羊》學「變化」的歷史觀。然而，劉氏倡導《公羊》學，提出三科九旨在清代所產生的實際影響，卻不因其理論有缺陷而減弱。學者稱劉氏為清代《公羊》學的奠基者，仍是符合歷史事實。

主要參考書目

一、劉逢祿著作及其研究

1. 《春秋公羊經何氏釋例》，劉逢祿。《皇清經解》，台北：漢京文化事業有限公司，1980 年。

2. 《公羊春秋何氏解詁箋》，同上。

3. 《發墨守評》，同上。

4. 《左氏春秋考証》，同上。

5. 《箴膏肓評》，同上。

6. 《穀梁癈疾申何》，同上。

7. 《論語述何》，同上。

8. 《尚書今古文集解》，劉逢祿。《皇清經解續編》，台北：漢京文化事業有限公司，1980 年。

9. 《書序述聞》，同上。

10. 《四書是訓》，聚學軒叢書六十種，清光緒貴池劉氏甫繼庵校刊本。

11. 《劉禮部集》，清道光十年劉氏思誤齋刊本。

12. 《清代常州學派論語學研究——以劉逢祿、宋翔鳳、戴望爲例》，陳靜華。國立成功大學中國文學研究所碩士論文，1994 年。

13. 《清代常州學派論語學》，劉錦源。國立政治大學中國文學研究所碩士論文，1995 年。

14. 《劉逢祿與常州學派》，張運宗。私立東海大學歷史研究所碩士論文，1996 年。

15. 《劉逢祿及其春秋公羊學研究》，張廣慶。國立台灣師範大學中國文學研究所博士論文，1997 年。

16. 《武進劉逢祿年譜》，張廣慶。台北：學生書局，1997 年。

17. 〈左氏春秋考証書後〉，錢玄同。《古籍辨偽叢刊》，北京：中華書局，1955 年。

18. 〈左氏春秋考証序〉，張西堂。《古籍辨偽叢刊》，北京：中華書局，1955 年。

19. 〈劉逢祿公羊學概述〉，鍾彩鈞。《第一屆清代學術研討會論文集》，高雄：國立中山大學中文系編印，1989 年。

20. 〈劉逢祿的公羊學〉，陳振岳。《蘇州大學學報》（哲學社會科學版），1992 年。

21. 〈劉逢祿論語述何析評〉，胡楚生。《清代學術史研究續篇》，台北：學生書局，1994 年。

22. 〈劉逢祿生平及著作考略〉，陳鵬鳴。《史學史研究》第一期，1996 年。

二、主要參考書目（按書名筆劃排列）

三 劃

1. 《大一統與儒家思想》，楊向奎。吉林：中國友誼出版社，1989 年。

2. 《士大夫政治演生史稿》，閻步克。北：北京大學出版社，1996 年。

3. 《三禮通論》，錢玄。南京：南京師範大學出版社，1996 年。

四 劃

1. 《王制著成之時代及其制度與周禮之異同》，陳瑞庚。嘉新水泥公司文化基金會研究論文第三零二種。

2. 《孔子學說》，陳大齊。台北：正中書局，1964 年。

3. 《中國十九世紀思想史》（上），韋政通。台北：東大圖書公司，1991 年。

4. 《中國古禮研究》，鄒昌林。台北：文津出版社，1992 年。

5. 《中國近三百年學術史》，梁啟超。台北：商務印書館，1980 年十版。

6. 《中國近三百年學術史》，錢穆。台北：商務印書館，1987 年九版。

7. 《中國近三百年學術思想論集》，孫海波。香港：崇文書局，1971 年。

8. 《中國制度史》，呂思勉。台北：丹青出版有限公司，1986 年。

9. 《中國政治思想史》，蕭公權。台北：聯經出版事業公司，1989 年五版。

10. 《中國封建社會》，瞿同祖。台北：里仁書局，1997 年。

11. 《中國經學史》，馬宗霍。台北：學海出版社，1985 年。

12. 《中國經學史的基礎》，徐復觀。台北：學生書局，1982 年。

13. 《中國經學史論文選集》上冊，林慶彰編。台北：文史哲出版社，1993

年。

14. 《中國學術思想史論叢》第一、三冊，錢穆。台北：東大圖書有限公司，1985 年三版。

15. 《中國學術思想變遷之大勢》，梁啟超。台北：華正書局，1981 年。

16. 《公羊家哲學》，陳柱。台北：中華書局，1980 年二版。

17. 《公羊問答》，凌曙。《皇清經解續編》，台北：漢京文化事業有限公司，1980 年。

18. 《公羊逸禮考徵》，陳奐。《皇清經解續編》，台北：漢京文化事業有限公司，1980 年。

19. 《公羊傳漫談》，翁銀陶。台北：頂淵文化事業有限公司，1997 年。

20. 《公羊傳稱謂七等研究》，張惠淑。國立台灣師範大學國文研究所碩士論文，1996 年。

21. 《公羊義疏》（《四部備要》本），清·陳立。台北：中華書局，1982 年二版。

22. 《公羊學引論》，蔣慶。沈陽：遼寧教育出版社，1995 年。

23. 《公羊禮說》，凌曙。《皇清經解續編》，台北：漢京文化事業有限公司，1980 年。

24. 《公羊禮疏》，凌曙。《皇清經解續編》，台北：漢京文化事業有限公司，1980 年。

五　劃

1. 《古史辨》（五），顧頡剛等。台北：藍燈文化事業股份有限公司，1987 年。

2. 《古史辨運動的興起——一個思想史的分析》，王汎森。台北：允晨實業股份有限公司，1987 年。

3. 《古代宗教與倫理》，陳來。北京：三聯書店，1996 年。

4. 《左傳事緯》，清·馬驌，徐連城校點。濟南：齊魯書社，1992 年。

5. 《世襲社會及其解體——中國歷史上的春秋時代》，何懷宏。北京：三聯書店，1996 年。

6. 《史記與今古文經學》，陳桐生。西安：人民教育出版社，1995 年。

7. 《史記會注考証》，漢·司馬遷，日·瀧川龜太郎考証。台北：洪氏出版社，1986 年。

8. 《白虎通疏証》，清·陳立，吳則虞點校。北京：中華書局，1994 年。

六　劃

1. 《西周史論文集》。西安：陝西人民出版社，1993 年。

2. 《西漢經學源流》，王葆玄。台北：東大圖書公司，1994 年。

3. 《西漢經學與政治》，湯志鈞等。上海：上海古籍出版社，1994 年。

4. 《先秦史》，呂思勉。台北：開明書局，1961 年。

5. 《先秦經籍考》，江俠菴。台北：河洛圖書出版社，1975 年。

6. 《先秦職官表》，左言東編。北京：商務印書館，1994 年。

七 劃

1. 《何休春秋公羊解詁研究》，張廣慶。國立台灣師範大學國文研究所碩士論文，1990 年。

八 劃

1. 《注史齋叢稿》，牟潤孫。台北：商務印書館，1990 年。

2. 《宗周社會與禮樂文明》，楊向奎。人民出版社，1992 年。

3. 《孟子之王道主義》，賀榮一。北京：北京大學出版社，1993 年。

4. 《孟子正義》，漢·趙歧注，宋·孫奭疏。台北：藝文印書館，1981 年。

5. 《兩漢思想史》卷一、二，徐復觀。台北：學生書局，1993 年第五版。

6. 《兩漢經學今古文平議》，錢穆。台北：東大圖書有限公司，1983 年三版。

7. 《味經齋遺書》，清·莊存與。清光緒八年重刊陽湖莊氏藏版。

8. 《采邑考》，侯志義。陝西：西北大學出版社，1989 年。

9. 《周代宗法制度史研究》，錢杭。上海：學林出版社，1991 年。

10. 《周代城邦》，杜正勝。台北：聯經出版公司，1985 年。

11. 《周代祭祀研究》，張鶴泉。台北：文津出版社，1993 年。

12. 《周代禮俗研究》，常金倉。台北：文津出版社，1993 年。

13. 《周禮主體思想與成書年代研究》，彭林。北京：中國社會科學出版社，1991 年。

14. 《周禮注疏》，漢·鄭玄注，唐·賈公彥疏。台北：藝文印書館，1981 年。

九 劃

1. 《春秋人譜》，程發軔。台北：商務印書館 1995 年二版。

2. 《春秋大事表》，清·顧棟高，吳樹平、李解民點校。北京：中華書局，1993 年。

3. 《春秋三傳》（宋元人注《四書五經》第九種）。北京：中國書店，1991 年五版。

4. 《春秋三傳比義研究》，傅隸樸。台北：商務印書館，1983 年。

5. 《春秋三傳及國語綜合研究》，顧頡剛。成都：巴蜀書社，1988 年。

6. 《春秋三傳性質之研究及其義例方法之商榷》，陳銘煌。國立台灣大學中國文學研究所碩士論文，1991 年。

7. 《春秋三傳研究論集》，戴君仁等。台北：黎明文化事業有限公司，1982年再版。

8. 《春秋三傳研究》，蒲偉忠。台北：文津出版社，1990 年。

9. 《春秋五論》，宋・呂大圭。《通志堂經解》，台北：大通書局。

10. 《春秋公羊通義》清・孔廣森。《皇清經解》，台北：漢京文化事業有限公司，1980 年。

11. 《春秋公羊傳何氏解詁》（《四部備要》本），何休。台北：中華書局，1992年三版。

12. 《春秋公羊傳注疏》，漢・何休解詁，唐・徐彥疏。台北：藝文印書館，1981 年。

13. 《春秋公羊傳要義》，李新霖。台北：文津出版社，1989 年。

14. 《春秋公羊傳稱謂例釋》，成玲。國立台灣師範大學國文研究所碩士論文，1990 年。

15. 《春秋本例》，宋・崔子方。《通志堂經解》，台北：大通書局。

16. 《春秋正辭》，清・莊存與。《皇清經解》，台北：漢京文化事業有限公司，1980 年。

17. 《春秋左傳正義》，晉・杜預注，唐・孔穎達疏。台北：藝文印書館，1981年。

18. 《春秋左傳注》，楊伯峻。台北：漢京文化事業有限公司，1987 年。

19. 《春秋左傳研究》，童書業。上海：人民出版社，1980 年。

20. 《春秋左傳學史稿》，沈玉成，劉寧。江蘇：古籍出版社，1992 年。

21. 《春秋史》，童書業。台北：開明書店，1978 年在台四版。

22. 《春秋史論集》，張以仁。台北：聯經出版公司，1990 年。

23. 《春秋吉禮考辨》，周何。國立台灣師範大學國文研究所博士論文，嘉新水泥公司文化基金會業書，1970 年。

24. 《春秋或問》，宋・呂大圭。《通志堂經解》，台北：大通書局。

25. 《春秋要領》，程發軔。台北：東大圖書公司，1989 年。

26. 《春秋皇綱論》，宋・王晳。《通志堂經解》，台北：大通書局。

27. 《春秋啖趙集傳纂例》，唐・陸淳。經苑（《百部叢書集成》），台北：藝文印書館，1967 年。

28. 《春秋貴族法規研究》，徐源修・安也致。廣西，廣西師範大學出版社，1993 年。

29. 《春秋董氏學》，康有爲，樓宇烈整理。北京：中華書局，1990 年。

30. 《春秋經筌》，宋·趙鵬飛。《通志堂經解》，台北：大通書局。

31. 《春秋會盟政治》，劉伯驥。台北：國立編譯館，1977 年。

32. 《春秋穀梁傳注疏》，晉·范寧集解，唐·楊士勛疏。台北：藝文印書館，1981 年。

33. 《春秋釋例》，晉·杜預。台北：中華書局，1980 年二版。

34. 《春秋辨例》，戴君仁。台北：國立編譯館，1978 年再版。

35. 《春秋繁露義証》，清·蘇輿。北京：中華書局，1992 年。

36. 《春秋繁露今註今譯》，賴炎元。台北：商務印書館，1984 年。

37. 《春秋屬辭》，元·趙汸。《通志堂經解》，台北：大通書局。

38. 《春秋權衡》，宋·劉敞。《通志堂經解》，台北：大通書局。

39. 《珍蓺宦遺書十一種》，清·莊述祖，清嘉慶道光間武進莊氏脊令舫刊本。

40. 《後漢書》，南朝宋，范曄。台北：鼎文書局，1975 年。

十　劃

1. 《夏商周的社會變遷》，晁福林。北京：北京師範大學出版社，1996 年。

2. 《秦漢史》，錢穆。台北：東大圖書公司，1985 年。

十一劃

1. 《清末的公羊思想》，孫春在。台北：商務印書館，1985 年。

2. 《清史列傳》，清史館原編。台北：中華書局，1962 年。

3. 《清代公羊學》，陳其泰。北京：東方出版社，1997 年。

4. 《清代思想史》，陸寶千。台北：廣文書局，1983 年三版。

5. 《清代學術概論》，梁啓超。台北：中華書局，1978 年二版。

6. 《梁啓超論清學史二種》，梁啓超，朱維錚校注。復旦大學出版社，1985 年。

7. 《清儒新學案》（四），楊向奎。濟南：齊魯書社，1994 年。

8. 《清儒傳略》，嚴文郁。台北：商務印書館，1990 年。

9. 《清儒學案》，徐世昌編撰。北京：中國書店，1990 年。

十三劃

1. 《董仲舒》，韋政通。台北：東大圖書有限公司，1986 年。

2. 《經今古文學問題新論》，黃彰健。台北：中央研究院歷史語言研究所，1992 年二版。

3. 《經史抉原》，蒙文通。成都：巴蜀書社，1995 年。

4. 《經學史論集》，湯志鈞。台北：大安出版社，1995 年。

5. 《經學通論》，清・皮錫瑞。台北：商務印書館，1989 年五版。

6. 《經學研究論叢》第一、三輯，林慶彰主編。台北：聖環圖書公司，1995 年。

7. 《經學論著選集》，周予同。上海：人民出版社，1996 年二版。

8. 《經學歷史》（周予同注），清・皮錫瑞。台北：漢京文化事業有限公司，1983 年。

十四劃

1. 《漢代春秋學研究》，馬勇。四川：人民出版社，1990 年。

2. 《漢書》，漢・班固。台北：鼎文書局，1987 年四版。

3. 《廖平學術論著選集》（一），李耀仙主編。成都：巴蜀書社，1989 年。

十五劃

1. 《澗莊文錄》，陳槃。台北：國立編譯館，1997 年。

2. 《論語集解》，晉・何宴，宋・邢昺疏。台北：藝文印書館，1981 年。

3. 《穀梁范注發微》，王熙元。國立台灣師範大學國文研究所博士論文，嘉新水泥公司文化基金會研究論文，第二七零種。

4. 《魯國史》，郭克煜等。北京：人民出版社，1994 年。

十六劃

1. 《儒家政論衍義》，薩孟武。台北：東大圖書公司 1982 年。

十七劃

1. 《禮記正義》，漢・鄭玄注，唐・孔穎達疏。台北：藝文印書館，1981 年。

2. 《禮記集解》，清・孫希旦。台北：文史哲出版社，1990 年。

3. 《禮學新探》，高明。台北：學生書局，1977 年再版。

十九劃

1. 《繹史齋學術文集》，楊向奎。上海，人民出版社，1983 年。

廿二劃

1. 《讀經示要》，熊十力。台北：洪氏出版社，1983 年。

三、期刊論文

1. 〈公羊春秋三世說探源〉，段熙仲。《中華文史論叢》第四輯，北京：中華書局，1963 年。

2. 〈公羊摘例〉，周何。《靜宜學報》第五期，1982 年。

3.〈孔修春秋異於舊史文體考〉，杜鋼百。《武漢大學文哲季刊》三卷二號。

4.〈何休解詁研究〉，章權才。《廣東社會科學》第一期，1984 年。

5.〈孟子春秋說微〉，劉異。《武漢大學文哲季刊》四卷三號。

6.〈春秋大一統述義〉，張永雋。《哲學與文化》第三卷第七期，1976 年。

7.〈春秋公羊傳思想中的經權問題〉，林義正。《台大文史哲學報》第三十八期。

8.〈春秋公羊傳思想中道德抉擇的問題〉，林義正。《國際中國哲學研討會論文集》，台北：台大哲學系編印，1986 年。

9.〈張三世古義〉，黃彰健。《學原》一卷八期。

10.〈略論公羊傳的諱書理論〉，徐慶。《中國史研究》第二期，1984 年。

11.〈董仲舒春秋學方法論試探〉，孫長祥。《華岡文科學報》第十七期。

12.〈董仲舒與何休公羊學之比較〉，賴炎元。《南洋大學學報》第三期。